COORDENAÇÃO EDITORIAL
Cristiane Rayes

Orientação Familiar

© LITERARE BOOKS INTERNATIONAL LTDA, 2022.

Todos os direitos desta edição são reservados à Literare Books International Ltda.

PRESIDENTE

Mauricio Sita

VICE-PRESIDENTE

Alessandra Ksenhuck

DIRETORA EXECUTIVA

Julyana Rosa

DIRETORA DE PROJETOS

Gleide Santos

RELACIONAMENTO COM O CLIENTE

Claudia Pires

EDITOR

Enrico Giglio de Oliveira

ASSISTENTE EDITORIAL

Luis Gustavo da Silva Barboza

REVISORES

Ivani Rezende

CAPA E DESIGNER EDITORIAL

Lucas Yamauchi

IMPRESSÃO

Gráfica Paym

Dados Internacionais de Catalogação na Publicação (CIP)
(eDOC BRASIL, Belo Horizonte/MG)

O69   Orientação familiar: teoria e prática / Coordenação Cristiane Rayes. –
       São Paulo, SP: Literare Books International, 2022.
       304 p. : Il. ; 16 x 23 cm

       Inclui bibliografia
       ISBN 978-65-5922-330-5

       1. Psicoterapia familiar. 2. Pais e filhos. I. Nome Nome,
       Sobrenome. II. Rayes, Cristiane.

                                              CDD 616.89156

Elaborado por Maurício Amormino Júnior – CRB6/2422

LITERARE BOOKS INTERNATIONAL LTDA.

Rua Antônio Augusto Covello, 472
Vila Mariana — São Paulo, SP. CEP 01550-060
+55 11 2659-0968 | www.literarebooks.com.br
contato@literarebooks.com.br

SUMÁRIO

7 AGRADECIMENTOS
Cristiane Rayes

9 INTRODUÇÃO
Cristiane Rayes

13 DINÂMICAS FAMILIARES ENTRE DORES E AMORES
Cristiane Rayes

23 COMER TUDO, E DE TUDO? O QUE ACREDITAMOS SOBRE A ALIMENTAÇÃO
Cássia Cleane e Vanessa Mondin Martins

31 PAIS E FILHOS: COMO A INTELIGÊNCIA EMOCIONAL DOS PAIS INFLUENCIA O DESENVOLVIMENTO DOS FILHOS
Cristina Cavaco

41 ANSIEDADE DE SEPARAÇÃO NA INFÂNCIA
Cyntia Godoy

49 FILHOS DE PAIS SEPARADOS: PARA CADA CASA, UM CASO
Daniela Borges

57 FILHO IDEAL *VS.* FILHO REAL
Daniele Candioto Vidal

65 AUTOCRITICISMO
Elaine Corrêa de Oliveira

73 QUAL É O MEU LUGAR? A IMPORTÂNCIA DA HIERARQUIA NA FAMÍLIA
Eliane Calheiros Cansanção

83   O LUTO COMO FATOR DE RISCO AOS PROCESSOS AUTODESTRUTIVOS NA ADOLESCÊNCIA
Fabiane Ourives Garcia

91   OS DESAFIOS DE UMA MATERNIDADE PREMATURA EXTREMA
Flávia Cunha Moraes Ribeiro

101   CONEXÃO DE CASAL
Francisca Vieira

111   ALIMENTO FÍSICO E EMOCIONAL
Gisele Domenici

119   O SONO NA INFÂNCIA: ASPECTOS PRÁTICOS
Helena Dias Meziara Nogueira

131   AUTOMUTILAÇÃO NA ADOLESCÊNCIA
Karol Maia

139   O CASAMENTO ACABOU, E AGORA? FORMAS FUNCIONAIS DE CONDUZIR A VIDA APÓS O DIVÓRCIO
Laila Kurtinaitis

149   AS MUDANÇAS PROMOVIDAS NO LAR APÓS A CHEGADA DE UMA CRIANÇA
Larissa Santos Amaral Rodrigues

157   MEU FILHO AINDA NÃO LÊ. DEVO ME PREOCUPAR? O QUE FAZER PARA AJUDAR?
Lícia Veríssimo Seraceni Shirassu

167   ACOLHENDO PAIS E JOVENS NO PROCESSO DE ORIENTAÇÃO PROFISSIONAL
Lilian Vendrame Fonseca

177   PRÉ-ADOLESCÊNCIA E A IMPORTÂNCIA DOS ESTILOS PARENTAIS
Luciana Cruz

187   TRANSTORNO OPOSITOR DESAFIADOR: DESAFIO PARA PAIS E FILHOS
Luciana Maria Biscaia dos Santos Garbin

197   BRUXISMO DIURNO E NOTURNO
Luciana Rayes

205   OS ATOS DE AMOR FRENTE AOS DESAFIOS: DESENVOLVIMENTO DE HABILIDADES DE TOLERÂNCIA AO ESTRESSE E RESILIÊNCIA
Maíra Mello Silva

213   DESFRALDE
Marcela Ferreira de Noronha

223   UM OLHAR PARA A TECNOLOGIA E SUA INFLUÊNCIA NO DESENVOLVIMENTO E
NAS RELAÇÕES
Michele Cristina Nossa

233   O AMOR-PRÓPRIO COMO BASE PARA O DESENVOLVIMENTO DAS HABILIDADES
SOCIAIS E EMOCIONAIS DE TODA A FAMÍLIA
Michele Troglio

241   SOLIDÃO MATERNA
Miriam Schincariol

251   A TRISTEZA DEVE SER SENTIDA
Mônica Vagliati

259   ALIENAÇÃO PARENTAL: DA COMPREENSÃO À INTERVENÇÃO CLÍNICA
Nathália Della Santa

267   ENCORAJANDO AS CRIANÇAS FRENTE ÀS ESCOLHAS
Sarah Marins

277   MEUS PAIS NÃO ME ENTENDEM: CONECTANDO PAIS E ADOLESCENTES
Silvia Xavier Henglen

285   ORIENTAÇÃO FAMILIAR AOS POSSÍVEIS TRANSTORNOS DE APRENDIZAGEM
Sulenia Cesaro

295   NOVOS DESAFIOS: COMO FAMÍLIA E ESCOLA INFLUENCIAM O EMPENHO
ESCOLAR
Tatiana Amaral

AGRADECIMENTOS

Às queridas e competentes coautoras, que sempre estão em busca de auto-desenvolvimento e o acolhimento respeitoso com todas as famílias.

Gratidão pela confiança e amizade.

A todas as famílias que confiam ou confiaram em meu trabalho. O crescimento é nosso.

Aos colegas de profissão e parceiros, por tantas jornadas e sonhos compartilhados.

A toda equipe da Literare Books, por todo carinho e empenho.

Dedico:

Ao meu marido, Marcio Martins, companheiro de todas as horas, por todo apoio e cumplicidade.

Aos meus pais, por todo amor.

À minha família, por tantas aprendizagens.

Aos meus amados filhos, Mariana e Vitor, que me inspiram todos os dias.

INTRODUÇÃO

Um mundo em constantes mudanças, os pais aprendendo a ser pais frente às diferentes fases do desenvolvimento e desafios. Quem de nós não precisa de informações e orientações?

Famílias, ah... As famílias. Quantas diferentes configurações e complexidades baseadas nas relações afetivas e de convivência. Famílias com suas diferentes questões, dúvidas, angústias e relações. Há de se dar atenção às necessidades de cada membro, auxiliar no desenvolvimento de suas funções, há de se orientar para que possam buscar relações mais harmoniosas e fortalecidas.

Crianças ou até mesmo os adolescentes muitas vezes são levados à terapia com queixas de comportamentos que denunciam as dinâmicas familiares. Os pais, por sua vez, chegam à terapia procurando por técnicas e fórmulas mágicas para lidar com seus filhos.

Exercer a parentalidade exige sim muitos conhecimentos e não existem fórmulas mágicas. Há de se lembrar que, muitas vezes, as respostas que tanto buscamos como pais estão dentro de nós, baseadas nas relações de amor, afeto, compreensão e respeito. Os pais precisam desenvolver o autoconhecimento e estar em sintonia com seus filhos para que possam genuinamente encontrar caminhos para educar.

Procurar ajuda é uma atitude sábia, de humildade, aceitação e crescimento; é estar envolvido nas questões diárias, buscando estratégias, soluções, adaptações e readaptações.

O que é orientação familiar?

A Orientação Familiar implica no autoconhecimento, no desenvolvimento dos pais e da família como um todo. Traz a possibilidade de reflexão, conscientização e mudanças de atitudes, tanto em caráter preventivo quanto de intervenção nas dificuldades já existentes. Fornece informações sobre o desenvolvimento, manejos e formas de enfrentamento das situações.

Um aspecto importante a ressaltar é que, independentemente da criança ou adolescente estar em acompanhamento psicoterapêutico, a orientação familiar pode ser realizada e, dependendo do caso, não só os pais devem ser orientados, mas toda a família e envolvidos diretamente nos cuidados diários da criança ou adolescente como: avós, babá, professores etc.

Aos profissionais de orientação familiar, cabe, além de fornecer técnicas e recursos que promovam mudanças, estabelecer uma relação mútua de confiança, atendendo com empatia, acolhendo e respeitando o ritmo e o tempo de cada família.

O uso de dinâmicas, atividades e recursos como: jogos, livros, metáforas e brinquedos são de grande valia nos atendimentos para todas as idades. Os recursos são facilitadores da nossa expressão, dão abertura para diálogos, falam por si e por nós, quebram resistências, trazem reflexões, despertam a criatividade e resgatam nossas histórias e memórias.

O processo de Orientação Familiar pode ser realizado na prática clínica, escolar, institucional, hospitalar por profissionais habilitados como: psicólogos, médicos, assistentes sociais, psicopedagogos e outros, dependendo de cada caso.

Objetivos da Orientação Familiar:

- Autoconhecimento dos pais.
- Encorajar os responsáveis, tornando-os mais seguros e confiantes.
- Orientar os pais para que possam ser transformadores de seus próprios comportamentos e de seus filhos.
- Favorecer adequada relação parental.
- Tornar a família comprometida com o desenvolvimento emocional, bem-estar social e práticas educativas positivas.
- Informar e orientar sobre o desenvolvimento dos filhos de acordo com a idade, personalidade e características apresentadas.
- Orientar e fornecer técnicas e métodos aplicáveis para o desenvolvimento socioemocional e cognitivo, assim como manejo de situações.
- Definir objetivos de acordo com a demanda da família.
- Melhorar a comunicação e colaboração familiar.
- Favorecer o processo de aceitação e mudança gradual.
- Facilitar e incentivar a conexão familiar.

Enfim, investir nas famílias com amor e confiança para o bem de todos.

Desejo a todos muitos conhecimentos, reflexões e fortalecimento em suas relações familiares.

Com amor,

Cristiane Rayes

Superdica:
A Orientação Familiar reforça nossos laços mais profundos e a conexão com quem amamos.

1

DINÂMICAS FAMILIARES ENTRE DORES E AMORES

O equilíbrio e a saúde mental da família são responsabilidades de todos. Neste capítulo, você terá a oportunidade de conhecer alguns fatores que interferem nas dinâmicas familiares, assim como a importância do autodesenvolvimento, do comprometimento familiar e da habilidade de resolver conflitos inevitáveis em nossa convivência.

CRISTIANE RAYES

Cristiane Rayes
CRP 06/40025

Contatos
cristianerayes@gmail.com
Instagram: @crisrayes
11 98573 0444
Clínica: 11 5071 1331 / 11 96346 6078

Mãe dos amados Mariana e Vitor. Psicóloga clínica e educacional há 30 anos, atuando no atendimento de crianças, adolescentes, adultos e orientação de famílias. Especialista em Orientação Familiar e Processos Psicoterapêuticos, Terapia Cognitivo Comportamental, Distúrbios de Aprendizagem, Mediação de Conflitos. Formação em Terapia EMDR; formação em Parentalidade - Escola da Parentalidade Positiva (Portugal); *Coach* Parental pela The Parental Academy (UK). Desenvolvimento de projetos de habilidades socioemocionais e treinamento de professores. Responsável pelo Curso de Orientação Familiar. Coordenadora do curso de especialização em Orientação Familiar e Educação Parental no InTCC Rio. Idealizadora de jogos e materiais terapêuticos: *Prumo das emoções, Jogo da coragem e confiança, Coleção feelings, Dinâmica e comunicação familiar, Luva 5 AS, Eu sou, Eu posso ser...* Autora do *Baralho animação, Corujas em ação* e dos livros *Autoestima de A a Z* e *Superando os medos de A a Z,* da editora Literare Books.

Quantas pessoas imaginam ao ver uma família que tudo é perfeito, mas as relações familiares são repletas de dores e amores.

O desejo da gravidez, a saúde da criança, a relação do casal, dos membros da família, o momento de vida atual, as idealizações, expectativas, identificações, crenças, habilidades socioemocionais, estilos parentais, práticas educativas, os conflitos, tudo isso e muito mais interferem no desempenho das relações familiares. Sem falar do impacto do desemprego, divórcio, psicopatologias, doenças, mortes, uso de substâncias e vícios, violência, que provocam a desestruturação de muitas famílias.

O sistema familiar nas diversas configurações forma um contexto relacional importante no desenvolvimento da criança e do adolescente. As relações parentais saudáveis e a qualidade dos cuidados com os filhos são fatores importantes na prevenção de psicopatologias.

"Algumas famílias são tão disfuncionais que os pais simplesmente não conseguem cumprir seu papel de educar os filhos" (HAASE; KÄPPLER; SCHAEFER, 2000).

Bowlby (2002) escreve que o apego saudável dos pais, o manejo de suas próprias emoções e a sensibilidade em relação às necessidades dos filhos contribuem para a sensação de base segura quando estes necessitam de atenção, consolo e amor. Pais fortalecidos podem ser excelentes educadores socioemocionais, ou seja, auxiliam seus filhos no desenvolvimento de habilidades como a consciência de si, identificação, expressão e regulação de emoções e impulsos, empatia e habilidades sociais.

Segundo Del Prette e Del Prette (2010), o desenvolvimento social inicia-se desde o nascimento, sendo que os pais têm papel fundamental na aquisição e desenvolvimento do repertório dessas habilidades, pois modelam os comportamentos ao reagirem às atitudes dos filhos. Um repertório social adequado é fator de proteção, contribuindo para um desenvolvimento sadio e comportamentos adaptativos, como bom desempenho acadêmico, estratégias de enfrentamento diante de situações de estresse ou frustração, autocuidado, independência para realizar tarefas e cooperação.

Para criar filhos emocionalmente inteligentes, os pais precisam compreender a própria maneira de lidar com as emoções, os pensamentos, os comportamentos e o modo como afetam suas relações.

Assim, se faz necessário investir no autoconhecimento dos pais, no desenvolvimento da inteligência socioemocional da família, na conscientização das relações, na capacidade de resolver problemas e lidar com conflitos, lembrando-se da influência recíproca que o comportamento de um tem sobre o outro.

Como visto, diversos são os fatores que interferem nas dinâmicas familiares e merecem nossa atenção. Aqui cito alguns:

Vínculos emocionais

Os vínculos emocionais vão muito além das relações e possuem alguns princípios básicos, como a aceitação, o pertencimento e o amor.

- Aceitação: sentir-se aceito, acolhido, valorizado no seu modo de ser, no reconhecimento de suas habilidades e dificuldades, sem julgamentos. Aceitação não é deixar de colocar limites, mas oferecer seu apoio, estar disponível e aberto ao diálogo e afeto;
- Pertencimento: saber que pertenço a um núcleo familiar, conhecer minhas histórias positivas e negativas e de minha família; traz autoconhecimento, capacidade de aprendizagem frente às dificuldades, reforço da confiança, além de maior sensação de controle, autoestima e percepção do funcionamento da família. Ouvir essas histórias gera conexão, favorece a expressão das ideias e opiniões e desenvolvimento socioemocional;
- Amor: envolve muitas palavras e atitudes, como vínculo, cuidado, afeto, interesse, admiração, cumplicidade, apoio e troca. Sentir-se amado e desejado é fundamental para o desenvolvimento emocional saudável.

Independentemente dos filhos, todos nós, em qualquer idade, queremos nos sentir amados, pertencentes e aceitos. Isso faz bem para o desenvolvimento de autovalor, conexão e fortalecimento nas relações.

Fases de transição

Em nosso desenvolvimento, passamos por diversas fases de transição que exigem mudanças, reorganização interna e nas relações. Nos atendimentos com famílias, não devemos deixar de nos atentar às fases e momentos de transições.

16 | Orientação familiar

No casamento, trazemos formas de agir da nossa família, de nossos pais. São necessárias adaptações e readaptações, renúncias, compreensão, dedicação, tolerância, acordos, administração financeira e resolução conjunta.

A gravidez, o nascimento dos filhos e o puerpério acarretam muitas mudanças na rotina envolvendo a relação mãe-bebê, afastamento dos pais, cansaço extremo, depressão pós-parto, falta de libido, interferência das famílias de origem. Nem todas as mães tiveram a gravidez e o pós-parto satisfatórios. É uma fase delicada, sendo necessário se atentar não só ao bebê, como aos cuidados com a mãe. Cabe ressaltar aqui a importância do pai, fundamental no desenvolvimento saudável da família.

À medida que os filhos vão crescendo, aparecem ainda mais as diferenças de valores, estilos parentais e práticas educativas. Educar exige, além de tudo, amor, respeito, acordo e limites.

Na pré-adolescência e adolescência, o crescimento dos filhos gera sentimentos diversos nos pais, como solidão, medo de envelhecimento e questionamentos de valores. A tomada de decisões independente do adolescente, pode gerar conflitos na relação com os pais. Nessa fase, diante das dificuldades, muitos pais costumam se questionar e se autoavaliar. É comum o questionamento: "Onde foi que eu errei?".

A sensação de ninho vazio com a saída dos filhos de casa não é tarefa fácil, principalmente para aquela mãe que dedicou sua vida aos filhos. Nessa fase, podem ocorrer conflitos e distanciamento entre o casal, que por vezes se tornam dois desconhecidos, sem objetivos e desejos comuns, além de sintomas de depressão, distúrbios do sono e alimentares, melancolia, diminuição da libido, raiva e sensação de vazio.

Com o passar do tempo, vem a aposentadoria e o envelhecimento e, com isso, a necessidade de adaptação ao tempo disponível, ao convívio mais próximo da família e reestruturação financeira. Sentimentos de incapacidade, quadros ansiosos e depressivos, além das doenças. É uma nova etapa que exige cuidados físicos e mental, reestruturação familiar, principalmente quando um membro da família exige cuidados especiais, o que pode gerar conflitos e desacordos entre os filhos.

Comunicação e escuta

Tudo o que dizemos ou a forma como nos comportamos transmite algo a alguém. Nos comunicamos com cada pessoa de maneira diferente, transmitindo mensagens, afeto, intenções e emoções. Algumas mensagens são implícitas. Não podemos esquecer o quanto é importante expressarmos nossas necessidades e emoções. Sentimentos não reconhecidos nos trazem posturas irracionais. A repressão dos sentimentos cria uma tensão corporal que continuará a aumentar até que seja aliviada. Essa pressão pode gerar problemas psicológicos ou somáticos. Quando não damos atenção ao nosso estado emocional, podemos nos sentir negligenciados em nossos relacionamentos próximos; quando não expressamos nossas necessidades, temos a sensação de mal-estar, de que os demais não nos enxergam, de solidão, exaustão e desamparo, o que interfere na comunicação, nas relações familiares e sociais.

As falhas na comunicação ou má comunicação, como críticas, reprovações, generalizações, queixas frequentes, negativismo e comparações são geradoras de conflitos, assim como a forma que falamos e abordamos cada assunto com agressividade, negligência, autoritarismo. O caos comunicacional, a pobreza emocional das mensagens, a falta de objetividade, clareza, ligações lógicas, dificuldade de escuta, empatia e de se chegar a conclusões são características presentes em famílias multiproblemáticas.

Os déficits na comunicação e resolução de problemas podem se desenvolver por padrões de aprendizagem mal adaptativos, dificuldade de habilidade social, déficit de funcionamento cognitivo, psicopatologias, experiências traumáticas, vulnerabilidade, reações emocionais, conceitos e preconceitos. A comunicação desorganizada e/ou interrompida é fator de estresse na vulnerabilidade biológica e pode ser desencadeante de transtorno mental.

Com a comunicação, vem a grande arte de escutar. As pessoas sentem-se bem quando as escutamos com empatia, quando as apoiamos, encorajamos, passamos mensagens claras e buscamos maneiras de resolver os problemas. Na família, muitas vezes encontramos resistências dos pais em compreender situações, ouvir os filhos frente à crença de autoridade e juízo de valor. A capacidade de escuta, sensibilidade, compreensão de seus sentimentos e do outro contribuirá para melhor manejo das situações, prevenção, motivação para o diálogo e fortalecimento das relações.

Conflitos familiares

Os conflitos nas relações familiares, por si só, não estão necessariamente associados a dificuldades no ajustamento da criança e do adolescente; há de se verificar os fatores de proteção, intensidade, duração e padrões de enfrentamentos.

A maioria dos conflitos estão baseados em guerra de poder, em que um se sobrepõe ao outro nas diferenças de interesses, nas insatisfações das necessidades individuais, expectativas frustradas, nas práticas educativas inadequadas, nas dificuldades de se estabelecer limites, de expressar e regular as emoções. Juntam-se a isso as tarefas diárias, exigência profissional, dupla jornada, questões financeiras somadas às preocupações, falta de energia, que causam estresse e desregulação emocional, favorecendo direcionamentos negativos e visão distorcida em relação ao outro, influenciando os sentimentos, trazendo a sensação de desestabilização e angústias. Os conflitos podem ser a chave para a busca de ajuda, para mudanças e fortalecimento familiar.

Assuntos como sexualidade, drogas e álcool podem gerar discórdias e/ou negação pela dificuldade de serem abordados em algumas famílias. A resolução de problemas familiares de forma agressiva é vivida pelos filhos como experiência cotidiana de violência, indicando que a solução só pode ser alcançada dessa maneira. Estudos mostram que crianças vítimas de violência familiar utilizam comportamentos agressivos como estratégias de enfrentamento, evidenciando o mesmo padrão familiar agressivo de resolução dos conflitos no convívio social. Alguns conflitos requerem intervenções de profissionais.

Evitar o conflito não traz soluções, não minimiza ou faz com que a situação desapareça, aliás, esse comportamento intensifica a insegurança e a desconexão familiar. Os pais devem ter condutas construtivas, favorecendo o amadurecimento emocional dos filhos, evidenciando explicações sobre os acontecimentos, compreensão das ações, esforços na resolução, busca de alternativas e conclusões, mostrando que as situações difíceis podem ser enfrentadas e resolvidas. A resolução de problemas diários deve ser ensinada e praticada, favorecendo a flexibilidade cognitiva, a organização de ideias, a expressão de opiniões, lidar com as diferenças, tolerar frustrações, enfim, colocar em prática muitas habilidades essenciais para a vida. A aprendizagem acontece também por meio da observação e interação com os pais e demais pessoas do convívio, por meio de condutas verbais e não verbais em que as respostas aprendidas são reforçadas ou punidas.

Portanto conhecer e reconhecer o conflito, as características, os valores e as habilidades pessoais e familiares nos faz compreender e abordar o assunto adequadamente, já que os conflitos são inevitáveis nas relações humanas e de convivência.

Diante de tantas fases, mudanças e desafios, seguem algumas orientações.

Orientações aos familiares e profissionais

Obtenha informações sobre desenvolvimento humano

Todos os pais e/ou cuidadores devem ter informações sobre desenvolvimento, o que auxilia tanto na fase atual como de modo preventivo. É importante também conhecer as práticas educativas e seus efeitos. Pré-adolescentes e adolescentes também se beneficiarão com informações e explicações sobre seu próprio desenvolvimento.

Invista no desenvolvimento das habilidades socioemocionais

- Ajude os pais a olharem para seus próprios comportamentos independente dos comportamentos dos filhos. Desenvolva o autoconhecimento, as habilidades de conhecer e lidar com as emoções tanto para sua própria vida quanto para educar os filhos. O comprometimento dos pais com a própria saúde emocional e dos filhos cria um elo afetivo e é fator de proteção contra os efeitos nocivos dos conflitos, ajudando a lidar com os sentimentos desagradáveis em épocas de tensão.
- Resgate a criança interior, fazendo com que os pais percebam as próprias necessidades e desejos, incentivando o autocuidado.
- Valorize as competências pessoais e parentais. Favoreça as apreciações de capacidades, reconheça as conquistas resgatando as etapas vividas, superações, características pessoais, profissionais e em outras áreas da vida, favorecendo o autoconhecimento e a autoconfiança. As habilidades em uma área da vida podem ser desenvolvidas em outras áreas.
- Desenvolva práticas de autorregulação, a capacidade de voltar ao equilíbrio diante das situações e emoções desagradáveis, pois elas são fundamentais na resolução de problemas. Para isso, é necessário conhecer e validar suas emoções. Proporcione vivências e reflexões das situações difíceis e busca por estratégias. Utilize exercícios de relaxamento, técnicas de distração, registro e correção de pensamentos disfuncionais; prática dos 5 As (QRcode).
- Conheça as relações familiares com cada membro da família, conscientize sobre espaço e papel que ocupam, os valores pessoais e familiares, as divergências e facilitadores na conexão afetiva e efetiva.
- Melhore a comunicação familiar conscientizando sobre o perfil de cada um como comunicador. Um dos meus exercícios preferidos para autoavaliação e adequação é a autoescuta.

- Crie memórias com histórias. Elas são fantásticas, trazem a sensação de aceitação, pertencimento, conexão e aguçam a curiosidade e imaginação. Promova momentos de diálogos, pratique escuta ativa, fortalecendo as relações empáticas.

Lidando com conflitos

- Identifique como os pais lidam com os próprios conflitos pessoais e interpessoais.
- Identifique os motivos; analise a situação.
- Entenda as necessidades não satisfeitas de cada membro da família. Promova a admissão das próprias necessidades.
- Verifique os gatilhos e a frequência que ocorrem; se o problema atinge toda família ou alguns membros.
- Verifique as crenças.
- Facilite que cada membro compreenda sua forma de agir.
- Mensure a dimensão que é dada ao fato e à gravidade.
- Busque resoluções conjuntas com os próprios recursos da família.
- Ajude a família a acreditar em si, diminuindo a sensação de impotência e se desfazendo da crença de incapacidade.
- Gere soluções alternativas.
- Colabore para que a família avalie as vantagens e desvantagens de cada solução.
- Trace metas pessoais e conjuntas.
- Flexibilize o sistema familiar, encoraje novas atitudes e persistência, permitindo a criação de novas regras.

Conecte a família, trace missões familiares com objetivos comuns, poder de negociação, colaboração. Faça planos e desenvolva estratégias para favorecer a habilidade de pensar e a capacidade de resolução conjunta.

A resolução de conflitos requer habilidades. Famílias resilientes e colaborativas respondem melhor a tensões e conflitos.

Superdica

Ser pais é estar em constante evolução. Ter uma família é investir nas relações. Comprometa-se com sua família.

Referências

BOWLBY, J. *Apego e perda: a natureza do vínculo*. 3. ed. São Paulo: Martins Fontes, 2002.

DATTILLIO, M. F. *Manual de terapia cognitivo-comportamental para casais e família*. São Paulo: Artmed, 2017.

DEL PRETTE, A.; DEL PRETTE, Z. A. P. *Psicologia das habilidades sociais na infância: teoria e prática*. 6. ed. São Paulo: Vozes, 2013.

HAASE, V. G.; KÄPPLER, C.; SCHAEFER, S. A. Um modelo de intervenção psicoeducacional para prevenção da violência no ambiente familiar e escolar. In: *Psicologia do desenvolvimento: contribuições interdisciplinares*. pp. 265-282, 2000.

TSABARY, S. *Pais conscientes*. Rio de Janeiro: Rocco, 2017.

VILLALUENGA, L. G.; CARTUJO, I. B. (Coord.). *Cómo resolver los conflictos familiares: a la atención de las familias madrileñas*. Madri: Comunidad de Madrid, Dirección General de Familia, 2010.

2

COMER TUDO, E DE TUDO?

O QUE ACREDITAMOS SOBRE A ALIMENTAÇÃO

Quando falamos em alimentação, muitas crenças permeiam nossos hábitos, seja na forma de preparo ou no momento das refeições. Queremos o melhor para os filhos e a alimentação é uma das principais preocupações. Será que é realmente necessário comer de tudo e comer tudo o que está no prato? Vamos pensar como lidar de forma agradável e prazerosa com a alimentação nas famílias.

CÁSSIA CLEANE E VANESSA MONDIN MARTINS

Cássia Cleane

Contatos
cassiacleane@gmail.com
contato@cleanegourmet.com.br
Instagram: @cleanegourmet
Facebook: cleanegourmet
11 99157 3442

Casada com Marcus, mãe do João Paulo e da Mariana, pedagoga habilitada em Educação Infantil pela UERJ, pós-graduada em Administração Escolar, especialista em Gastronomia pelo IGA e graduanda em Psicologia. Fundadora da Cleane Gourmet: transformando sua relação com o preparo dos alimentos. Desde 2015, realiza oficinas de culinária com crianças, adolescentes e adultos, cria conteúdo para as redes sociais e blog, estimulando o preparo das refeições em casa e incentivando uma alimentação mais saudável.

Vanessa Mondin Martins

Contatos
vanessamondinmartins@gmail.com
Instagram: @vanessamondinmartins
11 98184 0497

Casada com Leandro, mãe do Lucas, facilitadora do Desenvolvimento Humano, educadora parental, emocional e educacional, praticante de Barras de Access, graduanda em Psicologia, idealizadora do projeto Um Livro por Sexta e coautora dos livros *Coaching para pais 2*, *Contos que curam*, *Professores extraordinários* e *Conto expressão*.

— Mãeeeee, acabei!!!

De repente a mãe chega ao lado da criança que ainda está sentada à mesa e pergunta:

— Acabou o que, filho?

— De comer, mãe.

— Mas tem comida no prato ainda!

— Mas mãe, eu não quero mais, não aguento mais, você colocou muita comida e não estou mais aguentando.

— Mas mãe nada. Pode comer tudo o que eu coloquei senão você não vai sair dessa mesa, está entendendo? Quero ver esse prato limpo, sem nenhum grão de arroz.

— Mas mãe...

— Sem resmungar e nem reclamar, é pecado deixar comida no prato!

O diálogo acima é bastante comum dentro das famílias no momento das refeições. Como pais e cuidadores, sentimos a necessidade de ver nossos filhos comendo tudo o que colocamos no prato, e muitas vezes eles não comem por vontade, prazer ou necessidade, mas sim por obrigação. Algumas vezes fazemos isso sem perceber, sem nos darmos conta de que estamos transformando o momento das refeições em algo desagradável, chato, cheio de obrigações, e isso acaba desestimulando a experimentação e até mesmo o prazer de comer.

Nossa preocupação é que nossos filhos cresçam saudáveis e para isso acontecer sabemos que ter uma boa alimentação é essencial, porém não adianta a alimentação ser saudável se o momento das refeições é desafiador, repleto de imposições. As nossas refeições diárias com nossos filhos deveriam ser tão agradáveis quanto as refeições que fazemos com os nossos amigos, não é mesmo? Mas nem sempre é assim e é nossa meta transformar esses momentos junto deles.

Já pararam para pensar que, sempre que desejamos encontrar com amigos, marcamos em um horário de refeição? Seja para almoçar, lanchar, tomar um café ou jantar. O alimento está sempre presente em momentos agradáveis, de celebração. Ao redor de uma mesa, alimentamos o corpo com os nutrientes dos alimentos e alimentamos a alma, mente e coração com as conversas, histórias e risadas que acontecem enquanto comemos. Por que será que em nossa casa, junto da nossa família, no dia a dia, tudo parece ficar tão desafiador? Quantas memórias podemos construir durante os momentos das refeições com a nossa família? Acreditamos que vale algumas reflexões a respeito.

Ao recebermos o convite para participar desta obra, muitas histórias vieram em nossas cabeças e ativaram as nossas memórias. Algumas vividas por nós, outras contadas para nós e muitas delas envolvendo a alimentação, nos ajudando, assim, a identificar que os alimentos sempre estão em nossas relações afetivas e emocionais.

Olha que interessante: você já comeu algo que te fez lembrar de alguém ou de algum momento, ou já foi em algum restaurante que te trouxe a lembrança de alguma pessoa ou situação? Percebe como a nossa relação com a comida, com os alimentos, é especial e deve ser cuidada com muito carinho e atenção?

Muitas vezes não nos damos conta de que o simples fato de sentarmos à mesa para conversar nos remete a algum momento ou situação, trazendo memórias afetivas ou não, mas que sempre nos remete a algo. E junto delas, trazemos também muitas crenças em relação à alimentação. Veja isso:

- Precisamos comer de tudo?
- Temos que gostar de todos os alimentos?
- Precisamos comer tudo que está no prato mesmo sem vontade ou já estando satisfeito?
- E caso não tenha sido você que tenha colocado aquela quantidade no prato, precisa mesmo comer tudo?

Muitos dos nossos comportamentos e das nossas escolhas são reflexos de crenças que trazemos da nossa família, da nossa infância e nem sempre temos consciência delas. Quando se trata de alimentação, percebemos que repetimos comportamentos, falas que foram ditas para nós pelos nossos pais, avós e que vamos transmitindo para os nossos filhos.

As crenças são interpretações que trazem às nossas vidas como verdades absolutas sejam do que vimos, sentimos e ouvimos. Quando ouvimos que tem muita gente morrendo de fome, temos a crença de que devemos comer tudo e trazemos para a nossa vida o medo da escassez, de que o alimento pode faltar a qualquer momento, os pensamentos e sentimentos de culpa por ter deixado sobrar comida no prato sendo que muitos não têm nem o que comer e sentimos a obrigação de limpar o prato. Isso pode nos afetar em muitas questões das nossas vidas.

Existem muitas crenças que permeiam a alimentação. Temos certeza de que você tem alguma que recebeu dos seus pais ou avós e transmite para seus filhos sem perceber. Por exemplo, quem nunca ouviu a mãe ou o pai falar para não repetir um pedaço de bolo no lanche servido na casa de alguém? Ou, então, que precisa comer tudo porque é pecado deixar comida no prato? Se você é pai, mãe ou cuidador, temos certeza de que já ouviu a pergunta: "seu filho come de tudo?"

Nós não precisamos comer de tudo e está tudo bem. Nós não comemos de tudo. Existem alimentos dos quais não gostamos por diversos motivos, como a sua cor, a sua textura, o aroma que ele exala antes, durante e depois do preparo e até pelo sabor. Isso acontece com as crianças e com os adultos também, por isso que o comer de tudo não pode ser considerado o tempo todo.

> Temos paladares diferentes e, como mãe de dois filhos, percebo isso na rotina diária. Tenho um filho que só come batata se for frita, ele não gosta dela nem cozida, nem em forma de purê. Já a minha filha ama batata de qualquer maneira. Ele prefere carne e ela, frango; ele ama macarrão e pizza e ela detesta molho de tomate. No curso de gastronomia ou em aulas de culinária, nos deparamos com alimentos que não são comuns na nossa casa. Nas minhas aulas de especialização em gastronomia, tinham várias receitas com ingredientes diferentes e um que sempre aparecia era o funghi (cogumelos). Eu, particularmente, nunca gostei de cogumelos e não comia quando ele aparecia nas receitas do curso. Em uma das aulas, o professor, ao ensinar uma receita com funghi, insistiu para que eu experimentasse. Conversamos sobre por que não gosto de cogumelos e, ao provar, após a insistência do professor, descobri que não gostava por causa da textura. Assim como aconteceu comigo, acontece com adultos e, principalmente, com as crianças.
>
> (CÁSSIA CLEANE)

As minhas experiências com os alimentos nem sempre foram satisfatórias, principalmente quando eu era criança. Quando tive a oportunidade de experimentar algumas comidas depois de adulta, quando não era mais obrigação, houve uma mudança de opinião e foi quando eu também me dei chances de trazer coisas novas para o meu prato. Já com o meu filho, é uma construção de sabores o tempo todo, em que a batata, por exemplo, tem diferentes preparos para melhor aceitação. Percebo na minha casa que o maior desafio é o de não experimentar para realmente confirmar se gosta ou não.
(VANESSA MONDIN)

Ao falar sobre alimentação com as famílias, identificamos muitas dificuldades na comunicação, principalmente na escuta. Esses dois pontos são muito importantes para todos terem clareza sobre a importância no que diz respeito à alimentação, principalmente aos pais que se preocupam tanto com o que os filhos estão comendo. Quando comunicamos aos nossos filhos, com clareza e precisão, a importância de experimentar os alimentos, sem imposições, brigas, com tranquilidade e paciência, oportunizamos a todos novas experiências e descobertas sobre o novo e até mesmo uma redescoberta sobre o que já temos de conhecido, fortalecendo as nossas relações e deixando as refeições mais leves, fluidas e tranquilas. Para o nosso paladar se acostumar a um sabor ou para gostarmos dos alimentos, eles precisam ser apresentados várias vezes e de diferentes maneiras de preparo; quando esse processo não é prazeroso, fica muito mais desafiador e ruim o momento da alimentação.

Assim como devemos ter cuidado com a maneira que oferecemos os alimentos para as crianças, também devemos ter muita atenção nas quantidades oferecidas. Quantas famílias já obrigaram e ainda obrigam os filhos a comerem tudo que está no prato "para não desperdiçar", com a justificativa de que existe muita gente passando fome? E tantas outras falas que são direcionadas aos filhos para que comam tudo mesmo sem sentir vontade. Mas quem foi que disse que as crianças precisam comer toda a quantidade de alimento que colocaram no prato para elas?

"Por trás de todo comportamento existe uma necessidade, atendida ou não" (ROSENBERG, 2019). Será que o não comer ou o comer excessivo não faz parte de alguma necessidade, atendida ou não? Reflita.

Certa vez, quando eu fazia acompanhamento com uma nutricionista, comentei com ela que meu filho estava comendo demais, comia mais que eu. Ela me respondeu que na idade em que ele estava era normal. A necessidade calórica dele era maior que a minha, mesmo ele sendo um adolescente. A partir desse dia, eu fiquei atenta às quantidades (porções) necessárias para cada membro da minha família (CÁSSIA CLEANE).

Enquanto os filhos são pequenos, é possível controlar essas quantidades e oferecer a eles aquilo que entendemos que necessitam em relação às quantidades, nutrientes e energia. Com o passar do tempo, eles vão aprendendo pela observação quanto de alimento precisam e como compor o prato de maneira saudável. Eles levarão isso para toda a vida e aprenderão que a relação com os alimentos é algo leve que traz prazer, histórias, emoções e muitas memórias, além de muita saúde.

Orientações aos pais e profissionais

Muitas vezes as relações entre as famílias no que diz respeito à alimentação são extremamente desafiadoras, não é mesmo? Mas não precisa ser dessa forma. Para ajudá-las, seguem algumas dicas práticas para aplicar com seus filhos, alunos e pacientes:

- No momento das refeições, procure colocar os alimentos na mesa para que seus filhos possam se servir, montando o prato com os alimentos que gostam e as quantidades que eles comerão.
- A melhor forma de ensinar é com o exemplo. Portanto, mesmo que você não consiga estar em todas as refeições com o seu filho, escolha um dia na semana para fazerem uma refeição juntos ou até mesmo prepararem uma receita explorando novos alimentos.
- Antes de levarmos o alimento à boca e de sentirmos o seu sabor, nós vemos o alimento, observamos com os olhos, sentimos sua textura com as mãos e o seu aroma com o olfato. Então, sempre que for experimentar um alimento novo com seu filho, explore-o com todos os sentidos, e não fique frustrado caso ele não o leve à boca no primeiro momento. Muitas vezes a criança precisa ser exposta ao alimento mais de 15 vezes para provar e gostar.
- No caso de seu filho se recusar a comer, busque a orientação de um profissional para ajudar tanto ele quanto a família nesta questão. Essa orientação é muito importante.
- Na escola, os professores podem explorar os alimentos por meio de atividades lúdicas como jogos, brincadeiras, livros de leitura, a realização de pequenas receitas e a degustação de frutas, legumes etc.
- Nos consultórios, psicólogas e terapeutas ocupacionais também podem trabalhar esse momento das refeições utilizando brinquedos que imitam os utensílios de cozinha, alimentos simples como iogurte, frutas, legumes

cozidos, mostrando à criança a diferença de cores, texturas, consistência e aromas quando estão crus e depois de cozidos.
• Leve as crianças aos hortifrútis, feiras e supermercados para que elas conheçam os alimentos, observem a diversidade de cores, texturas, formas e aromas.
• Evite as distrações à mesa como os aparelhos eletrônicos, brinquedos e as ameaças como não ter sobremesa depois das refeições. A atenção no momento da refeição é muito importante, pois traz também a consciência alimentar.

Atividades do capítulo

O objetivo das atividades deste capítulo é aumentar o repertório alimentar das crianças, adolescentes, adultos e idosos.

Escaneie o QR code ao final do livro para ter acesso às atividades do capítulo.

Superdica
Ao redor de uma mesa, conectamos sabores e saberes, histórias e emoções e os nossos corações.

Referências

DERAM, S. *O peso das dietas: emagreça de forma sustentável dizendo não às dietas.* Rio de Janeiro: Sextante, 2018.

DOMENICI, G. *Diário de uma garota que não gostava de legumes.* São Paulo: Literare Books, 2019.

HOLANDA, A. Minha mãe fazia. In: *Crônicas e receitas saborosas e cheias de afeto.* Rio de Janeiro: Rocco, 2017.

ROSENBERG, M. *Vivendo a comunicação não violenta.* São Paulo: Sextante, 2019.

SAVIOLI, G. *Alimente bem suas emoções.* 3. ed. São Paulo: Edições Loyola, 2014.

3

PAIS E FILHOS
COMO A INTELIGÊNCIA EMOCIONAL DOS PAIS INFLUENCIA O DESENVOLVIMENTO DOS FILHOS

Neste capítulo, os pais terão a oportunidade de perceber a importância de desenvolverem a sua inteligência emocional e de como esta, por sua vez, vai influenciar o desenvolvimento dos seus filhos. Pais e filhos poderão desenvolver a inteligência emocional por meio de exercícios práticos para serem feitos em família. Crescendo juntos, criamos pessoas mais saudáveis e felizes.

CRISTINA CAVACO

Cristina Cavaco
CP 26407

Contatos
educacaosocioemocional.pt/projeto-crescer/
geral@educacaosocioemocional.pt
Instagram: @cristinacavaco.psicologa
+351 96925 5408 (Portugal)

Psicóloga, especializada na área educacional, trabalha na área da educação há mais de 17 anos com crianças, famílias, escolas e comunidade em geral. Especializada na área da criatividade. Várias formações e cursos na área da educação socioemocional. Certificação internacional como especialista em Inteligência Emocional. Curso de Psicoterapia positiva. *Coach* parental com especialização na Adolescência. Curso de Contoterapia e Livroterapia. Criadora do blog Mundo das Emoções. Desenvolve projetos de educação socioemocional para escolas e outras instituições e, também, presta serviços de consultoria. Coautora do Projecto Crescer – um programa de educação socioemocional, que desenvolve a inteligência emocional em crianças e adolescentes. Realiza cursos, seminários, palestras e congressos presenciais e on-line. Cria jogos e recursos práticos para o desenvolvimento socioemocional infantil.

Hoje fala-se muito de inteligência emocional e da sua importância para a nossa vida. Mas por que é que a inteligência emocional dos pais tem um impacto tão grande no desenvolvimento dos filhos? É isso que vamos entender neste capítulo.

Quem é pai ou mãe quer oferecer sempre o melhor para o seu filho. Uma das missões mais importantes dos pais é garantir que os seus filhos cresçam com saúde, segurança e educação. Se nos perguntarem o que queremos para os nossos filhos, vamos responder que queremos que eles sejam felizes. Assim, é necessário fornecermos aos nossos filhos uma base para viverem uma vida realizada, significativa e inspirada.

O mundo, que está em constante mudança, vive uma fase muito particular, que nos coloca, a todos, vários desafios. O maior desafio é o de sabermos lidar com o nosso mundo interior, os nossos medos, as nossas expectativas, de acreditarmos nas nossas capacidades. Hoje, mais do que nunca, precisamos saber gerir as nossas emoções e aprendermos a pensar antes de agir e reagir. Nessa sociedade moderna, é essencial aprendermos a passar do «eu» para o «nós», para que as crianças se adaptem ao mundo do futuro. Cada um de nós está destinado a juntar o seu "eu" a outros para então se tornar parte de «nós».

Neste "novo mundo" que se apresenta, para promovermos um bom desenvolvimento nas crianças, é preciso investirmos, tanto no lado intelectual como no emocional. É preciso desenvolvermos a inteligência emocional e promovermos a aprendizagem de habilidades socioemocionais.

As habilidades socioemocionais são um conjunto de competências desenvolvidas a partir da inteligência emocional de cada um. Elas apontam para dois tipos de comportamento: a relação consigo mesmo (intrapessoal) e a relação com outros (interpessoal) e preparam-nos para os desafios diários. Seja no trabalho, nos estudos, em lazer ou na família, elas são testadas e estimuladas a todo o momento e ditam a forma como reagimos e nos relacionamos no nosso dia a dia.

Assim como as habilidades emocionais são essenciais para a formação das crianças, também as dos pais influenciarão o desenvolvimento delas. É preciso aprender e treinar competências específicas, promovendo experiências que favoreçam a ligação. Para além de servirmos de exemplo de boas relações, também temos de prepará-las para interagirem com os outros, para que sejam capazes de fazer parte de um "nós".

As emoções têm aqui papel muito importante. A nossa percepção emocional e a capacidade de lidarmos com os nossos sentimentos vão determinar o sucesso e a felicidade nas nossas vidas e influenciar as nossas relações familiares.

Muitas características dos pais são importantes e influenciam a educação dos seus filhos. Uma das mais importantes é a própria inteligência emocional dos pais. Se desejamos criar filhos com boas habilidades emocionais, primeiro temos de nos concentrar no nosso próprio desenvolvimento. Assim, vamos preparar os nossos filhos para estabelecerem laços afetivos fortes, proporcionando-lhes oportunidades que os ajudam a crescer.

É importante termos a consciência de como as experiências familiares influenciam o crescimento dos nossos filhos. Os relacionamentos que lhes proporcionamos terão um forte impacto no seu futuro. Na verdade, a inteligência emocional dos pais tende a prever a inteligência emocional dos filhos, e esse traço pode mesmo ser passado pelas gerações.

Mas o que significa termos inteligência emocional?

Segundo Daniel Goleman (1995), sermos inteligentes emocionalmente é termos "a capacidade de identificar, avaliar e controlar as próprias emoções, as emoções dos outros e as dos grupos [...] e a vida em família é a nossa primeira escola para a aprendizagem emocional".

É no seio da família que percebemos o mundo. É nela que podemos ser nós mesmos, na qual começamos a nos conhecer, podemos expressar as nossas emoções, falar sobre o que estamos a sentir e expor os nossos maiores medos e esperanças.

Essa aprendizagem emocional é adquirida pelos modelos oferecidos pelos pais, ou seja, as crianças aprendem ao observarem os seus pais e na dinâmica da relação. As crianças aprendem mais por meio dos comportamentos não verbais, atitudes e tonalidade de voz do que os pais tentam ensinar-lhes pela palavra. Muitos pais e mães, mesmo com as melhores intenções, acabam por transmitir os seus medos e traumas aos filhos de maneira imperceptível. Isso ocorre porque as crianças espelham-se em modelos e os pais são as suas primeiras e principais referências no mundo.

34 | Orientação familiar

Por isso, a inteligência emocional dos pais é tão importante no desenvolvimento dos seus filhos. É ela que vai determinar a forma como os pais vão lidar com determinadas situações e, consequentemente, os filhos vão aprender pelo exemplo dado.

Ao tomarmos consciência desse fato, é essencial que os pais trabalhem a sua inteligência emocional e que procurem aperfeiçoar o seu autoconhecimento, entender as suas emoções, os seus comportamentos, reações e expectativas. Tudo isso vai contribuir para desenvolverem experiências significativas com os seus filhos, melhorando assim a relação parental e potenciando o desenvolvimento das suas crianças. As novas descobertas no campo da neuroplasticidade defendem que os pais podem moldar diretamente o crescimento do cérebro dos seus filhos pelas experiências que lhes proporcionam.

Por meio da neurociência, descobrimos que o nosso cérebro é moldável, o que significa que muda fisicamente ao longo de toda a nossa vida e não apenas na infância como pensávamos. O que molda o nosso cérebro são as experiências. Quando vivemos uma experiência, as células do nosso cérebro, os neurônios, são ativados e disparam, criando ligações entre si. Ao longo do tempo, as ligações que resultam desses disparos provocam novas instalações elétricas no nosso cérebro. Esta descoberta é extraordinária, porque temos liberdade para criar ligações para sermos mais saudáveis e mais felizes. Isto é válido para crianças, adolescentes e adultos.

A ciência nos apresentou os neurônios-espelho, que explicam como as habilidades emocionais podem afetar o desenvolvimento das crianças. Os neurônios-espelho foram uma das descobertas mais importantes da neurociência na última década e estão ligados ao movimento. São neurônios que disparam, tanto ao executarmos uma ação ou como ao observarmos alguém ao realizar uma ação. Os neurônios imitam o comportamento do outro como se estivesse ele próprio a realizar a ação, ou seja, o cérebro é influenciado e fica ativo só por observar. Acredita-se que estes sejam utilizados para compreender as ações e intenções dos outros, permitindo-nos sentir o que eles estão sentindo. Assim, fortalecemos a nossa empatia e podemos não apenas imitar comportamentos, mas também assimilar emoções. Desse modo, os neurônios-espelho nos ajudam a compreender a natureza da cultura e de que forma os comportamentos partilhados nos ligam uns aos outros. Por esta razão, eles desempenham um papel importante na conexão entre pais e filhos.

Dando um exemplo prático, se o pai ou a mãe estiverem nervosos, essa emoção vai influenciar os seus comportamentos. Eles podem manifestar o seu nervosismo pelas expressões corporais, verbais e faciais. Mesmo que os pais não tenham essa intenção, vai existir um conflito entre a mensagem corporal e a que é transmitida por palavras.

O cérebro da criança capta e registra mais rapidamente os sinais emocionais no rosto do que processa o que os pais estão a dizer. Assim, se os filhos lerem emoções nas expressões faciais que os coloquem em alerta, vão responder a essas expressões faciais (e as emoções que elas transmitem) e não ao conteúdo das palavras. Por exemplo, quando ficamos nervosos por estarmos atrasados e queremos sair logo, parece que nesses dias os nossos filhos demoram mais tempo do que o costume. Essa situação já deve ter acontecido com muitos de vocês. O mesmo acontece em situações de birra. Se os pais se mantiverem calmos, conseguem ajudar os filhos a regular as próprias emoções, cultivando assim os seus valores, em vez de simplesmente reagir a uma situação que lhes causa estresse. Os pais são os maiores modelos que as crianças têm.

Pais que desenvolveram a sua inteligência emocional ao longo da vida vão ser capazes de gerir situações difíceis, fornecendo aos seus filhos a capacidade de identificar o modo como estes estão se sentindo e como podem processar esses sentimentos de maneira saudável e positiva. Mais do que ultrapassar momentos difíceis, queremos que saibam enfrentar os seus problemas e que cresçam com eles.

Desenvolvermos a inteligência emocional dos nossos filhos não é apenas ajudá-los a aprender sobre as suas emoções, mas desenvolver neles diversas competências socioemocionais. O autoconhecimento é apenas uma das competências, mas também é muito importante termos empatia, promovendo um ambiente favorável para que a criança possa ser ela mesma, acolhendo as suas emoções. Validar uma ampla gama de sentimentos, na infância, vai trazer muitos benefícios no desenvolvimento de qualquer criança.

Toda mudança começa por nós. Os pais devem olhar atentamente para eles próprios e começarem por pequenos passos e mudanças no exercício da sua parentalidade. Se compreenderem bem o que se passa dentro de si, vão conseguir ajudar os seus filhos a compreenderem-se também. O bem-estar social e emocional é a base para o desenvolvimento do cérebro e, como os pais são os primeiros professores da criança, é pertinente trabalharem o seu autoconhecimento no sentido de promoverem o desenvolvimento de habilidades socioemocionais para um crescimento saudável.

36 | Orientação familiar

Orientações aos pais e profissionais

Para se conseguir uma boa conexão entre pais e filhos, é importante:

- Conhecer-se mutuamente, desenvolver autoconhecimento, autocuidado para ser um bom modelo. Estar atento e consciente do temperamento dos filhos, respeitando a sua singularidade.
- Regular as suas emoções e saber expressar os seus sentimentos aos filhos de forma clara e simples. Promover um espaço seguro, com limites para ajudar os seus filhos a desenvolverem autocontrole.
- Empatia, ou seja, ter a capacidade de entender os sentimentos e os pontos de vista de outras pessoas e interessar-se ativamente pelas coisas que preocupam o outro. Tentar entender o que os filhos estão sentindo e não desvalorizar os seus medos ou dificuldades.
- Socializar criando vínculos de colaboração, cooperação e estabelecendo relações interpessoais de confiança com os seus filhos.
- Comunicar, compreendendo o poder da escuta ativa, da comunicação verbal e não verbal, assertiva e não violenta, desenvolvendo habilidades de comunicação emocional. Ouça seus filhos e procure compreender os seus pontos de vista.
- Estar consigo mesmo e encontrar fontes que facilitem a obtenção de objetivos pessoais. Promover a presença plena e a participação na vida dos filhos.
- Resolução de problemas, ter a capacidade de criar soluções inovadoras e analisar questões de forma objetiva. Desenvolver atitudes corretas, ter flexibilidade mental e criatividade, promovendo assim essas habilidades nos filhos que se espelham no comportamento dos pais.

Esses são também os pontos principais do programa Crescer, um projeto internacional, com uma parceria luso-brasileira que aposta no desenvolvimento da inteligência emocional. Foi concebido por duas psicólogas da área clínica e educacional, Cristiane Rayes e Cristina Cavaco, e desenvolvido com base num método exclusivo, o método CRESCER, com uma metodologia integradora, que articula as questões cognitivas, ecológicas, emocionais e sociais. O seu programa inovador desenvolve competências nas crianças, adolescentes e adultos em três grandes círculos: Eu, Outro e o Mundo.

Crescer é ganhar asas

Deixarei algumas atividades práticas no QR code ao final do livro, que fazem parte deste projeto e que são para toda a família. Vamos desenvolver a inteligência emocional e crescer juntos.

Espero que você e sua família se divirtam muito e que eu possa contribuir de alguma forma para a sua caminhada enquanto pais. Este é um caminho com muitas emoções, incerto, com muitos erros e acertos, mas feito com muito amor e que nos traz mais alegrias, prazer e crescimento. Os filhos são, sem dúvida, os nossos maiores tesouros. São o nosso sonho em pessoa. Deixo aqui o poema "O Sonho", que espelha bem essa caminhada. Este poema é de um grande poeta da minha terra (Azeitão, Portugal), que também estava ligado ao mundo da educação, o professor Sebastião da Gama:

> Pelo Sonho é que vamos,
> Comovidos e mudos.
> Chegamos? Não chegamos?
> Haja ou não haja frutos,
> Pelo sonho é que vamos
>
> Basta a fé no que temos,
> Basta a esperança naquilo
> que talvez não teremos.
> Basta que a alma demos,
> com a mesma alegria,
> ao que desconhecemos
> e do que é do dia a dia
>
> Chegamos? Não Chegamos?
> – Partimos. Vamos. Somos."

Com amor,
Cristina Cavaco

Superdica

Dê asas aos seus filhos para eles voarem bem alto e serem livres, sabendo que podem sempre voltar ao seu ninho se precisar.

Referências

DECLAIRE, J.; GOTTMAN, J. *Inteligência emocional e a arte de educar os nossos filhos*. Rio de Janeiro: Objetiva, 2005.

GAMA, S. da. Pelo sonho é que vamos. *In: Obras de Sebastião da Gama*. Coleção Poesia. São Paulo: Edições Ática, 1953.

GOLEMAN, D. *Inteligência emocional: temas e debates*. 27. ed. Maia: Círculo de Leitores, 1995.

GREENWOOD, E. *As minhas emoções: aprende a gostar das tuas emoções*. Porto: Porto Editora, 2019.

QUEIRÓS, M. *Inteligência emocional: aprenda a ser feliz*. Porto: Porto Editora, 2014.

RODRIGUES, M. *Educação emocional positiva: saber lidar com as emoções é uma grande lição*. Novo Hamburgo: Editora Sinopsys, 2015.

SIEGEL, D. J.; BRYSON, T. P. *O cérebro da criança*. 3. ed. Alfragide: Casa das Letras, 2011.

SNEL, E. Senta-te quietinho como uma rã. *In: Mindfulness para crianças dos 5 aos 12 anos e para os seus pais*. Alfragide: Lua de Papel, 2019.

4

ANSIEDADE DE SEPARAÇÃO NA INFÂNCIA

Ser mãe ou pai é uma arte a ser desbravada diariamente, é uma caixinha de surpresas que realmente nos surpreende toda vez que algo novo surge. É nesse momento que o mundo nos convida para conhecer mais sobre a fase do nosso filho, entendermos sentimentos, emoções, reações físicas, comportamentos. Toda criança tem necessidade de segurança e orientação para conseguir evoluir, então seja o elo seguro para seu filho. Neste capítulo, vamos descobrir algumas dicas para lidar com a ansiedade de separação.

CYNTIA GODOY

Cyntia Godoy
CRP 06/119962

Contatos
psicologiamenteplena.com.br
psicologacyntiagodoy@gmail.com
Instagram: @psicologiamenteplena

Muito prazer, sou Cyntia Godoy, mãe da Isabele e Lívia, amores da minha vida, psicóloga clínica atuando no atendimento de adultos, adolescentes e crianças, orientações a pais. Palestrante, especialista em Terapia Cognitivo-Comportamental (TCC), pós-graduada em Terapia do Esquema (TE) pela Wainer Psicologia com certificação pela New Jersey Institute for Schema Therapy Springfield. Formação em Terapia Focada na Compaixão, Narrativa e Psicologia Positiva pelo IPQ - Instituto de Psiquiatria do Hospital das Clínicas - HC-FMUSP. Apaixonada por conhecimento e desenvolvimento humano com propósito em estar conectada com pessoas, auxiliando na busca de bem-estar, acolhimento e autoconhecimento.

Você já sentiu ansiedade em algum momento da vida? Esteve em alguma situação em que sentiu um desconforto que gostaria de apenas evitar e, mesmo sem entender ou identificar o gatilho, não conseguiu controlar?

Se a sua resposta foi SIM, estamos falando de medo e ansiedade. Ambos podem caminhar juntos. O medo é a resposta emocional à ameaça iminente real ou percebida ao ambiente; já a ansiedade é uma antecipação de ameaça futura, o que não pode ser controlado.

Nos transtornos de ansiedade, a percepção a uma ameaça é o que gera os "gatilhos" da ansiedade.

Quando o cérebro identifica algo como ameaça, o reflexo da ansiedade ativa o sistema de resposta cognitiva, afetiva, fisiológica e comportamental, o que pode trazer muito sofrimento (WEEMS; STICKLE, 2005).

Os transtornos ansiosos mais frequentes são: o transtorno de ansiedade de separação, com prevalência por volta de 4%; o transtorno de ansiedade excessiva ou o atual transtorno de ansiedade generalizada (de 2,7% a 4,6%) e as fobias específicas (de 2,4% a 3,3%). A prevalência de fobia social fica em torno de 1%, e a do transtorno de pânico (TP) é de 0,6% (CASTILLO *et al*, 2000).

Os transtornos de ansiedade em crianças e jovens são comuns e constituem o maior grupo de problema de saúde mental durante a infância; podem ser causa significativa no funcionamento diário e criar impacto na trajetória do desenvolvimento, interferindo na capacidade e desenvolvimento de aprendizagem e nas relações familiares (STALLARD, 2010, p. 11).

De acordo com Mary Ainsworth (1967), os bebês usam sua figura de apego (em geral à mãe) como uma base segura para exploração. Quando um bebê se sente ameaçado, recorre ao cuidador em busca de proteção e conforto. Variações nesse padrão são evidentes em duas estratégias de apego inseguro. Na estratégia de evitação, o bebê tende a inibir a busca de apego; na estratégia de resistência, o bebê se apega à mãe e evita resistência. Os estilos de apegos pertencem às cognições, às emoções e aos comportamentos que se desenvolvem como parte repertória do indivíduo, os estilos de apego começam no início da vida com os pais ou cuidadores e, mais tarde, são transferidos quando nos envolvemos em relacionamentos românticos (DATTILIO, 2011).

No decorrer dos anos e com a experiência na prática clínica atendendo crianças e adolescentes, percebi o aumento de casos relacionado ao transtorno de ansiedade de separação. De acordo com o DSM-V-TR (AMERICAN PSYCHIATRIC ASSOCIATION, 2013), é o transtorno de ansiedade específico da infância e pode ser manifestado de várias formas até o início da adolescência e, em alguns casos, quando não tratado corretamente, pode ser percussor de comorbidades para uma vida adulta.

O que é transtorno de ansiedade de separação (TAS)

O Transtorno de Ansiedade de Separação (TAS) é atribuído ao sentimento de medo intenso e ansiedade persistente quando a criança está afastada do seu apego seguro, pais/cuidadores, de casa ou do ambiente que lhe traga segurança. Este sentimento é expresso de maneira exagerada, a criança afetada tenta desesperadamente evitar essas separações. Quando a separação é forçada, elas tornam-se preocupadas, de maneira angustiante, com a reunificação. As principais áreas de preocupação estão relacionadas a problemas de saúde, escola, desastres e danos pessoais; e as preocupações mais frequentes são relativas às amizades, aos colegas de aula, à escola, à saúde e ao desempenho.

Essa situação acontece porque, desde o nascimento, os bebês associam seus cuidadores à provisão de segurança e bem-estar. Geralmente, é por meio do vínculo com a mãe ou o pai que, inicialmente, os bebês encontram sua forma de ser e estar no mundo. Sendo assim, é natural que as crianças passem por um processo de transição.

Já as crianças maiores têm a compreensão de que a mãe está afastada do seu campo de visão, seja no cômodo ao lado dentro de casa, por exemplo, ou em uma situação que envolva estar de fato em um local separado, como a chegada à escola ou à casa de um parente, a criança pode reagir negativamente e recusar-se a se separar do cuidador.

As situações de separação são dolorosas para ambas as partes: a criança e a figura de apego (geralmente os pais). A criança pede e implora com tal desespero que os pais são incapazes de sair, por exemplo, na porta da escola, resultando em cenas prolongadas que se tornam cada vez mais difíceis de interromper (muitas sentem medo de serem, abandonadas, ou os pais não as buscarem na escola). Outros comportamentos também podem se estender, como se recusar a dormir sozinho e insistir em ficar no mesmo quarto da pessoa à qual se sente mais ligada ou muitas vezes se recusa a dormir em seu próprio quarto, causando problemas futuros de dependência emocional.

A ansiedade de separação tem certo componente da própria ansiedade dos pais, o que exacerba a ansiedade da criança, levando a um círculo vicioso que apenas pode ser interrompido por tratamentos apropriados, para os pais e o filho ao mesmo tempo.

Como identificar os sintomas do TAS

Todas as crianças passam por vários estágios de aprendizado na infância e adolescência e os pais/cuidadores conseguem reconhecer se algo está saindo do controle. Quando algumas características de comportamento da criança começam a aparecer, preste atenção: pode ser um sinal de alerta importante.

Alguns sintomas possíveis são:

1. Sofrimento excessivo e recorrente diante da ocorrência ou iminência de afastamento de casa ou da figura de apego.
2. Choro excessivo, ataque de raiva, tristeza, apatia, isolamento social após a separação do vínculo seguro.
3. Preocupações persistentes e excessivas acerca de perigos envolvendo os pais ou a si mesmo.
4. Recusa ou resistência a ir desacompanhado para a escola ou outros locais; temor em ficar sozinho em casa.
5. Repetidas queixas de sintomas somáticos quando a separação de vinculação ocorre ou é prevista como cefaleia, náusea, dor no estômago, vômitos.
6. Pesadelos repetidos envolvendo a possibilidade de separação da criança ou do casal.
7. Relutância ou recusa persistente em dormir longe de casa ou dormir sem estar próximo à figura de apego.
8. Quando pais são separados, a criança demonstra o desconforto de se separar da figura de apego para estar com a outra parte, tenta negociar ou relutar.

Orientações aos pais e profissionais

Os medos são comuns nas mudanças de fases da criança. O importante é que os responsáveis entendam como estão interagindo no ambiente e se conscientizem da importância de mudar seus possíveis comportamentos ansiosos. Muitas vezes, o excesso de preocupação pelo bem-estar gera nos pais pensamentos catastróficos, ativados pela insegurança e pelo medo de não ter o controle da situação, e esse comportamento é percebido pela criança, gerando um impacto negativo. Além disso, os pais devem promover os comportamentos independentes dos seus filhos e incentivá-los a superar seus medos e, jamais, subestimarem sua competência para lidarem com situações temidas. Lembrem-se: vocês são espelho para seus filhos e o que eles necessitam é de amparo e segurança.

Existem outros fatores ambientais que podem aumentar a ansiedade de separação na criança:

- Separação e divórcio dos pais.
- Brigas constantes em casa.
- Falta de tempo de qualidade dedicado às crianças.
- Postura punitiva, sem oferecer segurança para os pequenos.
- Diminuição da autoestima da criança.
- Percepção de não se sentir especial para os pais.

Reflexão para os pais

Vale ressaltar algumas reflexões para os pais observarem atentamente o seu comportamento como adulto, perceberem suas emoções no momento que passarem por uma nova fase, fazendo uma autoavaliação de como se sentem diante da dificuldade apresentada.

Perguntas que os pais podem fazer para refletir:

- "Minha ansiedade pode causar ansiedade no meu filho?"
- "Diante da ansiedade do meu filho, como eu me comporto?"
- "Como me sinto quando meu filho tem medo?"
- "Quais gatilhos emocionais são ativados no momento da separação?"
- "O choro do meu filho me incomoda. O que isso representa?"

Pais, como vocês cuidam das suas emoções? Como esperam que seu filho se comporte em situações de conflito?

Evitem depositar muitas expectativas na criança, não comparem o comportamento do seu filho com o de outras crianças. Cada ser humano é único e tem o direito fundamental de se expressar e viver como se é de verdade.

Superar medos específicos requer tempo e prática. Para evitar passar esses medos para seus filhos, procurem ajuda; contar com o auxílio de um profissional é fundamental para que um desenvolvimento adequado da resiliência emocional da criança possa ser promovido. O psicólogo, nas sessões de psicoterapia, ajudará a entender os fatores que influenciam esse comportamento e, juntos, pela orientação aos pais, indicará melhores condutas e estratégia de enfrentamento.

A ansiedade pode afetar tudo, desde a escola e o trabalho até a saúde física, relacionamentos e muito mais. Aprender a identificar seus gatilhos e encontrar habilidades de enfrentamento que funcionem para vocês, não apenas ajuda a gerenciar seu ciclo de pensamentos ansiosos, mas também ensina aos seus filhos que eles podem aprender a lidar com os próprios gatilhos e trabalhar nos altos e baixos que ocorrem, naturalmente, à medida que crescem.

Dicas para fortalecer o vínculo de segurança

- Aprenda a dialogar, converse com a criança sobre a importância da ausência, prepare-a para o momento de separação, crie um vínculo de confiança, sempre confirmando o seu retorno e estabelecendo cada vez mais segurança a esse momento.
- Evite ameaças quando houver resistência e não provoque medo. Essa maneira de expressar pode aumentar o desconforto diante do ambiente que a criança terá de enfrentar com a ausência dos pais.
- Permita que a criança tenha um objeto de transição, que a acompanhe na ausência dos pais. Esse objeto deve ter significado afetivo (um paninho, um bicho de pelúcia ou um brinquedo pequeno), algo que auxilia na regulação do estresse da criança, transmitindo segurança e memórias positivas.
- Leia histórias de encorajamento. Mesmo sendo pequena, a criança busca o fortalecimento nas imagens. Existem boas leituras para esse tipo de tema.
- Se a criança for um pouco maior, em dias mais difíceis, faça um desenho na mãozinha dela ou em um papel para quando sentir saudades; assim, ela poderá entrar em contato com a imagem que lhe trará conforto.
- Desenhe com seu filho. Desenhar e falar sobre é uma técnica extremamente potente, pois permite estabelecer elos importante. A criança tem facilidade de projetar as suas emoções pelo desenho, podendo contar uma história que represente a situação que está sendo vivenciada.

A ansiedade de separação é um momento normal na vida das crianças. Não é um processo constante e se mantém por um curto período na infância. Com os procedimentos e condutas adequadas, é possível amenizar esse sofrimento e fazer que elas consigam lidar melhor com essas questões.

Não existe fórmula mágica para vivenciar as fases de uma criança. Sinta seu coração, sinta compaixão e cuide com carinho da preciosidade que é ter um filho. Seja cauteloso, tenha paciência, converse, procure pensar antes de reagir a uma emoção intensa e busque formas de aliviar o conflito e desconforto do momento. Acolha, ampare, não tenha medo de se tornar cada vez melhor a sua versão de mãe e pai.

Aprendam e divirtam-se.

Superdica
Valide as emoções que a criança manifesta.
"Laços de amor são eternos".
CYNTIA GODOY

Referências

AMERICAN PSYCHIATRIC ASSOCIATION. *Manual diagnóstico e estatístico de transtornos mentais:* DSM-V-TR. 5. ed. Porto Alegre: Artmed, 2013.

BUNGE, E.; GOMAR, M.; MANDIL, J. *Terapia cognitiva com crianças e adolescentes: aportes técnicos.* 2. ed. São Paulo: Casa do Psicólogo/Artesa, 2012.

BUNGE, E.; SCANDER, M.; MUSICH, F.; CARREA, G.; organizadores. *Sessões de psicoterapia com crianças e adolescentes: erros e acertos.* Novo Hamburgo: Sinopsys, 2015, 320 p.

CASTILLO, A. R. G. L. et al. Transtornos de ansiedade. In: *Revista Brasileira de Psiquiatria*, 22(supl. 2), 2000, pp. 20-23.

DATTILIO, F. M. *Manual de terapia cognitivo-comportamental para casais e família.* Porto Alegre: Artmed, 2011.

NELSEN, J. *Disciplina positiva para adolescentes: uma abordagem firme e gentil na educação dos filhos.* 3. ed. Barueri: Manole, 2019.

STALLARD, P. *Ansiedade: terapia cognitivo-comportamental para crianças e jovens.* Porto Alegre: Artmed, 2010.

5

FILHOS DE PAIS SEPARADOS
PARA CADA CASA, UM CASO

Este capítulo tem como objetivo auxiliar pais e profissionais com sugestões de como ajudar crianças e adolescentes a lidarem com as rotinas das casas dos pais quando separados. E, ainda, mostrar a importância de manter o respeito familiar, mesmo que os pais não morem na mesma casa.

DANIELA BORGES

Daniela Borges
CRP 06/122518

Contatos
danielaborgespsicologa@gmail.com
Instagram: @psicologa_danielaborges
11 98954 1441

Mãe do Leonardo, Fabio Ricardo e da Maria Julia. Psicóloga clínica da abordagem cognitivo-comportamental, pós-graduanda em Intervenção ABA para autismo e deficiência intelectual. Desde 2014 atua com atendimento infantojuvenil e adulto, terapia de casal, orientação parental, vocacional e profissional, tendo iniciado sua carreira no SUS. Na área da educação, atuou como professora de Educação Socioemocional para o Ensino Fundamental I, II e Médio. É membro da equipe multidisciplinar ambulatorial da APAE, que tem como objetivo o atendimento a crianças e adolescentes com deficiência intelectual, TEA (Transtorno do Espectro Autista) e TDAH (Transtorno de Déficit de Atenção e Hiperatividade), além dos atendimentos particulares.

Uma longa história se inicia por meio das linhas que se desenrolarão no decorrer deste capítulo. Contudo, a fim de deixá-la mais interessante, imaginemo-nos numa magnífica viagem, num imenso navio, daquele bem épico, pois ele nos dará uma ideia enaltecedora dos fatos.

As próximas páginas nos levarão ao conhecimento desde a formação primária familiar, desenvolvimento do papel dos genitores casados (em comum acordo para a educação familiar, inseridos num único lar) até os dias atuais, nos quais muitos casos têm modificado a padronização e cujos pais, por tantas razões, não educam os filhos dentro de uma mesma casa, mas em duas. Falaremos sobre a questão de educar os filhos de pais separados.

Antes, a fim de entendermos como se deu o início do matrimônio, vemos que, segundo a tradição judaico-cristã (fonte que modelou o tipo familiar habitual no Ocidente até poucas décadas atrás), após a criação de Adão, viu-se a necessidade de também criar Eva. Nota-se que a primeiríssima sociedade constituída foi a família.

Aristóteles declara que o homem representa um ser que necessita dos outros. Diz que o homem é carente e imperfeito, consequentemente, busca unir-se a uma comunidade para alcançar sua completude. Elucidamos mais uma vez a necessidade humana do convívio entre grupos e, assim, a constituição familiar.

Pois bem, continuando nossa viagem, com o passar de milhares de anos, em meio a tantas crises conjugais, chegamos ao 26º dia de dezembro de 1977. No Brasil, foi aprovada a Lei do Divórcio e, com ela, muitos casais começaram a optar pela separação, e é aqui que chegamos ao ponto crucial de nosso capítulo: pais separados, como ficam os filhos? Sabendo que a família é a célula básica da sociedade. Imaginemos que, para termos uma boa composição familiar, o casal deve estar bem, seja física, ou principalmente, o que é pouco falado, emocionalmente. Se parte deles está enferma, a outra parte adoece, pois um acaba afetando o outro. E se isso acontece, logo vêm as crises conjugais. Ainda mais quando um passa a dar mais valor às coisas que viram reflexos de questões sociais, as quais são assuntos que não fazem parte do âmbito familiar, ou das mentalidades e atuações deformadas e, mais profundamente, quando entram os erros e mentiras que contaminam cada um do casal. Por isso, dada a importância da orientação aos filhos quando há a separação, evitamos uma contaminação e auxiliamos na resiliência.

E então, como diz o poema de Carlos Drummond de Andrade: "[...] E agora, José? A festa acabou, a luz apagou, o povo sumiu, a noite esfriou, e agora, José?". E a família que estava sendo formada para todo o sempre? E os filhos que lhes foram confiados? E a formação deles, quem dará? Os pais decidiram, separação. Estamos à beira de uma guerra da sociedade familiar Silva, Santos, Sousa e tantas outras? O que fazer? A mãe tem responsabilidade sozinha? O pai tem obrigação de ficar com eles no final de semana? Para qual casa irão? O que fazer agora, José? A rotina da casa de um deve ser a mesma da casa do outro?

Vejam que acabamos de sair de uma tempestade e agora é a hora de vermos o que pode ser feito com o novo estilo de vida que os filhos terão.

Orientações aos pais e profissionais

Dificuldades que os filhos podem ter devido à separação dos pais

Falar aos filhos que agora o pai ou a mãe terá seu próprio lar, novos hábitos e que, simplesmente, as crianças ou adolescentes se revezarão aos finais de semana na casa de um ou de outro parece simples, porém é necessária uma análise, a começar por entender quais as consequências que a separação pode trazer aos descendentes e, se necessário, antes de mais nada, **pedir auxílio a um profissional**.

Conforme o trecho do artigo "A família e o papel desafiador dos pais de adolescentes na contemporaneidade", Maria José Barreto e Aline Andrade Rabelo (2015).

De acordo com as pesquisas desenvolvidas pelos psicólogos, as formas que esse sofrimento adquire nas crianças variam conforme a faixa etária:

• Choro, agitação, alterações nos batimentos cardíacos e aumento da pressão arterial sinalizam a expressão dos sentimentos nos mais novos. Mesmo os bebês que ainda não entendem o que está acontecendo, já são capazes de captar os estados de tensão presentes no ambiente e de "dar-se conta" de que algo não vai bem.

- Atitudes medrosas e regressivas caracterizam as respostas das crianças em idade pré-escolar. Este grupo seria o mais atingido pelos efeitos nefastos da separação porque, em função do pouco desenvolvimento cognitivo, as crianças desta idade não conseguem compreender o que, de fato, está acontecendo na família.
- Fantasias de que a separação dos pais é temporária caracterizam as respostas das crianças entre quatro e cinco anos de idade. Afinal, é isso o que ocorre quando elas brigam com os amigos.
- O sentimento de culpa surge geralmente entre as crianças que estão entre os cinco e os seis anos. Elas imaginam terem sido a causa da separação dos pais, seja porque haviam "pensado" nisso ou até mesmo "desejado" que isso acontecesse, seja porque fizeram alguma coisa errada e, assim, a separação teria sido uma consequência desse erro.
- Sentimento de abandono, agressividade dirigida aos pais, prejuízo no rendimento escolar e alterações de comportamento são mais frequentes entre as crianças acima de seis anos. Se, por um lado, elas já conseguem compreender melhor as razões que deram lugar à separação dos pais, por outro, a pouca maturidade ainda não as livra dos efeitos nefastos desse tipo de solução para os impasses conjugais.
- Ansiedade, instabilidade emocional, baixa autoestima e dificuldade para manter relacionamentos amigáveis ou amorosos por medo de traição, mágoa ou abandono são citadas como consequências colhidas em longo prazo, geralmente entre pré-adolescentes e adolescentes (REVISTA CRESCER, s/d; GRANATO, s/d; MANEIRA, s/d; PRADO de TOLEDO, 2007; RICO, s/d; TESSARI, 2005).

Não rotulemos que toda separação será danosa aos filhos, de maneira especial quando eles já presenciaram situações de agressão física, verbal e psicológica. Cada ser humano tem sua formação psíquica; por isso, há aqueles que, diante de uma separação, conseguem ressignificar bem esse acontecimento e " [...] apresentam maior capacidade adaptativa diante do afastamento de um dos pais, da perda da segurança de pertencer a ambos e de ser cuidada pelos dois, da mudança na rotina familiar e no cumprimento das tradições que eram praticadas" (BARRETO; RABELO, 2015).

Importante: pais, ajudem seu filho a entender que os pais se casaram para formar uma família, ter filhos e educá-los juntos, porém, às vezes não dá certo. É importante comunicá-los sobre o fato. Converse, explique a situação e queira saber como ele se sente. Deixe-o expor suas emoções, sentimentos, ele também é parte da família. Não considere ser válido seu filho não expressar suas emoções, pelo contrário, ajude-o a externar seus sentimentos, como tristeza, confusão, chateação, raiva, medo, alegria, alívio, e assim por diante.

Nova rotina: cada casa um caso. O que o filho faz na casa de um poderá fazer na casa do outro?

Ao se separarem, os pais vão para seus novos lares com seus novos costumes. Quando isso acontece, é muito comum escutarmos em atendimento clínico filhos dizerem que preferem ficar com o pai, pois têm acesso livre (e por tempo indeterminado) ao celular, ou vice-versa com a mãe. Igualmente escutamos que não aceitam ficar com uma das partes, pois na casa tem regras, horários, precisam ajudar nas tarefas domésticas e isso os irrita; assim como o contrário, eles sentem falta de tudo isso.

Entendamos que, primeiro de tudo, amor de filho não se conquista com bens materiais, ou pelo menos não deveria ser assim. Para além disso, conquista-se com valores morais, bons costumes e (acredite!) o estabelecimento de boas regras ajuda, entretanto, tudo depende de como são pedidas.

É válido, na ocasião de falar sobre a separação, explicar que agora o filho terá duas casas diferentes para os finais de semana, feriados e férias, e que, em cada casa, haverá uma maneira diferente de viver o dia a dia, mas isso não implica a relação com a outra parte (materna ou paterna).

Rotina

Agora que já não existe apenas uma casa, mas duas, cada uma terá seu próprio costume e pode ser que os filhos possam fazer algo que é permitido na casa de um e não do outro, no entanto, desde que isso não interfira na boa educação, tudo bem. Os filhos precisam ser preparados para lidar com diferentes circunstâncias, o bom diálogo é sempre muito necessário. **Os pais são as referências, estejam juntos ou não**. Sempre que uma conversa com os filhos for necessária, usem uma linguagem clara e formem-nos bem, deem a eles uma boa formação para serem cidadãos com bons valores e hábitos. **Atentem-se:** todo ser humano necessita de rotina, isso traz organização e segurança, mas como toda regra tem sua exceção, às vezes os combinados entre os pais podem ser alterados, visto o bem-estar da criança/adolescente. Eis algumas dicas:

- **Flexibilidade nos dias de visitas:** vise ao bem-estar do seu filho. Por exemplo: ficou estipulado na separação que, Natal ímpar, ele deverá ficar com o pai, mas e se na casa dele não houver nenhuma comemoração e na casa da mãe sim? Será que não vale a pena rever esse acordo? Isso vale para todas as outras datas comemorativas. **Tenha um olhar empático pelo seu filho.**

- **Participação dos pais nas atividades dos filhos:** suponhamos que no final de semana que o filho for para a casa do pai será a final do jogo do futebol e a mãe sempre gostou de participar desses momentos. Vale a pena deixar o acordo jurídico em stand-by e a mãe poder assistir? A participação dos pais nesses momentos traz confiança aos filhos. **Cultive memória afetiva.**
- **Tarefas escolares e de casa:** tanto pai quanto mãe são convocados a auxiliar nas tarefas escolares, assim como estabelecer atividades para que o filho faça em casa. Isso já o prepara para uma vida de compromissos, ainda que sejam pequenas tarefas quando criança, ele já cresce com responsabilidade. Claro que cada um poderá criar as rotinas de acordo com o novo estilo de vida, mas o mais importante é ajudar o filho a compreender que, apesar dos horários não serem os mesmos, nas duas casas ele terá suas atividades. **Ajude o filho exercer a virtude da vontade.**
- **Conscientização de mudança de hábito em cada casa:** a clareza sobre a nova rotina é indispensável. Falem como ficarão as questões do colégio, quem leva em qual dia e quem busca, como será a nova rotina, em qual tempo das férias ou finais de semana passará na casa do pai ou da mãe. Ter um quadro de combinados ajuda muito, mas atenção ao elaborar o quadro, se esforce ao máximo para cumpri-lo. Porém, se por algum motivo, algum dia não der certo, tudo bem, recomecem. **Conscientizar os filhos que cada casa tem sua rotina é combinado inegociável.**

Pais acham que os filhos não entendem nada. Isso é um grande erro. Muitas vezes, eles só observam e esperam uma explicação. Uma conversa assertiva capacita o filho a refletir sobre sua história. Simplesmente dizer "Faça isso ou aquilo", "Aqui na minha casa a regra é assim e ponto", não ajuda. Estamos lidando com uma geração que pede exemplos do que aprende, então, quando disserem algo aos seus filhos, sejam claros e usem de exemplos para explicar o que for necessário.

É certo que às vezes o casamento não dá certo, mas ter bom humor ajuda na nova maneira de vida. Percebam o jeito que falam e olham para aqueles que são seus tesouros. Busquem uma forma madura de passar pelas dificuldades, pois experienciando isso, os filhos aprenderão que com um bom jeito tudo se resolve.

Superdica

Pais separados, talvez. Filhos separados de seus pais, NUNCA!

Referências

CIFUENTES, R. F. *As crises conjugais e os conflitos do amor*. São Paulo: Quadrante, 2001.

GUEDES, R. L. *De que sofrem os filhos de pais separados?* Google acadêmico, 2012. Disponível em: <https://scholar.google.com.br/citations?user=8JYW-7FMAAAAJ&hl=pt-BR>. Acesso em: 10 ago. de 2021.

INSTITUTO BRASILEIRO DE DIREITO DE FAMÍLIA. *A trajetória do divórcio no Brasil: A consolidação do Estado Democrático de Direito*. Jusbrasil, 2010. Disponível em: <https://ibdfam.jusbrasil.com.br/noticias/2273698/a-trajetoria-do-divorcio-no-brasil-a-consolidacao-do-estado-democratico-de-direito#:~:text=Em%20sess%C3%A3o%20de%208%20de,de%20dezembro%20do%20mesmo%20ano>. Acesso em: 1 dez. de 2021.

PERIÓDICOS ELETRÔNICOS EM PSICOLOGIA. *Pensando fam.* vol.19 no. 2. Porto Alegre, dez. 2015. Disponível em: <http://pepsic.bvsalud.org/scielo.php?script=sci_issuetoc&pid=1679-494X20150002&lng=pt&nrm=i>. Acesso em: 28 fev. de 2022.

6

FILHO IDEAL *VS.* FILHO REAL

Este capítulo tem como objetivo trazer uma reflexão acerca de uma viagem cujo destino é a maternidade/paternidade. Algumas mudanças podem acontecer durante o trajeto e o destino atingido pode não ser o que foi inicialmente idealizado, causando sofrimento. No entanto, há possibilidade de vivenciar esse momento com maior tranquilidade, assim como visualizar seus encantos.

DANIELE CANDIOTO VIDAL

Daniele Candioto Vidal
CRP 06/60638-6

Contatos
danielecandioto@outlook.com
Instagram: @danielecandioto
19 99199 2928

Psicóloga clínica e institucional, orientadora familiar, com especialização em Terapia Cognitivo-Comportamental (Instituto de Psicologia e Controle do Stress – IPCS-Campinas) e em Neuropsicologia Aplicada à Neurologia Infantil (Faculdade de Ciências Médicas FCM-UNICAMP). Atua como coordenadora do setor responsável por avaliações diagnósticas de uma instituição que atende deficientes intelectuais e em clínica particular com psicoterapia de crianças, adolescentes e adultos, orientação familiar e avaliação neuropsicológica.

Muitas pessoas sonham, desde a infância, em um dia realizar uma viagem rumo à maternidade/paternidade, podendo ser visualizado, por exemplo, pelas brincadeiras com bonecas. Um dia as crianças crescem e as fantasias podem dar lugar para um pai ou uma mãe real.

Chegado o momento para o embarque da tão sonhada viagem, ou até mesmo antes, as expectativas em relação ao que esperam encontrar quando alcançarem o destino são as mais incríveis e perfeitas. A idealização de pais começa a ser formada, assim como a do principal tripulante dessa viagem: o filho. Este passa a ser portador de vários adjetivos, como inteligente, lindo, perfeito, saudável etc.

Porém, algumas vezes e por motivos diversos, acontecem algumas mudanças de rotas durante esta viagem, as quais levam a destinos nunca antes imaginados, desconhecidos e temidos. Refiro-me às intercorrências que acontecem em algumas gestações, durante ou após os partos, aos erros genéticos, ou seja, situações que trazem características diferentes das que foram sonhadas e idealizadas para este filho e, consequentemente, para a maternidade/paternidade.

Diante dessa mudança, do idealizado para o real, os planos e expectativas previamente traçados são abalados, assim, é inevitável o surgimento da dor em toda a família. Também aparecem emoções como o medo, a raiva, a tristeza, e questionamentos como: "Por que isso aconteceu comigo?", "Será que estou sendo punido por algo que fiz?", "Vou dar conta?", "Como vai ser no futuro?". Essa vivência é particular para cada pessoa e pode assemelhar-se ao processo de luto, ou seja, o luto do filho ideal.

Segundo Bowlby (1990), há quatro fases do luto: 1) o entorpecimento; 2) o anseio; 3) a desorganização e o desespero e; 4) a reorganização. Inicialmente há a fase de choque e negação do fato, características da primeira fase. Na segunda fase, a pessoa apresenta o desejo de recuperar o filho idealizado. Após a pessoa ter compreendido a perda, aparecem sentimentos de culpa e ansiedade. Na terceira fase, sentimentos de raiva e tristeza também são encontrados e a pessoa se sente incapaz de fazer algo. Entretanto, após passar por todos esses momentos e emoções, é que vai conseguir se reconstituir. Apesar de ainda estar ajustando-se às mudanças, poderá retomar suas atividades e reorganizar-se.

Para algumas pessoas, as emoções e o sentimento de impotência podem ser mais intensos do que para outras. Isso pode ser influenciado pela capacidade de flexibilidade, interpretações dadas aos acontecimentos, pelas crenças que temos sobre nós, sobre o outro e o mundo.

Segundo Beck (1997), o funcionamento psicológico depende de crenças e esquemas. As crenças funcionam como premissas que influenciam significativamente a interpretação das situações cotidianas, dos eventos do passado e projeções para o futuro. A interpretação das situações vividas interfere no estado emocional, nas condições motivacionais, nas estratégias adaptativas (ou desaptativas) e, consequentemente, nos comportamentos.

A chegada de um filho com necessidade especial geralmente leva a família a ressignificar sonhos e rever projetos que, inevitavelmente, são interrompidos pelos obstáculos dos limites e das dificuldades.

O processo de autoconhecimento familiar poderá contribuir muito nessa fase, pois ajudará na identificação e compreensão das crenças, emoções, comportamentos que podem estar dificultando o encontro com o filho real. A família terá oportunidade de criar estratégias para ajudar a vencer ou minimizar as batalhas internas, estimular o encorajamento e a autoconfiança.

Além disso, para lidar com uma rotina repleta de atividades, tratamentos e desafios, incluindo trabalho e vida pessoal, a cumplicidade entre o casal é de extrema importância nesse momento. A ajuda de parentes, amigos, educadores, ou seja, a rede de apoio também é fundamental. Por isso, pais, permitam-se serem ajudados, aceitem a mão estendida, unam os corações a quem puder oferecer ajuda, para que juntos possam atravessar essa fase com maior serenidade.

Orientações

Aos pais

Bem-vindo à Holanda

Ter um bebê é como planejar uma fabulosa viagem de férias para a Itália. Você compra uma penca de guias de viagem e faz planos maravilhosos. O

Coliseu, o Davi de Michelangelo, as gôndolas de Veneza. Você pode aprender algumas frases úteis em italiano. É tudo muito empolgante.

Após meses de ansiosa expectativa, finalmente chega o dia. Você arruma suas malas e parte. Várias horas depois, o avião aterrissa. A comissária de bordo diz: "Bem-vindos à Holanda".

Holanda? Como assim Holanda? Eu escolhi a Itália! Deveria estar na Itália! Toda minha vida sonhei em ir para a Itália!

Mas houve uma mudança no plano de voo. Eles aterrissaram na Holanda, e lá você deve ficar.

O mais importante é que não levaram você para um lugar horrível, desagradável, com sujeira, fome e doença. É apenas um lugar diferente.

Você precisa sair e comprar novos guias de viagem, deve aprender uma nova língua, e encontrará pessoas que jamais imaginaria.

É apenas um lugar diferente. É mais baixo e menos ensolarado que a Itália. Mas, após alguns minutos, você pode respirar fundo e olhar ao redor. Começa a notar que a Holanda tem moinhos de vento, tulipas e até Rembrandts e Van Goghs. Mas todos os que você conhece estão ocupados indo e vindo da Itália, comentando a temporada maravilhosa que passaram por lá. E por toda sua vida você dirá: "Sim, era onde eu deveria estar! Era tudo o que eu havia planejado".

Porém, se você passar a vida toda remoendo o fato de não ter chegado à Itália, nunca estará livre para apreciar as coisas belas e muito especiais existentes na Holanda (KINGSLEY, 1987).

A partir desta fábula, algumas perguntas e reflexões podem ser realizadas.

Não é possível retomar a rota previamente planejada para a viagem, pois os pais já chegaram ao destino, talvez não seja o que idealizaram e planejaram, mas estão na maternidade e na paternidade.

E você? Idealizou um destino, mas chegou a outro? Quais expectativas não foram alcançadas ao chegar nesse novo destino?

Os pais podem olhar carinhosamente para esta realidade, procurarem formas de compreendê-la e, dessa forma, visualizarem seus encantos. Porém, se ficarem presos no que acreditarem ser o ideal, ou se considerarem que a situação é pior do que ela realmente é, se afastarão das experiências positivas.

Houve alguma situação em sua vida em que também foi necessário mudar a rota? Como foi para você?

Não temos controle sobre algumas circunstâncias e acontecimentos da vida, mas podemos escolher como lidar com elas.

O que você faz, ou pode fazer, nos dias mais difíceis?

O dia a dia e os desafios de qualquer maternidade/paternidade podem comparar-se a uma maratona e, inevitavelmente, acabamos deixando de lado algumas atividades básicas que nos faziam bem, como: ouvir uma música, comer devagar, tomar um banho mais demorado, fazer as unhas, conversar com um(a) amigo(a) etc. Após o nascimento de um bebê, a atenção dos pais fica totalmente voltada para ele. É claro que um tempo de adaptação é necessário, a fim de que todos os papéis sejam alinhados, mas com o passar do tempo, é importante que consigam voltar o olhar um pouco para si e para suas necessidades, enquanto homem, mulher e casal. Tratem-se com gentileza!

Como está o seu autocuidado? O que você tem feito por si mesmo(a)?

Ter filhos, com ou sem necessidades especiais, é uma experiência transformadora e incomparável. Porém implica lidar com a quebra de algumas expectativas e ideais que criamos para nós e para eles, pois sempre queremos e esperamos o melhor. Contudo, os filhos não precisam ser o que esperamos que eles sejam, só precisam entender que o amor que os pais sentem por eles é incondicional, e independe de expectativas alcançadas.

Quais são as emoções que surgem quando você olha para seu filho?

Nenhum pai ou mãe nasce pronto, assim, os desafios são inevitáveis. Ter disponibilidade para a aprendizagem e para o autoconhecimento é um grande passo para vencerem ou driblarem as dificuldades e conseguirem encontrar a si próprios e ao filho.

O que está aprendendo? O que seu filho está lhe ensinando? O que você está ensinando a seu filho?

Não deixem de olhar para as suas potencialidades enquanto pessoas e pais, e não deixem de olhar para as da criança, pois elas existem.

Todos os dias temos a oportunidade para recomeçar, modificar e ressignificar.

Vocês podem ser os pais ideais para este filho que é real.

À família

Em muitos casos, a criança apresenta atrasos em seu desenvolvimento e/ou aprendizagem, e é importante não escondê-los ou negligenciá-los, muitos menos caracterizá-los como preguiça ou frescura. Procure por um profissional que tenha competência para verificar as causas dos atrasos ou dificuldades.

Caso a criança tenha uma hipótese diagnóstica que justifique suas dificuldades e atrasos, é importante compreendê-la e, assim, buscar pelos possíveis tratamentos.

A depender da idade e maturidade da criança, é importante e direito dela saber sobre sua condição. Caso tenha dúvida de como e quando informá-la, procure por orientação profissional.

Permita e contribua para o seguimento do tratamento, respeitando o ritmo da criança.

Aos profissionais

É de extrema importância que os pais e a família sejam acolhidos pelos profissionais que cruzarem seus caminhos, que estes tenham conhecimento sobre o processo de luto, saibam e tenham condições de ouvi-los, encorajá-los, acolher suas emoções e angústias.

Não negligenciem os aspectos emocionais da família e, principalmente, da mãe. Na maioria dos casos, o apoio do profissional de psicologia é essencial.

Informem e orientem os pais, de forma clara e precisa, sobre as necessidades atuais da criança.

Reflitam, sempre que possível, sobre o relevante papel que a família tem quanto à estimulação do desenvolvimento da criança.

Evitem se referir à criança como "especial", mas sim como uma criança que tem "necessidade especial". Para os pais, todos os filhos são especiais.

O processo de orientação aos pais é contínuo, e a depender da necessidade de cada caso, as orientações devem ser retomadas ou complementadas.

Para mais reflexões e atividades, acesse o QR code ao final do livro.

Superdica
Seu filho vai ser o que a família permitir e o que ele puder ser.

Referências

BECK, J. S. *Terapia cognitiva: teoria e prática.* Trad. S. Costa. Porto Alegre: Artes Médicas, 1997.

BOWLBY, J. *Trilogia: apego e perda.* São Paulo: Martins Fontes, 1990.

7

AUTOCRITICISMO

Descrevo neste capítulo o que é autocriticismo, sua influência no comportamento de crianças e adolescentes e o impacto causado na relação de pais e filhos ocasionando ruídos e instabilidade no relacionamento de ambos. Aqui também darei dicas de como desenvolver a compaixão e se sentir melhor.

ELAINE CORRÊA DE OLIVEIRA

Elaine Corrêa de Oliveira
CRP 107715

Contatos
correaelaine2305@gmail.com
Instagram: @elainecorrea_psicologa

Mãe do amado Henrique, de 20 anos. Psicóloga clínica, atuando há mais de 10 anos em atendimentos de crianças, adolescentes, adultos e orientação familiar. Especialização em Terapia cognitivo-comportamental, formação em *Practitioner*, Programação Neurolinguística e Orientação familiar. Coordenadora do projeto Ser Criança (programa de habilidades socioemocionais) e palestrante do projeto Construindo Identidade, realizados no ITK Treinamentos.

Introdução

Durante os anos que tenho me dedicado à atividade clínica nas abordagens com crianças, adolescentes e adultos, sinto que muitas vezes as pessoas buscam respostas e possíveis soluções "mágicas" a curtíssimo prazo.

No decorrer do processo, caminhamos juntos e progredimos passo a passo no objetivo terapêutico ao qual nos propomos.

Um dos objetivos deste capítulo é, como profissional e como mãe, dividir parte da experiência que adquiri nesses anos e fornecer recursos simples, práticos e aplicáveis para contribuir na diminuição do autocriticismo. Atualmente, é notável a crescente demanda dos pacientes e pessoas que apresentam o autocriticismo, que é uma autoavaliação com uma conotação negativa de si mesmo na aparência, aspectos físicos, pensamentos, comportamentos, emoções e características da personalidade.

De acordo com alguns autores, o autocriticismo está relacionado com a psicopatologia, como um fator de personalidade associado a uma vulnerabilidade específica para a depressão (BLATT, 2004; GILBERTO, 1998, 2002).

Dentro da psicologia comportamental, o autocriticismo é visto como uma forma de punição. Os terapeutas cognitivos focam na autoavaliação negativa. Outra linha da psicologia, a Gestalt, tem uma perspectiva do autocriticismo como uma relação interna de dominância inferior.

Fatores externos (posturas, expressões faciais, tons de voz, gestos) atuam em nosso sistema fisiológico e emocional como impulsionadores ou gatilhos para uma autoavaliação negativa, assim como nossos pensamentos, sentimentos e algumas imagens geradas em nossa mente.

Esse processo pode desencadear comportamentos como: submissão, ansiedade, vergonha, sentimento de fracasso, perturbação do comportamento, distúrbios alimentares, depressão, abuso no uso de substâncias.

O autocrítico se auto ataca, tem a necessidade de aceitação do outro em relação às suas atitudes e comportamentos. O círculo vicioso de esperar ser sempre o melhor e não poder jamais errar, muitas vezes, impede a capacidade de análise do ambiente ao seu redor e de outras realidades. Esta característica punitiva e, principalmente, negativa dificulta seu relacionamento com outras pessoas e situações cotidianas (família, trabalho, relacionamento social, religioso e físico).

A importância das figuras parentais

É imensurável a importância e valores dos papéis de mãe e pai no desenvolvimento dos seus filhos, crianças ou adolescentes. Os pais contribuirão ou ajudarão a direcionar para uma condução de como crianças e jovens se sentem e direcionam a própria vida.

Todo esse processo está diretamente ligado às cognições parentais, e são a maneira que os responsáveis, progenitores, pais ou cuidadores sentem, veem, avaliam e experienciam a forma de cuidados com os filhos. A maneira que avaliam o cuidado e a relação com os filhos é o fator gerador ou impulsionador de sentimentos, pensamentos e comportamentos que podem ser positivos ou funcionais de realizações, sucessos e competências, ou podem ser também fatores geradores ou impulsionadores de sentimentos, pensamentos ou comportamentos negativos ou disfuncionais de fracasso, derrota e tristeza.

Muitos desafios acontecem nessa tarefa de parentalidade, o que pode ser o grande gerador de estresse, ativar um processo interno de críticas diante de alguns erros, desafios, visão, percepção ou pensamentos negativos diante da relação com os filhos, e isso pode gerar um autocriticismo nos pais.

Esses fatores agem como um desestabilizador das funções parentais e um potencializador de preocupações e limitações no papel da parentalidade.

A parentalidade vista, sentida e vivida de maneira positiva corrobora com a definição de uma magnitude ímpar ser mãe/ser pai, impulsionando a crença positiva da importância do papel de cuidar dos seus filhos e contribuir para a evolução e o crescimento.

Relato, a seguir, a importância de identificar a influência recebida dos pais no comportamento dos filhos e no relacionamento de ambos, quando os pais apresentam autocriticismo. O reflexo desse panorama, quando apresentado pelos pais, influencia diretamente como um fator muito importante na formação de hábitos e crenças limitantes no comportamento dos filhos.

Pais, quando são autocríticos e punitivos, exercem uma autoavaliação negativa de si próprios, seja em seus comportamentos (podendo ser pensa-

68 | Orientação familiar

mentos e emoções) ou até mesmo na aparência física. Pais que apresentam o autocriticismo têm dificuldade em estimular afeto nos filhos, apoiá-los, compreendê-los e orientá-los de forma positiva, sem atritos ou travar batalhas.

Os pais tendem a apresentar comportamentos defensivos com os filhos, sendo hostis em algumas situações, estimulados por seus pensamentos e crenças negativas. Como já relatado, o autocriticismo tem uma relação interna de dominância inferior e ativa o sistema "defesa e ameaça" (GILBERT; IRONS, 2004).

Diante dessa situação, pais que apresentam o autocriticismo sentem que falharam com seus filhos, que as coisas estão mal, sentem dificuldade em gerar sentimentos e pensamentos positivos de aceitação e apoio. Quando identificado o autocriticismo nos pais, é de extrema importância o apoio de um profissional capacitado.

Ao se conscientizar de que esses comportamentos e sentimentos caracterizam o autocriticismo, você pode ser levado a uma reflexão e comportamento de autocorreção e habilidade para lidar com esse sentimento, a fim de modificar um padrão, mudar pensamentos negativos e corrigir algumas posturas desapropriadas em si e com seus filhos. No acompanhamento psicológico, é notório o ganho na relação pais e filhos.

Falei da influência do autocriticismo dos pais no relacionamento com os filhos. E agora, quando identifico o autocriticismo em meu filho?

O comprometimento na capacidade de construir relações com os outros e a dificuldade no desenvolvimento de autonomia são fatores que podem contribuir para o aparecimento de características de personalidade disfuncionais, dependência e autocriticismo, acompanhados de pensamentos de fracasso, derrota e tristeza. É necessário identificar e olhar com atenção e carinho, podemos nos aproximar, conversar, procurar entender nossos filhos, agir com empatia (colocar-se no lugar do outro), orientar e, juntos, praticarmos exercícios. No final deste capítulo, darei dicas para um ganho em mão dupla, para o seu bem-estar e melhor relacionamento com seus filhos.

Autocompaixão

É importante ser colocado o quanto estamos habituados à autocrítica, que é um caminho antagônico à compaixão. Nosso desafio é diminuir ou tirar do nosso repertório comportamental a autocrítica, e inserir em nossa existência a autocompaixão.

A autocompaixão é uma atitude de acolhimento, compreensão, carinho consigo mesmo; é o reconhecimento de que somos humanos e passíveis de erros e falhas, é ter consciência e aceitação dos sentimentos dolorosos ou não e reconhecê-los como parte do que estamos vivendo. Está relacionada com o sistema de vinculação e segurança proporcionando calma interna, aceitação e autoconfiança. Leva a ter simpatia, empatia e afeto.

Uma pessoa com autocompaixão tem interesse genuíno por si, semeia atitudes e pensamentos positivos, com o foco na superação de problemas e, consequentemente, sabe se acolher. O cuidado consigo desperta emoções positivas. Já o autocrítico tem atitude depreciativa e de condenação com o eu e de "ataques" a terceiros, necessitando de aprovação, aceitação e congratulações.

Pessoas autocríticas precisam desenvolver a autocompaixão.

Qual é a diferença entre empatia e compaixão?

A empatia e a compaixão aparecem como bagagem genética dos seres humanos. Empatia é sentir o que a outra pessoa sente. Ela se divide em três tipos: emocional, cognitiva e a preocupação empática. A empatia emocional consiste em sentir o que o outro está sentindo; a cognitiva é conseguir enxergar pela perspectiva do outro; e a preocupação empática é a capacidade de saber o que o outro precisa de nós em determinado momento.

No entanto, ser empático envolve saberes diversos e mais profundos.

O benefício de ter empatia é viver de modo mais harmônico com você e o próximo, entendendo as diferenças como oportunidades e não com sentimento de repulsa.

Desenvolver situações para o exercício da empatia visando ao cuidado genuíno com o próximo trará benefícios diretos e indiretos que poderão ser a base de proteção e fortalecimento no convívio social, proporcionando relações mais equilibradas. Fazemos parte de um todo e somos diferentes em essência, mas estar disposto a exercitar a empatia, escutar, compreender, apoiar e, acima de tudo, "caminhar lado a lado", seja com os nossos filhos ou pessoas que fazem parte da nossa vida; isso trará uma experiência e um ganho muito significativo em nossa trajetória.

A compaixão é um sentimento que traz o desejo de diminuir o sofrimento do outro, nos motiva a criar vínculos e ajudá-lo; ela é um estado mental dotado de sentido de preocupação e atitudes para aliviar o sofrimento.

Diante do exposto, a sugestão ao lidar com essa temática, sendo o autocriticismo identificado nesse processo de parentalidade, direciono atitudes e ações com recursos e ferramentas aplicáveis que podem reduzir o estresse e pensamentos negativos ou disfuncionais, que, como já relatado, são os impulsionadores do autocriticismo.

Orientações aos pais

Observe se você é autocrítico e quanto isso influencia seu dia a dia e relacionamentos. Essa observação traz a consciência e o conhecimento do que você precisa melhorar e se acolher.

Desenvolva a autocompaixão

A autocompaixão é uma atitude de acolhimento, compreensão, carinho consigo mesmo, é o reconhecimento e aceitação de que como humanos somos passivos de falhas. É ter consciência e aceitação dos sentimentos dolorosos e reconhecê-los como parte do que está vivendo.

Ajude seus filhos no desenvolvimento da autocompaixão

O acolhimento e compreensão são de suma importância na trajetória daqueles que apresentam o autocriticismo. As figuras parentais têm papel importante no que tange a proporcionar bem-estar, auxiliar na diminuição do estresse e pensamentos derrotistas, ajudar a identificar níveis de preocupações elevados, a buscar um modo mais brando de encarar os desafios diários e contribuir para o encorajamento.

Seja empático com seus filhos

É importante que você deixe claro que reconhece o sofrimento físico e emocional de seu filho, dizendo ou pontuando que o compreende e está ao seu lado. A empatia é aprendida também pela observação dos comportamentos dos pais.

Exercite a compaixão

Acolha seu filho com compreensão, carinho e aceitação. Suas atitudes são muito importantes nos momentos difíceis.

Busque ajuda

Reforçamos a importância de uma avaliação e acompanhamento profissional, pois a autocrítica influencia no autovalor, na estima e na confiança.

Utilize-se de recursos

Indico alguns recursos com o objetivo de ajudar na modificação e diminuição de pensamentos e comportamentos que impulsionam o autocriticismo.

Prática de RPD (registro de pensamentos disfuncionais), que é uma técnica proposta pela terapia cognitivo-comportamental para potencializar o bem-estar do paciente ao guiá-lo no processo de identificação e análise consciente dos pensamentos, emoções e comportamentos disfuncionais.

- técnicas de *mindfulness*;
- exercício de autocompaixão;
- relaxamento;
- práticas que reduz o estresse e a ansiedade.

> **Superdica**
>
> Dê o seu melhor na relação com você e com as pessoas que você ama. Esta é a melhor forma de se cuidar.

Referências

CASTILHO, P.; GOUVEIA, J. Autocriticismo: estudo de validação da versão portuguesa da Escala das Formas do Autocriticismo e Autotranquilização (FECRS) e da Escala das Funções do Autocriticismo e Autoataque (FSCS) *Psychologica*, (54), pp. 63-86. 2011.

GONÇALVES, I. Efeito do autocriticismo na categorização de expressões faciais emocionais. Disponível em: <https://ria.ua.pt/bitstream/10773/15588/1/Efeito%20do%20autocriticismo%20na%20categoriza%C3%A7%C3%A3o%20de%20express%C3%B5es%20faciais%20emocionais.pdf>. Acesso em: 02 maio de 2022.

LEAHY, R.; TIRCH, D.; NAPOLITANO, L. *Regulaçao emocional em psicoterapia*. Porto Alegre: Artmed, 2013.

MARTINS, C. (2019). Autocompaixão, afeto positivo, afeto negativo e sintomatologia depressiva em adultos. Disponível em: <https://ubibliorum.ubi.pt/handle/10400.6/10117>. Acesso em: 2 maio de 2022.

PSICOTERAPIA E AFINS. *Psicoterapia e afins*, c. 2022. Página inicial. Disponível em: <htps://www.psicoterapiaeafins.com.br>. Acesso em: 02 maio de 2022.

SILVA, A (2021). Satisfação parental: o papel do autocriticismo. Disponível em: <http://repositorio.uportu.pt/xmlui/handle/11328/3402>. Acesso em: 2 maio de 2022.

8

QUAL É O MEU LUGAR? A IMPORTÂNCIA DA HIERARQUIA NA FAMÍLIA

Neste capítulo, desejo refletir e destacar a importância da hierarquia no seio familiar, o lugar que corresponde a cada um na sua família; os limites com amor, firmeza e respeito que os pais devem estabelecer de modo a prevenir os conflitos familiares.

ELIANE CALHEIROS CANSANÇÃO

Eliane Calheiros Cansanção
CRP 15/0067

Contatos
cdpec.com.br
ec.cansancao@hotmail.com
Instagram: @cdpec /@elianecansancao
Facebook: @eliane cansanção
82 99302 2886

Psicóloga clínica (CESMAC/AL). Psicoterapeuta de crianças e adolescentes, realiza orientação familiar, atendimento de psicopedagogia clínica (E.Psi.BA/B.A e F.Pio X/SE), orientação profissional. Formação internacional em pedagogia sistêmica (ISPA/Alemanha e Conexão sistêmica/SP). Especialista em pedagogia sistêmica (CUDEC/ México e F. Innovare/SP). Formação em Constelações familiares (IBS Sistêmica/Goiânia). Supervisão e assessoramento psicopedagógico e em pedagogia sistêmica, formação de professores, palestras, oficinas e grupos de estudo. Coordenadora do Centro de Desenvolvimento Pessoal Eliane Cansanção (www.cdpec.com.br) e Cocoordenadora do Centro de Estudos de Psicopedagogia e Pedagogia Sistêmica de Maceió (CESPPMA) – (www.cesppma.com.br).

Cada um em seu lugar para poder educar
AMPARO PASTOR

No caminhar da minha prática como psicóloga clínica, venho observando nas relações familiares e nas colocações dos pais ou responsáveis as dificuldades quanto ao relacionamento com filhos no que se refere à questão da hierarquia na família, ou seja, em alguns atendimentos os membros da família não se encontram cada um no seu lugar, no seu papel de pai, mãe, filho(a), gerando muitos conflitos familiares.

Na clínica, observo queixas frequentes dos pais com os filhos, que são:

- "Meu filho não me obedece."
- "Não segue regras."
- "É um filho rebelde."
- "Não segue o que é combinado."
- "Ele quer ser igual a mim."
- "Não segue minhas ordens."
- "Meu filho grita comigo."
- "Ele é muito tímido."
- "Meu filho é agressivo comigo."

Vivemos em um mundo com profundas transformações, de muita complexidade e incertezas que vêm refletindo no modo de ser e viver das pessoas, com as novas formas de comunicação (mundo virtual) e os novos modelos familiares.

As famílias estão mudando cada vez mais diante dos tempos de turbulências, e o estabelecimento de vínculos saudáveis é fundamental para a dinâmica familiar moderna, para que estes possibilitem o desenvolvimento harmônico na família.

Diante dos atuais desafios, pergunto:

- Como a família moderna vive a hierarquia no sistema familiar?
- Por que é tão difícil ser pai e mãe hoje?
- Qual é a importância da hierarquia familiar na visão sistêmica?

- Qual é o meu lugar na família?
- Como o desenho da família pode identificar o meu lugar na mesma?

Este capítulo tem como objetivo refletir sobre a importância da hierarquia na família por meio de uma visão sistêmica; destacar o papel de cada um para que ocupe o lugar que lhe corresponde; olhar para os limites que os pais estabelecem e a "simetria inconsciente" na família; citar os possíveis problemas que podem surgir e como intervir, identificar o lugar de cada um a partir do desenho sistêmico.

A importância dos limites na relação pais e filhos

A família atual continua sendo a base da sociedade: uma instituição social. Mesmo com as mudanças que ocorreram ao longo dos séculos na sua formação e nas relações familiares, hoje tem o foco nos laços afetivos e nas relações estabelecidas.

A demanda da sociedade atual modificou as relações entre pais e filhos, fazendo com que os pais também tenham mudado a sua maneira de educar, o que muitas vezes faz necessária uma orientação quanto à educação dos filhos.

A família é responsável em estabelecer limites e uma postura de autoridade frente aos filhos, de firmeza e diálogo, princípios e valores.

Os limites são regras básicas que os pais devem estabelecer que dão segurança para as crianças e os adolescentes, sinalizando como se comportar e que ajuda no autocontrole.

É importante aprender como colocar limites e regras nos filhos, com amor e respeito, os quais devem ser estabelecidos desde que o bebê nasce. Limite com afeto na infância resulta em adultos mais equilibrados no futuro.

Ser pai e mãe passou a ser uma tarefa difícil e não aprendemos antes de ter filhos, somos pai e mãe com os modelos que introjetamos dos nossos pais, e seremos também modelos para nossos filhos. Portanto, educar filhos é um dos grandes desafios deste século.

Crianças com limites são adultos sociáveis, empáticos, com autoestima e desenvolvimento pleno. Segundo Ivan Capelatto (2001, p. 89), "uma das condições para que um filho fique sadio é o limite".

Messing (2011, p. 10) ressalta, em sua pesquisa *Simetria entre pais e filhos* (2008-2009), que os adultos estão desconcertados frente ao lugar dos filhos e que "a simetria inconsciente é uma modificação do psiquismo de crianças e jovens pelo qual desde a primeira infância as crianças copiam seus pais como se estivessem frente a um espelho, se mimetizam massivamente com eles, com seu lugar e suas histórias, ficando localizados inconscientemente como pares de seus pais em um lugar de autossuficiência imaginária, de autoabastecimento emocional, de completude, saber e poder".

Portanto se faz necessário construir novos modelos de autoridade nas famílias, sendo que "a simetria como mudança da subjetividade representa um grande desafio para o mundo dos adultos, já que os obrigam a um grande crescimento emocional e comunicativo para poder exercer seu papel de autoridade" (MESSING, 2011, p. 11).

Os pais precisam aprender a desenvolver estratégias e recursos de comunicação para chegar até os filhos, ressignificando a própria história como filho, compreendendo o desenvolvimento de cada fase no que se refere à disciplina (FOLGADO, 2020).

Veja a seguir uma tabela do Guia Infantil sobre disciplina de acordo com a idade da criança.

Tabela de disciplina para crianças por idade				
0-2 anos	**2-4 anos**	**5 anos**	**6-7 anos**	**8-10 anos**
Disciplina baseada na prevenção de acidentes. Ignorar os acessos de raiva. Não ceder aos caprichos. Expressar as normas sem gritar.	Explique bem nossas normas. Aplicar consequências educativas, se não as cumprem. Reforçar o que se deve fazer, antes de dizer *não* continuamente.	Colocar as normas em um lugar visível. Colocar o tempo-limite, se não cumprirem as regras. Desenvolver empatia.	Dialogar para prevenir mal conduta, não só para corrigir. Use reforços positivos. Pôr consequências alcançáveis e sempre cumprir.	Dialogar e encontrar o porquê de seus atos. Privilégios ante boas ações. Nunca fazer suas tarefas.

Fonte: *guiainfantil.com*

Os pais, no seu lugar de autoridade, aprendendo como lidar com afeto e limite de acordo com a idade dos filhos, evitam os sintomas de violência, maus-trato, dependência de drogas, fracasso escolar, fobias, ansiedade, entre outros.

Abordagem sistêmica e hierarquia

A abordagem sistêmica nos ensina que fazemos parte de uma grande rede, além da nossa identidade individual, e assim ficamos conectados uns com os outros.

A concepção de vínculos e limites nas relações familiares que destaco aqui se fundamenta no pensamento e nos ensinamentos do filósofo e psicoterapeuta alemão Bert Hellinger, por meio de pesquisas e trabalhos realizados com a abordagem "sistêmica-fenomenológica" nos anos 1980.

Hellinger (2007) coloca que as relações humanas seguem leis básicas, que denominou de "ordens do amor". As três leis que regem a dinâmica familiar são: o pertencimento, a hierarquia e o equilíbrio. São essas leis da vida que conduzem os relacionamentos humanos e, quando essas forças não são seguidas, surgem os emaranhados, os conflitos e se faz necessário tomar consciência.

A lei do pertencimento rege que todos que nascem em um sistema familiar têm o direito de pertencer a ele. Quando alguém é excluído, o sistema e seus integrantes vivem os efeitos da exclusão. A lei do equilíbrio é a lei do dar e receber, é fundamental para a manutenção dos sistemas. Somente na relação de pais para filhos esse desequilíbrio não se verifica, porque os pais sempre terão dado mais aos filhos do que recebido, deram a vida.

A lei da hierarquia terá maior destaque aqui por estar sendo abordada a importância da ordem na família, no relacionamento entre pais e filhos e rege que quem vem antes tem precedência sobre quem vem depois, tem a ver com a ordem nas posições, com o lugar que cada um ocupa na família e como intervir, se preciso.

Hellinger coloca que, primeiro, vem a ordem e, depois, o amor. Na família, os pais ocupam o primeiro lugar, seguem os filhos por ordem de idade e que fazem parte; é preciso dar um lugar aos filhos que tenham falecido, ou que tenham sido abortados.

Os pais são "os grandes" e os filhos, "os pequenos". Se todos ocupam o lugar correto na família, todos se sentem fortalecidos. Quem veio primeiro tem autoridade sobre quem nasceu depois. Primeiro, os antepassados; os avós têm precedência sobre os filhos e sobre os netos; e os pais, sobre os filhos.

As regras existem dentro do sistema para que se possa crescer e permanecer. Quando estes princípios não são seguidos, há conflito e sofrimento.

Observa-se, na lei da hierarquia, que pode acontecer desobediência na famíla. Os filhos podem querer ser maiores que os pais ou, muitas vezes, os filhos percebem os pais com problemas e querem cuidar deles, como se fossem grandes. Isso não deve acontecer, mesmo que inconsciente. Os filhos podem ajudar, mas uma posição de superioridade gera o desequilíbrio no sistema familiar. Para evitar esse contexto acima, é preciso desenvolver a consciência do nosso lugar na família.

Os vínculos com o sistema familiar são duradouros e permanentes, são mais fortes que a relação estabelecida com os membros da família. Conhecer nossa história, nossas raízes e origens, respeitar a hierarquia nos posiciona em nosso lugar, abre caminhos para uma vida mais leve e plena.

Desenho sistêmico: qual é o meu lugar na família?

O desenho é uma ferramenta de destaque no campo terapêutico e escolar por projetar ao exterior as imagens simbólicas internalizadas no sujeito, produção inconsciente, sendo um dos meios de rápida e fácil aplicação em crianças e adultos.

Abordamos aqui o desenho da família com um olhar sistêmico, por ser possível identificar por ele o lugar de cada um na sua família de origem.

O desenho da família é uma técnica gráfica projetiva que mostra a posição do sujeito na sua dinâmica familiar. Foi criado por Porot, em 1952, com base na técnica do desenho livre; Corman continuou os estudos.

Corman (1979, p. 14) cita que "o desenho não comporta somente elementos formais. Ao lado da forma, há o conteúdo e, nesse conteúdo, se exprime algo da personalidade total", que é consciente e inconsciente.

O desenho sistêmico é uma ferramenta das constelações familiares, da pedagogia sistêmica e de outros processos terapêuticos por facilitar ao cliente ressignificar seus conteúdos e a expressar de forma espontânea. É onde se pode observar os membros da família, a estrutura familiar, se cada membro está no seu lugar ou não, se há também exclusão de membros da família, ou seja, vamos entender o que acontece no sistema com o olhar sobre as "leis das ordens do amor" de Hellinger.

Com a solicitação: "Desenhe uma Família", o cliente pode desenhar a sua família de origem, que deve ter o pai, a mãe, irmãos ou outra família.

Observar a ordem adequada em que aparecem os membros da família, como o pai, à direita, a mãe, à esquerda, os filhos, na ordem de nascimento e se foram incluídos os não nascidos; o posicionamento; a inclusão de todos os membros ou não; as cores escolhidas; o ritmo do traçado, a distância dos membros; o tamanho; as partes do corpo que aparecem, as que faltam e os símbolos com sua representação (XAVIER, 2020).

Ayuso (2016, p. 75) cita que "reconhecer e aceitar o lugar que corresponde a cada um no marco escolar e profissional tem muita relação com a imagem interna que se tem interiorizada de onde se coloca em relação aos pais, irmãos e avós".

Orientações aos pais

No mundo atual, os pais precisam estar mais próximos dos filhos, não seguir à risca os antigos modelos internalizados e começar a tomar consciência do seu lugar de adulto, estabelecendo limites com amor para os filhos.

Nos momentos de incertezas e dúvidas, os pais com conflitos familiares necessitam buscar orientação familiar, ressignificar sua história de vida para se sentirem mais seguros e estabelecerem limites coerentes de acordo com a fase de desenvolvimento dos filhos.

Os pais devem desenvolver o autoconhecimento com relação aos seus limites pessoais e aos limites impostos pela sociedade, olhar para sua subjetividade e evitar projetar nos filhos os traumas, as feridas inconscientes da criança que habita no seu interior, facilitando suas relações com os filhos e a autoconfiança.

Precisam saber lidar com suas frustrações da infância para se autorizar a dizer *não* aos filhos, perceber com que figura de autoridade está identificado e se perguntar como colocar limites com autoridade. Ensinar os filhos a ter tolerância e empatia promovendo normas de colaboração.

Os pais devem rever como estão construindo sua relação com os filhos e como construíram as suas como filho, observar como os filhos enfrentam as frustrações.

Saber que têm limites que podem fazer parte dos acordos com os filhos, considerando a idade e estar consciente de que outros não, quando inclui a saúde física e mental das crianças no que se refere à autoproteção.

Os castigos e prêmios devem ser evitados e, quando preciso, colocar consequências educativas caso não se cumpra o que ficou combinado. Combinar antes com os filhos as regras e limites é o mais adequado.

Sempre é tempo para os pais exercerem sua autoridade e autocontrole. Perguntar ao filho o que aconteceu, o que pensa e sente e o que é possível fazer para resolver o conflito e analisar o resultado alcançado.

A escola também tem seu papel quanto ao tema *limite* e o trabalho deve ser realizado em conjunto com a família.

Acesse o QR code ao final do livro e aproveite os recursos e sugestóes de atividades para pais, filhos e alunos.

Superdica

Pôr limite com respeito é uma forma de dar amor e fortalecer os vínculos entre pais e filhos.

Referências

AYUSO, M. A. C. *Manual práctico de Pedagogia Sistémica: un itinerario para introducir la mirada sistémica en la aula.* Madrid: Editorial Libros Activos E.S.L.A, 2016. 190 p.

CAPELATTO, I. *Diálogos sobre a afetividade: nosso lugar de cuidar.* Londrina: ONG Vir a Ser, 2001. 124 p.

CORMAN, L. *O teste do desenho da família.* São Paulo: Mestre Jou, 1979, 220 p.

FOLGADO, A. C. Tabla para aplicar disciplina a los ninos segun su edad. *Guia infantil*, 2000-2021. Disponível em: <https://www.guiainfantil.com/tabla-para-aplicar-disciplina-a-los niños-según-su-edad/>. Acesso em: 10 nov. de 2021.

HELLINGER, B. *As ordens do amor: um guia para o trabalho com as constelações familiares.* São Paulo: Cultrix, 2007, 424 p.

MESSING, C. *Por qué es tan difícil ser padres hoy?* Simetria inconsciente de niños y jóvenes: construcción de nuevos modelos de autoridade. Buenos Aires: Noveduc, 2011, 93 p.

XAVIER, P. *Curso desenho sistêmico.* 2020. Disponível em: <https://desenhosistemico.club.hotmart>. Acesso em: 07 mar. de 2022.

9

O LUTO COMO FATOR DE RISCO AOS PROCESSOS AUTODESTRUTIVOS NA ADOLESCÊNCIA

Neste capítulo, vamos trazer uma reflexão sobre como o luto pode se tornar fator de risco aos processos autodestrutivos. Na adolescência, o luto, por uma perda concreta ou simbólica, pode ser vivido de forma intensa e por diversos motivos. Num momento de maior vulnerabilidade, como podemos expressar nosso sofrimento pela perda vivida? Quais são as nossas redes de apoio? Temos rituais de passagem? Onde podemos nos fortalecer na construção de uma nova identidade? As respostas a estas perguntas são fatores de proteção quando falamos em luto e prevenção para os processos autodestrutivos.

FABIANE OURIVES GARCIA

Fabiane Ourives Garcia
CRP 06/46715-0

Contatos
fabiane.ourives@gmail.com
Instagram: fabianeourives.psicologa
LinkedIn: http://linkedin.com/in/fabiane-psicologa
11 98484 9877

Psicóloga, formada pela PUC-SP, com mais de 27 anos de atuação. Especializada em Psicoterapia jungiana (SEDES-SP), pós-graduada em Psicopedagogia (UNICSUL), pós-graduanda em Suicidologia: prevenção e posvenção, processos autodestrutivos e luto (USCS), educadora parental em Disciplina Positiva (PDA-EUA). Realiza atendimento clínico em consultório com crianças, adolescentes, adultos, orientação a pais, atendimento psicológico de crianças com necessidades especiais na Fundação Municipal Anne Sullivann, de São Caetano do Sul.

A construção deste capítulo se deu pelo interesse nos estudos acerca do tema *luto*, processos autodestrutivos e fatores preventivos.

Como os pais e os educadores podem auxiliar os adolescentes a lidar melhor com o luto que pode acontecer em decorrência de diferentes situações da vida, como o luto se torna fator de risco em processos autodestrutivos e como atuar na prevenção pelo resgate dos ritos de passagem e da ampliação das redes de apoio são reflexões propostas neste capítulo.

Em minha prática clínica, observo que a faixa etária de 11 a 16 anos concentra altos índices de autolesão, principalmente nos momentos em que o "mundo presumido" do adolescente está de alguma forma abalado pelas próprias mudanças inerentes à idade. Entende-se aqui que o "mundo presumido" é aquele conhecido e construído pelo indivíduo.

Sentimentos de angústia e baixa autoestima contribuem para os processos autodestrutivos e são causados, muitas vezes, pela idealização de situações a serem vividas, de um modelo de perfeição do próprio corpo, de família e amigos.

Da mesma forma, existe em nossa cultura a necessidade de vivenciar experiências únicas e exclusivamente de felicidade. Como contraponto, os sentimentos tidos como negativos, a tristeza, a raiva e a angústia, são evitados, rejeitados e não aceitos pelo grupo social. Nossa sociedade não fornece espaço para que tais sentimentos sejam expressos.

A exposição precoce e frequente às redes sociais pode reforçar uma imagem idealizada, podendo gerar sentimentos de não pertencimento e de inadequação, temas de relevância nessa faixa etária.

Durante toda a vida, vivenciamos diversos processos de luto. Esse invariavelmente nos remete a experiências de dor e mudanças que ocorrem em todas as faixas etárias, culturas e classes sociais.

O luto é um processo psíquico de elaboração de uma perda em que não há tempo determinado para seu término. Ocorre em diversas situações da vida. É uma resposta esperada e natural frente a uma perda significativa. Por isso, durante o processo do luto, é desejável que haja uma adaptação gradual às mudanças, que são inevitáveis.

Podemos vivenciar o luto quando uma pessoa querida morre, quando se perde uma condição física ou de qualquer ordem, quando existe a perda de bens materiais ou mesmo uma mudança de trabalho ou projeto, no encerramento de uma fase da vida, entre outros.

Embora a perda seja parte natural da existência humana, a maneira como cada indivíduo a vivencia depende de alguns pontos que são individuais, pois estão ligados a experiências anteriores de perda e da vivência do luto; de como o ambiente está sendo impactado, de recursos internos individuais e do vínculo com a pessoa, objeto ou situação perdida.

Nota-se um aumento das autolesões durante a fragilidade que se apresenta no processo do luto. Estas, muitas vezes, simbolizam o alívio perante uma situação de ansiedade e angústia, na qual a pessoa coloca concretamente no corpo a dor que está sentindo. Podemos dizer que é um ato de comunicação de uma dor psíquica.

Para Karina O. Fukumitsu, "Autolesão é a tatuagem da dor". Estas ocorrem geralmente na pele, que é o nosso órgão mais superficial, que separa o interno do externo, o que é meu e o que é do outro.

A dor a ser comunicada está revelando uma necessidade que, por alguma razão, o indivíduo não está conseguindo expressar de outra forma.

Na adolescência, observamos com frequência, que pode haver a percepção da perda do mundo presumido em vários aspectos e em diferentes áreas da vida.

A formação de uma nova identidade vem pautada pelas mudanças do corpo, pelo modo de se relacionar, pela descoberta da sexualidade, pelos conflitos parentais, entre outros. São esses aspectos que dão o tom desafiador na busca pela nova forma de olhar o mundo. Essa percepção pode gerar a vivência do processo do luto.

De maneira concreta ou simbólica, o luto pode trazer sentimentos de solidão, de não pertencimento e de angústia.

Quando esses são expressos na forma de autolesões, os pais e educadores não encontram ferramentas para lidar com o adolescente.

Tanto no ambiente escolar quanto no familiar, é necessário refletir sobre a adolescência nos dias atuais. Criar espaços entre os jovens, entre os pais e os educadores para dividir medos e angústias pode contribuir para diminuição da ansiedade, ampliando canais de expressão e favorecendo a comunicação.

86 | Orientação familiar

Outra importante ferramenta cultural, cada vez menos valorizada, mas de relevância, são os ritos de passagem. Esses também podem ser considerados preventivos aos processos autodestrutivos.

Ritos de passagem são cerimônias que sinalizam o reconhecimento social de um indivíduo perante a comunidade da qual faz parte. São celebrações de cunho social, comunitário e religioso que marcam transições de uma fase da vida para outra.

Os ritos nos ajudam a amadurecer, a reforçar nossa identidade e nos fornece o sentimento de pertencimento. Estão presentes na história desde os povos primitivos até hoje.

Antigamente, a conquista de guerras ou de caças bem-sucedidas eram celebradas por meio de ritos.

Hoje ainda observamos algumas cerimônias religiosas que dão aos ritos de passagem importância. Porém, de maneira geral, atualmente as reflexões e os questionamentos neles contidos traziam, em tempos mais antigos da história, transformações realmente relevantes à comunidade.

Em nossa sociedade, os ritos de passagem mais conhecidos são: o batismo, para celebrar o nascimento; o velório e enterros, na despedida de alguém que morreu; as comemorações de aniversários, casamentos e as formaturas, sinalizando a finalização de uma etapa da vida.

Infelizmente observamos, cada vez menos, a valorização e a importância dos ritos nas grandes cidades, inclusive alguns deles quase não existem mais.

Perdeu-se o valor simbólico de muitos marcos importantes para representar a finalização de uma etapa da vida e o início de outra.

Também, devido à falta dos ritos de passagem nos tempos atuais, observa-se que os adolescentes buscam mecanismos que supram essa ausência.

Por exemplo, a busca por drogas, a valorização do "Ter" em vez do "Ser" e o consumismo exagerado são alguns dos sintomas de uma sociedade com jovens adoecidos emocionalmente e carentes de ritos de passagem.

Na vida das crianças e dos adolescentes, os ritos podem ser considerados fatores de proteção à vivência do processo de luto e aos comportamentos autodestrutivos.

Viver por meio dos ritos, o luto pela finalização de um ciclo escolar ou do início de uma fase de maior responsabilidade social, são maneiras de nortear as regras e valores para esse jovem.

Vivemos, nos últimos dois anos, em função da pandemia do novo coronavírus, perdas significativas de oportunidades de vivenciar alguns ritos coletivos que ainda sobrevivem em nossa sociedade.

A suspensão de velórios e o número reduzido de pessoas nos enterros, decorrentes das restrições sanitárias impostas pelo combate à COVID-19, dificultaram a elaboração do luto das inúmeras mortes desse período.

Os velórios e os enterros geralmente são ocasiões em que podemos dividir a dor, em que se vivencia o acolhimento e o aconchego de um abraço. Esses são exemplos de rituais que nos ajudam a elaborar o luto.

Neste cenário, além da não vivência desses rituais, o isolamento social teve impacto na vida de todos nós. Porém, para os adolescentes, a perda do convívio social numa fase em que as experiências de grupo são tão importantes na formação da identidade, em que a saída concreta e simbólica do núcleo familiar se faz necessária, trouxe um impacto emocional significativo.

A não possibilidade da participação nos ritos de passagem, já programados e aguardados, muitas vezes por meses, como formaturas e comemorações de aniversários, geraram ansiedade, angústia e necessidade de ressignificação na vida dos adolescentes.

As repercussões da não vivência dos ritos, seja pela impossibilidade de ocorrer devido ao isolamento social, ou por já não fazerem parte da vida dos jovens, trazem aos consultórios uma demanda cada vez maior de não pertencimento, sentimento de solidão, depressão e diminuição ou falta de habilidades sociais. Esses são aspectos que acentuam o aumento das autolesões.

Por todos esses fatores, se faz necessária a reflexão acerca da importância de um resgate dos ritos de passagem, da ampliação de redes de apoio, do trabalho dentro do núcleo familiar e escolar para ajudar as crianças e adolescentes a desenvolverem habilidades sociais como empatia e regras de convívio coletivo.

Além de criar espaços onde seja possível falar sobre o que se sente, ser acolhido, poder errar, acertar e aprender, construindo uma identidade com uma boa autoestima, força e resiliência para enfrentar desafios e obstáculos a serem superados.

As reflexões sobre como lidamos com os diversos lutos ao longo da vida, e como esses podem se tornar fatores de risco aos processos autodestrutivos, devem nos motivar a discutir esse assunto, tão presente em nossa prática diária.

Sabendo que existem fatores de proteção e devemos dar atenção a eles para experienciarmos de maneira a não transbordar para a pele na forma das autolesões. É importante que os sentimentos possam ser comunicados e acolhidos pela rede de apoio.

Que, por meio dos ritos de passagem, os adolescentes encontrem pertencimento e acolhimento diante dos muitos lutos e desafios da vida.

Falar sobre luto nunca é confortável, mas se faz necessário.

88 | Orientação familiar

Orientações aos pais e professores

Estamos vivendo lutos (por morte ou não) de forma frequente.

Para auxiliarmos os adolescentes neste processo, falar sobre o assunto não pode mais ser um tabu.

Não temos em nossa cultura uma educação para se falar na morte, mas a vivenciamos durante toda a nossa vida, seja de forma concreta ou simbólica.

Os pais, professores e cuidadores precisam estar atentos aos seus conceitos, crenças e valores de perdas e lutos. Além disso, trazer as experiências de vivências dos ritos de passagens vividos na adolescência dos adultos são elementos facilitadores para o acolhimento, no suporte emocional, e na validação da expressão de emoções que o adulto poderá proporcionar ao adolescente. Se faz necessário que o adulto cuidador revisite lugares internos de experiências de luto e de superação.

Podemos observar algumas particularidades ao lidarmos com alguém que esteja vivendo o luto pela morte. Para que a pessoa em luto se sinta amparada, é importante que se estabeleça um ambiente seguro e acolhedor em que seja oferecida credibilidade pelas informações verídicas. Além disso, se faz necessário contar com pessoas disponíveis, atentas e emocionalmente estáveis.

A descontinuidade na rotina deve ser evitada, pois aumentará a vulnerabilidade que já está presente.

Em todas as fases do desenvolvimento, é possível e necessário comunicar que a morte ocorreu, sempre respeitando a idade e a compreensão de cada um.

Evitar ou não falar sobre o que aconteceu tira a possibilidade da elaboração sobre o processo de morte. Oferecer clareza na informação, sempre respeitando a idade e o ritmo de cada um, dá oportunidade para que a pessoa possa tirar dúvidas, falar sobre seus sentimentos, expressar sua dor e ser acolhido.

O luto, seja ele por morte ou por outras perdas, deve ser cuidado atentamente e não desconsiderado ou banalizado.

Oferecer oportunidade de a pessoa em luto expressar o que está sentindo, seja verbalmente ou não, e ter a oportunidade de dizer como está percebendo tudo o que acontece à sua volta são importantes ferramentas de suporte.

É importante que os cuidadores estejam atentos às mudanças de comportamento, alterações físicas e emocionais que possam ocorrer, principalmente no sono, na alimentação, no humor e no corpo.

Tanto no ambiente escolar quanto familiar, é necessário refletir sobre a adolescência nos dias atuais. Criar espaços entre os jovens, entre os pais e os educadores para dividir medos e angústias pode contribuir para diminuição da ansiedade, ampliando canais de expressão e favorecendo a comunicação.

Os fatores preventivos dos processos autodestrutivos em decorrência do luto se dão por vários meios. Entre eles, pela criação de uma rede de apoio, pelos canais de comunicação com pessoas de referência que poderão propiciar o acolhimento e a escuta num momento de crise.

Além disso, estar inserido socialmente em grupos, ter espaços de fala e conseguir gerenciar as emoções também comporão alguns dos itens de prevenção aos processos autodestrutivos.

Quanto mais pudermos preservar e inserir rituais de passagens na vida dos adolescentes, mais fatores de prevenção estamos trazendo para perto dos jovens.

Superdica
Escutar o outro com um olhar e um sorriso gentil é um acolhimento que chega ao coração sem precisar de palavras.

Referências

BOWLBY, J. *Apego: a natureza do vínculo*. 3. ed. São Paulo: Martins Fontes, 2002.

FRANCO, M. H. P. *O luto no século 21: uma compreensão abrangente do fenômeno*. São Paulo: Summus, 2021.

FUKUMITSU, K. O. *Educação para a morte*. São Paulo: Phorte, 2021.

FUKUMITSU, K. O. *Perdas no desenvolvimento humano: um estudo fenomenológico*. São Paulo: Lobo, 2019.

FUKUMITSU, K. O. *Vida, morte e luto*. São Paulo: Summus, 2018.

PARKES, C. M. *Amor e perda: as raízes do luto e suas complicações*. São Paulo: Summus, 2009.

SIEGEL, D. J. *Cérebro adolescente*. São Paulo: nVersos, 2021.

WINNICOTT, D. *Tudo começa em casa*. São Paulo: Martins Fontes, 1989.

10

OS DESAFIOS DE UMA MATERNIDADE PREMATURA EXTREMA

Neste registro, conto um resumo da minha história de vida que foi marcada pela prematuridade extrema do meu filho. Narro as dores e os sabores do início de uma maternidade, que oscila em uma linha muito tênue entre a morte e a vida, entre a dor e o amor, entre a fé e a desesperança que coexistem dentro de uma UTI Neonatal.

FLÁVIA CUNHA MORAES RIBEIRO

Flávia Cunha Moraes Ribeiro

Contatos
Instagram: @_maesdepequenos
flaviacmoraes@hotmail.com
11 98335 1524

Casada, mãe do João Pedro, advogada e sócia do escritório Moraes Riccelli Advogados. Cofundadora do perfil Mães de Pequenos, rede de ajuda para pais e familiares de bebês prematuros.

Este registro quero dedicar especialmente:

A Deus, por nos conceder o milagre da vida.

Ao João Pedro, meu filho, minha fonte de luz e energia diária, o AMOR mais intenso, puro e alegre que eu poderia sentir nesta vida.

Ao Guilherme, meu amor, meu companheiro de vida, meu porto seguro. Obrigada pela nossa família.

Aos meus pais, minha eterna gratidão por todos os ensinamentos, acolhimento e amor infinito, obrigada por tanto e por tudo.

À equipe médica, que cuidou tanto de nós e, especialmente, do João.

E a todas as pessoas que nesta passagem importante das nossas vidas estiveram conosco em oração e amor.

O ano era 2018. Sabe aquele ano que se inicia cheio de projetos e expectativas boas, planos de viagens, algumas comemorações especiais, perspectivas de muito trabalho e de aumentar a família?

Nosso ano foi assim. Guilherme, meu marido, e eu curtimos muito o ano de 2018 e, em novembro, ficamos grávidos.

Eu não consigo descrever aqui qual foi a minha sensação naquele momento de descoberta da gravidez, parece que esta memória se perdeu meio aos meus outros registros daquela fase. Bom, independentemente disso, me lembro bem que naquele mesmo dia tiramos fotos clássicas com o teste na mão e, na sequência, contamos a NOVIDADE aos nossos familiares mais próximos.

Os primeiros meses de gestação correram tranquilamente, embora eu sentisse enjoos e cansaço.

O quarto mês foi o melhor da gravidez, quase nada de enjoos, eu me sentia menos cansada e mais disposta. Fazia hidroginástica, dançava com o meu barrigão, foi realmente o mês mais agradável da gestação.

Infelizmente essa sensação durou bem menos do que eu gostaria. Durante o desenvolvimento do que seria o quinto mês de gravidez, por volta das 22/23 semanas de gestação, alguns sintomas surgiram inesperadamente: eu não sentia o João se mexer e, aliado a isso, havia também um processo inflamatório agudo. Foi aí que o rumo desta história mudou.

Realizamos uma consulta de urgência e descobrimos que, de fato, a gravidez já não estava mais se desenvolvendo como o esperado (estava praticamente sem líquido amniótico). Naquele mesmo dia, fui internada na UTI semi-intensiva do Hospital São Luiz Itaim (Rede D'OR).

Durante a minha internação, o protocolo estabelecido foi repouso absoluto, aplicação de corticoide para amadurecer o pulmão do João, injeção diária de anticoagulante (já que passei a apresentar trombose placentária), super-hidratação com aplicação de soro intravenoso, tendo em vista a falta de líquido amniótico, e a realização de ultrassom e cardiotocografia diários.

Conseguimos evoluir mais um pouco a gestação e, com 27 semanas, nasceu João Pedro. Foram três semanas de internação na UTI semi-intensiva com muitas dúvidas, medos, angústias, mas também com muita fé e amor. Eu passava o dia entre exames, muita oração e muitos desenhos animados e histórias infantis que contava para João todas as tardes. Durante esse tempo, tentei estabelecer um elo ainda maior com o meu filho, do tipo "estamos juntos, filhão, e vamos vencer juntos, confia na mamãe".

Dia do parto, 26 de abril de 2019, me lembro como se fosse hoje. Na hora que recebi a notícia de que o parto seria naquele dia, me deu tanto medo, mas me mantive calma para que tudo saísse da melhor forma possível. Logo, comunicamos aos nossos familiares e amigos mais próximos. Lembro também que minha mãe e eu nos olhávamos querendo dizer uma para outra "Vai dar tudo certo!". Claro que naquela troca de olhares entre minha mãe e eu havia muito mais coisas a dizer, mas eu não conseguia externar, tampouco ela.

Hora do parto. Já sabíamos que não seria um parto comum, simples e tranquilo. Descemos para o centro cirúrgico, encontrei meu obstetra, o anestesista e, na sequência, entrei para a sala de parto. A cesárea iniciou e, às 22h24, João Pedro nasceu. Não ouvi choro (embora o médico tenha afirmado que ele espirrou e chorou assim que saiu da minha barriga), não o senti nos meus braços e, somente por alguns segundos, pude vê-lo já dentro da incubadora com o respirador no rosto. Naquele momento, olhei bem para ele e disse: "Deus te abençoe, meu filho" e, na sequência, ele já seguiu para a UTI Neonatal.

Durante todo esse tempo, Guilherme ficou do meu lado, firme, segurando a onda comigo. Porém, assim que João Pedro seguiu para a UTI neonatal,

94 | Orientação familiar

ele teve de acompanhá-lo para autorizar a imediata transfusão de sangue e plaquetas para o nosso filho.

Do lado de fora, na porta do centro cirúrgico, nossa turma (pais, tios, cunhada, primos) que, mesmo com o coração apertado (porque a situação era de risco de morte), estavam ali emanando positividade, amor e esperando para ver o nosso superguerreiro JP (e viram, João passou por eles para seguir para a UTI).

Dia da mamãe conhecer João. Foi no segundo dia de vida do João Pedro que fui liberada para vê-lo (até então somente o Guilherme pôde conhecê-lo de pertinho), uma sensação que não sei descrever ao certo, aliás impossível narrá-la aqui. Eu não sabia o que encontraria ali dentro daquele ambiente frio, silencioso e ao mesmo tempo tão barulhento por conta daqueles aparelhos para medir o que há de vida em uma UTI neonatal.

Vale dizer aqui que, tecnicamente, a UTI neonatal tem como objetivo entregar ao bebê prematuro essa simbiose relacionada à alimentação, ventilação e outros cuidados que simulam o resto da gestação dentro do ventre da mãe para que o bebê possa evoluir.

Voltando. "Sala 4 – RN de Flávia" – era assim que João Pedro estava identificado (cada bebê é identificado pelo nome da mãe dentro da UTI neonatal).

Nosso primeiro encontro. Fui direto à incubadora do meu filho. Nesse momento tão esperado, eu só chorava; chorava de medo, medo de tudo, eu nem sei dizer o que era estar ali olhando meu filho pelo vidro de uma incubadora, sem perspectivas (porque ele era considerado um bebê de altíssimo risco), sem poder tocá-lo direito, muito menos pegá-lo no colo. Ele ali, tão frágil, mas ao mesmo tempo tão forte e corajoso. Eu me sentia tão impotente, não sabia por onde começar. Na mesma hora, lembro-me de receber um monte de informações das enfermeiras sobre os protocolos da UTI neonatal, mas não retive nada, eu só sabia chorar, doía tudo em mim, o medo me apavorou naquele instante, não era uma dor física, era uma dor na alma.

No entanto, na contramão desses sentimentos, veio também uma explosão de amor, uma carga tão forte, algo tão genuíno, uma coisa de bicho, inexplicável também, que me deu a certeza de que, no meio de tantas incertezas, ele venceria aquele desafio e nós iríamos, independente do tempo que levasse, para casa juntos.

É isso mesmo que você sente, uma confusão de sentimentos e emoções.

Naquele mesmo dia, tive alta do hospital. Voltar para casa sem o João Pedro foi uma tristeza só. A sensação era de um completo vazio, uma ansiedade sem fim. Nos primeiros dias, ao voltar do hospital para casa, só chorava.

Flávia Cunha Moraes Ribeiro | 95

Foram quase 180 dias de UTI neonatal, obedecendo a todos os rituais, como lavagem das mãos, utilização de álcool gel, avental, luvas e máscaras. E nessa toada, dia após dia de UTI, é que fui aprendendo a lidar com a situação. Tive de encarar os meus maiores medos e substituí-los por uma estratégia de guerra, em que utilizava armas diárias como a resiliência, a fé, o amor, o otimismo, a positividade e a criatividade para passar a João Pedro a força, a paz e a coragem necessárias para ele seguir o seu caminho.

Aos poucos, fui conhecendo o meu filho e estabelecendo, mesmo através daquele vidro embaçado da incubadora, uma conexão. Eu sabia cada detalhe do seu corpo, do fio de cabelo a cada dobrinha fininha dos bracinhos e perninhas que se misturavam às sondas e agulhas que também ocupavam lugar dentro da incubadora.

É muito interessante como se estabelece essa conexão entre mãe e filho. Lembro que, ao olhar para João ali, eu já sabia se ele estava bem ou se teríamos mais um dia difícil pela frente.

Falando em dias difíceis, é unânime para os pais de UTI neonatal a sensação de estar em uma montanha-russa de sentimentos e emoções; isso porque, ao longo do dia, devido à instabilidade do bebê, você vai do céu ao inferno. Até o estado de saúde do bebê estabilizar de fato é uma grande luta, são realmente dias de luta, dias de glória. Enfim, coisas que só a UTI neonatal pode proporcionar.

Nem preciso dizer que a rotina diária de uma UTI por quase seis meses é maçante, física e psicologicamente.

Guilherme e eu chegávamos cedo ao hospital (conversávamos com o neonatologista que nos passava as informações sobre João todos os dias por volta das 10h/11h). Enquanto eu passava o dia todo lá entre UTI e banco de leite, Guilherme trabalhava. No final da tarde, ele retornava ao hospital e, de lá, saíamos tarde da noite. Nos dias de intercorrência do João Pedro, mergulhávamos madrugadas adentro esperando até que ele estabilizasse novamente para irmos para casa.

Meu marido e eu fomos muito parceiros, cúmplices, um para o outro e para João. Num momento como esse, é muito importante podermos contar um com o outro, mas também é importante encontrarmos uma rede de apoio formada por outras pessoas, porque muitas vezes o medo e a angústia afligem os dois e nessas horas precisamos desse terceiro braço para nos estabilizar novamente.

Nesse sentido, fomos abençoados e tivemos o apoio incansável dos meus pais, que nos acompanhavam todos os dias ao hospital. Tivemos o apoio incondicional do meu sogro, das minhas duas sogras, da minha cunhada, dos meus tios, do padrinho do João e demais amigos e familiares. Além disso, busquei apoio profissional com uma psicóloga, que foi fundamental nesse processo.

Senti, vi e vivi mil anos em 180 dias dentro da UTI neonatal.

Uma passagem que me marcou muito (nunca pensei passar por algo tão forte em minha vida) foi presenciar que, após o falecimento de um bebê, a UTI neonatal toda ficou silenciosa. Do lado de fora, ouvíamos apenas o choro doído da mãe e o coro do pai, que entoava um hino lindo de louvor a Deus; enquanto isso o avô, na entrada da UTI neonatal, com a bíblia na mão, fazia uma oração.

Mas não são só de dores e angústias que se vive na UTI neonatal. A UTI neonatal também é lugar de milagres, assim como o que aconteceu conosco. Havia, também, celebrações diárias de vida. À medida que o bebê vai ficando estável, há conquistas diárias (e as comemorações são calorosamente compartilhadas entre os pais e a equipe dentro das salas de UTI), tais como: sair da ventilação mecânica e ir para ventilação natural, sair da sonda para alimentação no seio da mãe, o primeiro colo, realização do contato pele a pele ("método canguru"), o primeiro banho, e tantas outras, até a chegada da tão sonhada alta. Assim como nos solidarizávamos com as dores, também comemorávamos com muita alegria as vitórias.

Mas o ápice das comemorações é a alta hospitalar do prematuro, é algo muito forte e marcante. A alta é celebrada com um lindo corredor ("corredor dos aplausos") junto às famílias do bebê e toda a equipe profissional (enfermeiras, assistentes e médicos), que parabeniza a família pela vitória.

O corredor do João Pedro foi muito emocionante. Nossa família e amigos tomaram aquele corredor enquanto a enfermeira passava com João Pedro, ao som do Tema da Vitória do Ayrton Senna. Meu marido e eu atravessamos aquele corredor, tomados de forte emoção, com a Nossa Senhora Aparecida nas mãos. Ao final do corredor, os aplausos e as vibrações acaloradas eram todos para ele, para João Pedro, que foi muito guerreiro, corajoso e, durante toda a sua luta, demonstrou sempre muita sede de viver.

João Pedro hoje está com 2 anos e 8 meses. É um menino muito alegre e sedento por descobrir o mundo em tudo o que faz.

Obrigada, Senhor! Gratidão a Deus e a Nossa Senhora pelo nosso milagre.

Orientações à família

Aos pais de bebês prematuros que estão chegando a uma UTI neonatal, permitam-se sentir toda a emoção do primeiro impacto. O medo, o choro, a angústia, o amor, enfim, permitam que suas emoções aflorem.

Em momento posterior, procurem conhecer os protocolos da UTI neonatal e do banco de leite.

Diariamente, busquem junto à equipe médica o maior número de informações sobre seu bebê: como será a rotina dele, a alimentação, os medicamentos, os riscos. Não voltem para casa com dúvidas.

Nunca comparem o seu bebê com qualquer outro bebê da UTI neonatal. Cada prematuro é único.

Fiquem atentos a todos os sinais do seu filho; e tão logo percebam algo diferente, comuniquem aos médicos, enfermeiros e assistentes.

Criem uma rede de apoio dentro e fora da UTI neonatal. Sempre haverá um profissional na UTI neonatal que vocês terão maior empatia, então, estabeleçam com ele uma conexão; isso será essencial ao longo do caminho. Aqui fora, contem com um familiar, com um amigo ou vários, para dividir os abraços, o sorriso, o choro, as perdas e ganhos.

Nessa rede de apoio contem também com um profissional que auxilie do ponto de vista psicológico. Essa orientação profissional é muito importante para vocês tentarem manter a consciência e o foco durante a jornada.

Procurem estabelecer a maior conexão possível com seu bebê, seja pelo toque, pela oração, pelo olhar, pelas histórias e músicas que vocês podem contar e cantar para ele.

Conversem com o seu bebê diariamente, dividam com ele os momentos que estão vivendo (ainda que de forma lúdica), reservem um tempo do dia para contar ao bebê a própria história: quem ele é, o seu nome, quem são seu pais, sua família, seus amigos, como será a sua casa, o seu quarto, pois isso cria elo, conexão, dá força, dá energia para vocês e para ele.

Se for permitida visita ao bebê, levem os avós para vê-lo. Esse é um elo afetivo importante, transmite muita segurança e amor.

Por mais difícil que seja a situação, elevem sempre seu pensamento, sejam otimistas, é preciso ter muita fé e foco nesse desafio. Energia renovada diariamente ajuda vocês a passarem fôlego e segurança para seu filho.

Mentalizem o seu bebê fora daquele ambiente. Eu sempre me imaginava com João Pedro na praia, que é o lugar que sinto um enorme prazer em estar.

98 | Orientação familiar

Enquanto estiverem com seu bebê, entreguem-se de corpo e alma, agradeçam por ele e emanem o maior amor que conseguirem naquele momento.

Nossas experiências dolorosas não são uma desvantagem – são um presente. Elas nos dão perspectivas e sentido, uma oportunidade de encontrar nosso propósito especial e nossa força.
EDITH EVA EGER

Superdica

Ore, confie, lute, entregue e agradeça pelo seu filho. Mas também respeite a vontade e a história dele, independentemente de qualquer coisa, por mais difícil que seja.

11

CONEXÃO DE CASAL

Este capítulo vem mostrar a importância da conexão de casal e o impacto da desconexão nos filhos.

FRANCISCA VIEIRA

Francisca Vieira
CRP 123943

Contatos
psicologa.eusou@gmail.com
Instagram: @franvieira_psicologa
11 99510 0000

48 anos, mãe de dois tesouros: João Vitor, de 21 anos, e João Pedro, de 15 anos. Mora na zona Oeste de São Paulo. Farmacêutica há 20 anos e psicóloga com especialização em Psicologia Transpessoal há 10 anos, porém sua caminhada terapêutica já se faz há 15 anos. Ama meditação ativa e a pratica diariamente em suas caminhadas. Nas horas vagas, gosta de saborear um café com seus amigos e familiares. Este capítulo surgiu como oportunidade de avançar na vida literária, pois o medo foi combustível para este início desafiador.

Conexão e desconexão

Acho bacana começar falando do significado da palavra *conexão* segundo o dicionário Aurélio: "substantivo feminino de ligação de uma coisa na outra, união"; e a última palavra explica bem um casal em conexão. Desde o primeiro encontro, nos primeiros sentimentos, dá para perceber se há ou não esta tal conexão. Também pode ser criada ao longo do caminhar, crescendo com este relacionamento. Enquanto humanos, procuramos no outro a segurança de poder estar e confiar nessa entrega e cumplicidade, sabendo que a confiança é um dos fatores que norteiam essa relação. Se houver conexão na relação, os parceiros vivem a cumplicidade em sua totalidade.

O momento de desconexão entre o casal pode ser percebido de diversas formas: quando não há comunicação, toque, carinho, parceria, companheirismo e, quando isso, de certa forma, é percebido pelos filhos. Fala-se em muitas literaturas da repetição de padrões genéticos e comportamentos dos pais. Recebo em meu consultório casais que se percebem como adversários, ficando difícil estabelecer uma conexão saudável e fluida entre ambos; e não é apenas um que sofre, e sim a família como um todo.

Fatores importantes nos relacionamentos

Comunicação

Pela comunicação, criamos o elo nas relações. A comunicação é, em meu ponto de vista, a questão mais importante para um bom relacionamento. É importante observar que: "não é o que você diz, mas como se diz". Um dos caminhos possíveis é usar a comunicação não violenta, que foi desenvolvida pelo psicólogo Marshall Rosenberg e acumula uma série de adeptos e praticantes desta nova forma de se relacionar.

Em síntese, a prática é baseada em princípios da não violência e tem como objetivo ajudar as pessoas a resolverem conflitos a partir de conversas que sejam baseadas em: empatia, interação que gere conexão, responsabilidade com nossos próprios sentimentos, respeito pelos sentimentos dos outros, identificação do que, de fato, precisa ser comunicado e, por fim, exclusão de toda e qualquer escolha de palavras violentas. Comunicação não violenta pode ser traduzida para a comunicação amorosa, que eu vejo como um caminho seguro para você lidar com os problemas de relacionamento, com o intuito de usar uma linguagem que facilite a conexão e não a desconexão. Com isso, o casal poderá experimentar uma nova forma de se relacionar, que ajudará não só na resolução de seus problemas, assim como na manutenção de um ambiente familiar adequado para os filhos crescerem emocionalmente saudáveis.

Carinho

De acordo com Gary Chapman, em seu livro *As cinco linguagens do amor*, os casais acabam dificultando a comunicação com o cônjuge e o autor apresenta a "língua nativa do amor" (as cinco linguagens do amor). Isso contribui diretamente para a conexão do casal, olhando para essa parte do carinho e atenção de um para o outro. A partir daí, é possível ter segurança e felicidade no relacionamento.

Um equívoco comum dos casais é esperar por datas comemorativas para que possam presentear o parceiro. Esse gesto pode se repetir por vezes e faz parte de uma das cinco linguagens, que é presentear. Você se mostra mais atencioso e, eventualmente dando à pessoa amada algo sem previsão, isso mostrará que esteve pensando nela. Vale lembrar que somos indivíduos antes de sermos um casal, e cada pessoa tem ou desenvolve uma ou mais dessas linguagens. Qual é a sua linguagem do amor? Como está a sua conexão com seu parceiro?

Admiração

Ainda seguindo o pensamento de Gary Chapman, ao demonstrar admiração por seu(sua) parceiro(a), você estará mostrando a ele/ela seu amor, fazendo com que se sinta amado(a); é uma motivação afetiva que conduz a pessoa a querer estar próxima. Quando uma pessoa admira a outra, quer estar perto, amá-la, acarinhá-la e sua presença a entusiasma. E com esse sentimento de admiração, fica leve e fluido cuidar do seu relacionamento.

Sexo

Bert Hellinger, em seu livro *A simetria do amor*, diz: "A intimidade sexual frequentemente liga os parceiros, quer eles queiram, quer não. Não é a intenção ou a escolha que estabelece o vínculo, mas o próprio ato físico". Aqui podemos perceber a profundeza deste ato, e o quanto ele pode conectar um casal. Ainda seguindo Gary Chapman em *As cinco linguagens do amor*, vejo no sexo pilares fundamentais para uma relação mais séria e profunda de conexão. Entretanto devem ser trabalhados com postura e conhecimento adequados para a felicidade ser construída. Sim, construída a dois, ambos conhecendo a si mesmo e ao parceiro, pois o autoconhecimento traz a consciência do que realmente importa nesta relação, construindo uma relação bem-sucedida. Por meio desse esforço, você saberá o modo como o outro recebe e dá amor e saberá mais sobre si mesmo. Assim, vocês poderão transmitir de forma eficaz os seus pensamentos, sentimentos e desejos.

Ainda que soe absurdo, a prática do amor acontece de forma natural, mesmo que você não perceba. Contudo, ela somente é eficaz quando nos permite aprender com as vivências do cotidiano e crescer com elas. Nunca deixe de lado uma oportunidade de ser melhor do que ontem para si mesmo e para seu(sua) parceiro(a).

Ambiente familiar

Um ambiente de paz e sem brigas não significa uma conexão entre o casal. Os conflitos conjugais têm sido amplamente investigados em pesquisas, especialmente por seu impacto no desenvolvimento dos filhos e apresentam algumas reflexões sobre os conflitos nas relações conjugais e seus efeitos sobre o comportamento das crianças, particularmente, por meio das práticas parentais.

Tal ênfase é dada à perspectiva de causalidade sistêmica entre o conflito conjugal e o desenvolvimento infantil por possibilitar melhor compreensão da dinâmica familiar. Todos os seres humanos são seres complexos com muitas profundidades e camadas que precisam ser desvendadas todos os dias.

Sem o interesse ou curiosidade de aprender mais sobre o seu parceiro todos os dias, seu relacionamento se tornará estagnado. Compromisso não é a única coisa que você precisa para ter um relacionamento bem-sucedido, mas pode remediar um monte de falhas que as pessoas têm. Os melhores casais são aqueles que estão empenhados e focados no relacionamento, apesar dos contratempos e dificuldades. Fazem um esforço agindo como cúmplices e não como adversários. Eles estão sempre prontos para admitir seu compromisso com o outro.

Acredito que, mediante minha experiência, os casais com visões de mundo semelhantes têm mais química e são capazes de se conectar um com o outro em um nível mais íntimo do que aqueles casais que compartilham de filosofias e valores de vida diferentes. Casais que estão envolvidos em conexões muito profundas e íntimas sabem que a abertura é muito importante no desenvolvimento de uma boa dinâmica em seu relacionamento. Eles sabem que a intimidade começa oferecendo uns aos outros o espaço para ser completamente honesto e entregues sobre todos os aspectos de suas vidas. Um relacionamento não acaba do dia para a noite; ele vai minando aos poucos, e os filhos sentem esse distanciamento.

Orientações aos casais

E como criar ou manter a conexão nas relações de casais?

Não há regras para esta conexão, apenas coisas que nos fazem enxergar melhor como anda o relacionamento, no qual a conexão com o parceiro é primordial. Gostaria de compartilhar algumas dicas das experiências com casais:

- Compartilhem das mesmas ideias e não se reprimam quando estiverem juntos.
- Comuniquem-se: as conversas podem ser sobre coisas que mais gostam, coisas que querem para o futuro juntos, sonhos, ideias, amigos e até sobre os filhos. Em conversas banais podem alinhar pensamentos, encontrar o caminho do meio para opiniões diferentes. Não importa o assunto, quando há essa conexão, você se sente à vontade para conversar sobre tudo.
- Tenham tempos juntos sem fazer nada, isso mostra como a companhia um do outro faz bem. A pandemia trouxe um pouco disso, mostrando a importância dessa qualidade de presença entre os dois. Esse conforto da companhia não obriga a preencher cada segundo com palavras, e ainda liga o casal de um modo totalmente diferente.
- Usem e abusem das palavras afirmativas, presentes inesperados sem esperar por datas, toque, qualidade de presença.
- Avaliem o relacionamento de maneira objetiva. Olhem, escutem, sintam e saibam o que seu(sua) parceiro(a) está pensando ou pensa. Isso constrói confiança e amizade entre o casal.
- Falem sobre as pequenas coisas, acontecimentos em detalhes do dia a dia. Compartilhem detalhes. Isso é um grande ato de conexão, pois nos abrimos e damos detalhes de algo para quem nos sentimos envolvidos.

- Tenham empatia pelo(a) seu(sua) companheiro(a), coloquem-se no lugar dele de vez em quando. Se seu(sua) parceiro(a) não gosta de algo não o(a) espere pedir para que não o faça. Se o que ele(a) quer não é o que você quer, nesse momento ambos devem encontrar o caminho do meio (amo essa expressão, mostra a flexibilidade de ambos para que a relação dê certo, sem ficar com aquele sentimento de que há algo errado, e todos sentem o oculto fortemente atuando, esposo, esposa e filhos).

Qual é o impacto dessa desconexão sobre os filhos?

A complexidade da relação entre o casal pode levar à construção do efeito negativo nas crianças, e assim os filhos de casais que vivenciam agressividade, hostilidade e evitação do conflito em seu relacionamento são os que sofrem com as piores práticas parentais, menor desenvolvimento de estratégias de regulação emocional, dificuldades para lidar adequadamente com o conflito, além de maiores níveis de ansiedade e depressão. Entretanto, as consequências negativas ou positivas do conflito conjugal para os filhos também se associam à percepção que eles têm sobre esse contexto. Por esse motivo, o clima das relações parentais e a maneira como o casal maneja os próprios conflitos na família são fundamentais. Compreender o papel do conflito conjugal e a forma como ele é encaminhado, visando à saúde familiar, é um importante desafio. Isso porque o que diferencia uma família de outra é a forma como cada uma encaminha suas desavenças. Assim, conhecer a dinâmica familiar que envolve o conflito conjugal abre a possibilidade de criar e oferecer intervenções psicoeducativas e clínicas que venham a contribuir no fortalecimento das relações familiares.

A separação do casal pode provocar efeitos variados nos filhos. Impactos materiais, financeiros, psicológicos, familiares, sociais, dentre outros, podem impactar nas dinâmicas de vida dos filhos. Entretanto, esse processo de afetação não se limita ao par conjugal, atinge também demais membros que compõem o sistema familiar. Em meio a tais conflitos, as consequências emocionais vivenciadas por crianças e adolescentes admitem proporções ainda mais complexas. Cada casal contém dois sujeitos com desejos, histórias de vida, percepções de mundo e identidades próprias, convivendo em uma conjugalidade que implica a construção de um desejo comum, de uma história de vida conjugal, de um projeto de vida de casal e de uma identidade conjugal.

Estratégias construtivas de resolução de conflitos implicam a priorização do relacionamento em si, e não dos aspectos individuais de cônjuge, incluem atitudes de cooperação, intenção de resolver o problema, aceitar o ponto de vista do outro e estar aberto a conversar sobre o conflito. Por outro lado, estratégias destrutivas dizem respeito a comportamentos coercitivos por parte dos cônjuges, evitação e a tentativa de um sobrepor seu ponto de vista ao outro. Os conflitos vividos pelo casal mudam ao longo do tempo, à medida que este passa por diferentes fases no relacionamento. A todo momento surgem novas situações que requerem uma readaptação das regras anteriormente estabelecidas, tornando presente a necessidade de negociação das estruturas que formam o sistema conjugal. Por exemplo, o nascimento de um filho caracteriza uma transformação radical na organização familiar, com a mudança do funcionamento do sistema conjugal para satisfazer os requisitos da parentalidade.

A parentalidade é uma dimensão central do sistema conjugal que mobiliza o reposicionamento do casal. A parentificação, com o desejo pela criança, são aspectos da experiência subjetiva consciente e inconsciente de vir a ser pai/mãe e preencher papéis parentais. Os conflitos não resolvidos dos cônjuges podem ser carregados para dentro da área da educação dos filhos, apontando para uma dificuldade do casal em separar as funções parentais das funções conjugais, e as dificuldades no exercício da parentalidade relacionam-se diretamente com a dimensão da conjugalidade.

Conjugalidade e parentalidade são, dessa forma, aspectos da dinâmica familiar intrinsecamente articulados, ambos possuem papel central nos processos de subjetivação e são dimensões interdependentes na configuração familiar. Ao mesmo tempo em que necessitam elaborar psiquicamente esta nova identidade de pai/mãe, os parceiros veem-se diante da tarefa de articular as concepções e valores de cada um na construção de um plano educacional familiar no qual um sistema familiar saudável é hierarquicamente organizado com os adultos parentais no comando desse sistema executivo.

Deixo aqui algumas frases e exercícios para reflexão.

- Cultive sua relação dizendo mais "sim" do que "não".
- Você já escreveu de próprio punho uma carta para seu(sua) parceiro(a), dizendo o quanto ele(a) é importante para você?
- Olhe para o(a) seu(sua) esposo(a) e veja ali a continuação dos seus filhos.
- Os filhos sentem o que acontece com o casal mesmo sem ver.
- Ações são mais fortes que as palavras.
- O que fazer quando os pais têm opiniões diferentes sobre a educação dos filhos?
- Quais pensamentos você está alimentando na sua relação?

- Você consegue perceber os pensamentos disfuncionais?
- O que mantém sua relação hoje?
- Onde o casal se perdeu?
- O que os pais querem resgatar?
- Que comportamento seu como pai/mãe interfere no comportamento do seu filho?

Superdica

Viva seu relacionamento a dois como se fosse um. Permitindo-se crescer em sua individualidade.

Referências

CHAPMAN, G. *As cinco linguagens do amor: como expressar um compromisso de amor a seu cônjuge.* 3. ed. São Paulo: Mundo Cristão, 2013.

HELLINGER, B. *A simetria Oculta do Amor: por que o amor faz os relacionamentos darem certo.* Tradução Gilson Cesar Cardoso de Sousa. São Paulo: Cultrix, 2006.

12

ALIMENTO FÍSICO E EMOCIONAL

Você tem alguma dificuldade alimentar ou emocional com seu filho?
Neste capítulo, vamos falar sobre as dificuldades da inserção alimentar das crianças a partir do processo de experimentação, abarcando a questão emocional na relação com os pais.

GISELE DOMENICI

Gisele Domenici
CRP 13/1662

Contatos
espacodomenici.com
@giseledomenici
11 4022 6946
WhatsApp: 11 99986 8525

Apaixonada pelo comportamento e desenvolvimento humanos, casada há 30 anos, tem dois filhos, Ananda e Leonardo, três filhas de quatro patas (ama animais): a Luly, a Pandora e a Luna. Psicóloga e neuropsicóloga, atua no atendimento clínico infantojuvenil, adulto e na orientação familiar. Especialista em neuropsicologia pelo Instituto de Ensino Albert Einstein, em terapia corporal reichiana pela ECOS-Escola Contemporânea de Orgonomia e Somatopsicodinâmica, arteterapeuta, *self coach* pelo IBC/SP. Possui capacitação em Fundamentos em *Mindfulness* pelo IPQ, Instituto de Psiquiatria do Hospital das Clínicas SP. Autora de oito livros, incluindo o best-seller *Diário de uma garota que não gostava de legumes* (1ª e 2ª edições); a coleção *A fadinha Gigi e suas emoções*, com seis livros publicados, coautora no livro *Mapeamento comportamental* II (Cap. 11); *Mais qualidade ou mais quantidade*. Criadora do projeto Turma da Nola.

Já é sabido que as nossas emoções podem influenciar na escolha dos alimentos e nos nossos hábitos alimentares. Com isso, podemos incluir o cuidado da questão emocional das nossas crianças desde pequenos. Quando uma criança está inserida em um ambiente agradável no qual há uma troca e compreensão entre os pais e as criancas, esta pode ser ouvida no momento em que escolhe um ou outro alimento. A alimentação pode ser oferecida de maneira carinhosa e acolhedora, considerando que essas escolhas podem ser direcionadas pelos pais, assim já se inicia um processo de aprendizagem alimentar proveitosa físico e emocional.

Sabemos que a alimentação saudável é imprescindível para garantir a saúde, o bom crescimento e o desenvolvimento da criança. Sabemos também que ela previne doenças e evita deficiências nutricionais.

Então, vamos falar como o alimento físico e emocional pode ajudar, pautado nas questões neuronais, cognitivas, e como esse alimento emocional pode fazer a diferença.

Alguns alimentos têm propriedades para ajudar na nossa capacidade neurológica e cognitiva. No livro *Diário de uma garota que não gostava de legumes*, nosso querido tomate Tom mostra que por meio do licopeno, existente na sua composição, é possível ajudar na proteção da nossa pele e fortalecimento dos ossos, com a alta quantidade de vitaminas A e C, ajuda a melhorar a visão; o Brocolino (brócolis) ajuda na redução do colesterol e mantém os vasos sanguíneos mais fortes; o Nhanham (inhame) é rico em fibras, proteínas, vitamina C e vitamina do complexo B que ajudam a controlar o açúcar no sangue, previne doenças cardiovasculares, facilita a digestão e melhora a capacidade cognitiva, além de outros personagens com tantos benefícios que poderão ensinar às famílias o poder dos alimentos e como esses ajudam a reparar e fortalecer nosso desenvolvimento.

A complementação dos alimentos pode auxiliar as criancas no desenvolvimento emocional ajudando a ter mais concentração, melhorando sua cognição, ou seja, ajuda na capacidade de processar informações e transformá-las em conhecimento por meio da percepção, da atenção, da associação, da memória, do raciocínio, do juízo, da imaginação, do pensamento e da linguagem. Saiba que é possível inserir no processo do desenvolvimento do seu filho alimentos que podem ajudar tanto na questão fisiológica quanto no quesito emocional, e aqui vamos falar como você pode praticar isso na sua família.

O desenvolvimento da criança

No processo de desenvolvimento infantil, em relação à alimentação, muitos pais têm dúvidas sobre como ajudar seus filhos em diversos aspectos. Um deles é saber dialogar, impor regras e limites, como chamar a atenção sem deixar os filhos decepcionados, mas ajudá-los a compreender todo o sentido das broncas e regras.

Devemos lembrar que o cérebro da criança se desenvolve por meio de nutrição, de cuidados apropriados, da interação da criança com outras pessoas e com o ambiente em que ela vive. Até os 6 anos, a criança precisa de muitos estímulos, pois essa interação social ajuda a impulsionar a atividade cerebral. A alimentação é um processo a ser aprendido, precisa ser estimulada, da criação de modelos a hábitos saudáveis.

Caso não ocorra a socialização e estímulos adequados, as ligações entre os neurônios podem deixar de acontecer, o que pode vir a afetar o potencial de desenvolvimento e aprendizagem da criança.

Sabendo que as crianças têm capacidade, é importante que os pais e cuidadores ofereçam estímulos, utilizem os sentidos (visão, olfato, audição, paladar e tato), ensinem a criança sobre a alimentação saudável e composição dos alimentos. As crianças têm facilidade e rapidez absurda para aprender. Lembrem-se sempre de que, quando for ensinar algo a uma criança, deve ser de maneira clara, objetiva, respeitando os limites e a linguagem conforme a idade.

Comportamento dos pais diante das dificuldades

Muitos pais se desesperam diante de um problema num momento de dificuldade da alimentação com seu filho. Hoje, com tantos estímulos externos como televisão, jogos, internet, programas voltados ao público infantil que podem não colaborar com esse processo de desenvolvimento saudável, a busca pela atenção da criança fica mais difícil, os pais precisam se desdobrar para competir com tudo isso, mas diante de tudo que falamos sobre a capacidade da criança de aprender, é importante lembrar que todos esses estímulos

114 | Orientação familiar

externos só chegarão ao seu filho se você oferecer a ele em algum momento. Vou dar um exemplo clássico que os pais trazem ao consultório. Não falando especificamente dos estímulos tecnológicos, mas alimentares, muitos pais relatam que os filhos não comem nada, só porcarias.

Neste momento, eu faço uma pergunta muito simples: quem leva essas porcarias para dentro de casa?

Quem em algum momento oferece legumes e verduras para a criança no momento da refeição e, do outro lado da mesa, está comendo hambúrguer?

Quem, no momento que quer silêncio, paz, tranquilidade ou no momento que a criança insiste em comer algo, oferece um pacote de salgadinho ou seja lá o que for?

Não estou aqui julgando ninguém, só estou clareando um pouco as situações que muitos pais praticam sem perceber e sem pensar como isso pode gerar as dificuldes e problemas mais para frente. Quando temos um problema, muitas vezes temos comportamentos imediatos, sem pensar no futuro, e temos que arcar com as possíveis consequências que essa atitude nos trará.

Vamos pensar que há muitas maneiras de se resolver essas situações de modos distintos. O que você oferece para seu filho é algo que deve ser pensado para que fiquem registrados, no cérebro da criança, hábitos saudáveis e que não serão prejudiciais no futuro.

As crianças têm seus horários conforme a rotina da casa e seu relógio biológico. Para contribuir nesse processo, podemos respeitar o funcionamento biológico da criança marcando os compromissos de modo que fique bom para ambas as partes. Se houver um jantar com os amigos, ao permitir que a criança participe desse momento, motive-a a uma alimentação saudável. Nesses momentos, podemos ensinar as criancas a interagir com o outro, perceber o outro, os modos de se alimentar, conhecer a diversidade de alimentos de outras culturas, ter sensações e emoções diferentes, conhecer os valores alimentares de cada família.

Lembramos também que é importante os pais terem seus momentos, em que vão se divertir, se distrair e relaxar. Por que não deixar a criança com alguém de confiança, quando possível? Sabemos que, a partir do momento que se tornam pais, às vezes vivem esse papel 24 horas por dia e se esquecem de cuidar de si mesmos.

Lembrem-se de que, para cuidar do outro, é preciso cuidar de você também. É necessário que esteja bem, que possa trabalhar suas angústias e medos, poden-

Gisele Domenici | 115

do viver seus papéis na vida de forma que cada um possa ser compreendido e desenvolvido da melhor forma possível, mesmo com os problemas existentes.

Sabemos o quanto é difícil para os pais ter uma alimentação saudável e momentos para se alimentarem adequadamente enquanto as crianças são pequenas, mas lembrem-se de que é possível; claro que demanda um esforço a mais, mas saiba que esse exemplo será imprescindível para seu cuidado e no processo de aprendizagem do seu filho.

Orientações aos pais e família

São muitas informações para se processar, não é mesmo? As questões voltadas para o cuidado consigo mesmo, as próprias cobranças para dar conta de tudo. O autocuidado ajudará vocês, pais, a também compreenderem a si mesmos e terem calma para lidar com as situações conflituosas nos momentos de refeição. Compreenderem o que esperam do seu filho, as expectativas em relação ao que eles comem e o que vocês esperam que eles comam.

Por isso, na hora da alimentação, não é simplesmente colocar o alimento no prato. As crianças têm uma capacidade gigantesca de absorver e aprender, para isso acontecer, podemos contar a história desse alimento, explicar para que ele serve, compartilhar com a criança algum registro que aconteceu quando vocês eram crianças que traga curiosidade. A admiração que as crianças têm pelos pais pode favorecer a repetição do comportamento contado na história, fazendo com que ela queira ser ou agir como os pais. Esse pode ser um caminho para que a introdução dos alimentos possa ser feita de maneira leve e agradável.

Muitas vezes não nos atentamos às necessidades da criança. Já pararam para pensar se vocês estão ouvindo essa criança? Se vocês deixam um tempo para escutar o que ela está almejando dizer e comer, o que está sentindo, o que está necessitando, se naquele dia seu paladar está mais sensível, se ela está mais sensível por algum motivo, isso também é cuidado emocional. Perceber como a criança está naquele dia, fará toda a diferença nesse processo de experimentação alimentar.

A criança tem um jeito diferente de se comunicar, muitas vezes por meio da birra, da agressividade; outras vezes se afastando, ficando quieta num canto; e cabe a nós, adultos, lermos essas mensagens. O diálogo é uma troca na qual podem acontecer coisas incríveis, podemos nos comunicar com nossos filhos, saber o que está ocorrendo com eles, deixar que eles saibam como e o que está acontecendo com nossa vida também, lembrando que os adultos devem ter a consciência do que pode ser falado ou não, e o que realmente dessa conversa pode ser benéfica para a criança e para o relacionamento familiar.

Pais, abram seus ouvidos e corações, tenham mais sensibilidade para perceber quem está ali ao seu lado e como está sendo oferecido esse alimento, façam esse exercício de percepção e consciência com vocês também, percebendo-se, conectando-se consigo mesmos e com o outro, conectando-se com seus filhos. Conheçam as propriedades do alimento, façam de forma lúdica e comunicativa, convidem seus filhos para participar de momentos que envolvam a alimentação, ofereçam o alimento de várias maneiras, um dia cozido, no outro cru, numa outra situação uma receita diferente, diversifiquem a apresentação do alimento, pois as crianças têm o paladar mais sensível que os adultos e às vezes o que é agradável de determinada maneira para vocês pode ser um exagero de sabores para o paladar das crianças. Deixem as crianças se aproximarem, conhecerem aquilo que lhes é oferecido, porque até nós adultos temos certa recusa quando se trata de algo desconhecido relacionado aos alimentos, não é mesmo?

Vocês poderão compreender e colocar em prática essas dicas acessando o QR code ao final do livro, em que instruo, passo a passo, como fazer com que esse alimento emocional possa ser construído.

Muitos assuntos não são agradáveis, inclusive a recusa alimentar, então esteja aberto para escutar e acolher, mesmo que isso não lhes agrade, esteja disponível para compreender e ajudar o seu filho. Entendo que pode não ser fácil, mas temos a capacidade de desenvolver essa habilidade de escuta e compreensão, o primeiro passo é olhar para essa possibilidade e comportamentos que poderão mostrar melhor caminho a seguir.

Outro ponto importante é olhar para o próprio comportamento. É comum o ser humano se desviar e não olhar para si diante de momentos de dificuldades e, muitas vezes, culpar o outro pelos resultados negativos que possam ocorrer. Pensando nisso, convido vocês para uma reflexão.

Quando passamos por momentos difíceis, nas situações em que nosso filho se nega a experimentar determinado alimento, na maioria das vezes nos culpamos ou culpamos os outros, e assim acabamos não assumindo a responsabilidade por determinadas atitudes que possam trazer mudanças.

Vamos olhar o que estamos fazendo na prática para assumir os nossos papéis como pais e, assim, ensinar os nossos filhos a serem responsáveis e assumirem também as suas responsabilidades.

Quando passamos os ensinamentos e a educação necessária para as crianças de forma real, carinhosa e cuidadosa, conseguimos trazer uma consciência alimentar. Assim, a criança terá a oportunidade de escolher de forma consciente e autônoma e, além disso, terá a certeza do suporte dos pais.

No livro *Diário de uma garota que não gostava de legumes,* sugiro que os pais deixem as crianças se aproximarem dos alimentos, conhecendo-os no momento que vão ao supermercado para comprá-los, que ensinem às crianças a origem de cada um deles, de forma lúdica e carinhosa. Podemos, ainda, com a supervisão de um adulto, deixar as crianças ajudarem na preparação de pratos nos encontros em família, como um almoço ou jantar de final de semana, ou um lanche com os amiguinhos do colégio.

Superdica

O tempero que ajuda na transformação da vida é o amor.

Referências

BRASIL. Ministério da Saúde. Secretaria de Atenção à Saúde. Departamento de Atenção Básica. *Guia alimentar para a população brasileira.* 2. ed. Brasília: Ministério da Saúde, 2014.

DOMENICI, G. *Diário de uma garota que não gostava de legumes.* 2. ed. São Paulo: Literare Books, 2021.

PRIMEIRA INFÂNCIA EM PAUTA: um guia para aprimorar a comunicação dessa fase fundamental da vida. In: Fundação Maria Cecília Souto Vidigal. Disponível em: <https://www.primeirainfanciaempauta.org.br/a--crianca-e-seu-desenvolvimento-o-desenvolvimento-cerebral.html>. Acesso em: 02 maio de 2022.

SBP. Sociedade Brasileira de Pediatria. *Manual de alimentação da infância à adolescência.* 4. ed. São Paulo: SBP, 2018.

SIEGEL, D. J.; BRYSON, T. P. *O cérebro da criança: 12 estratégias revolucionárias para nutrir a mente em desenvolvimento do seu filho e ajudar sua família a prosperar.* São Paulo: nVersus, 2015.

13

O SONO NA INFÂNCIA
ASPECTOS PRÁTICOS

Distúrbio do sono é motivo de dúvida frequente no consultório. Assim, este capítulo visa trazer informações sobre o sono, seus principais distúrbios na criança e como melhorar sua qualidade. Espero que desfrutem das informações contidas neste livro que foi escrito com muito carinho e respeito aos leitores.

HELENA DIAS MEZIARA NOGUEIRA

Helena Dias Meziara Nogueira
CRM 83371

Contatos
helenameziaranogueira@hotmail.com
Instagram: @pediatriadodiaadia
11 2597 2331 / 11 96440 5597

Médica pediatra, nefrologista pediátrica, homeopata; formação Escola Paulista de Medicina – UNIFESP. Mãe da Mariana e da Ana Laura, esposa do Marcos (também médico) e, como outras mulheres de hoje, atuo em várias frentes de trabalho como o consultório, onde exerço a especialidade de pediatria geral, nefrologia pediátrica e homeopatia. Faço parte da equipe de neonatologia do Hospital Estadual do Ipiranga, o que me habilita atender os recém-nascidos em sala de parto em várias maternidades particulares da cidade de São Paulo. Trabalhei por vários anos em administração hospitalar, quando enriqueci meus conhecimentos sobre gestão de negócios, gestão da qualidade e gestão de pessoas, mas o prazer em estar em contato com o paciente na prática clínica do dia a dia, bem como o amor pelo exercício da medicina integrativa e humanizada, soaram mais forte e hoje dedico 80% do meu tempo ao consultório, onde conto com uma equipe multidisciplinar para prover atendimento humanizado para as crianças e seus familiares.

Introdução

A pediatria é uma área que engloba o conceito completo de promoção da saúde e leva em consideração o ambiente na qual a criança está inserida. Ela cumpre o ideal estabelecido pela Organização Mundial de Saúde, um estado **de completo bem-estar físico, mental e social e não somente ausência de afecções e enfermidades.** Por isso, o sono da criança e da família é um tema que deve ser abordado na consulta pediátrica.

O sono normal

Para melhor abordagem dos distúrbios do sono, se faz necessário conhecer as particularidades dele em diferentes idades.

O sono é um fenômeno fisiológico cíclico e vital. Nele, ocorre um repouso para os sistemas orgânicos e, também, são executados processos de recuperação e compensação de gastos energéticos e bioquímicos ocorridos no período de atividade. É caracterizado por cinco estágios fundamentais (sono REM, e os quatro estágios do sono NREM), que se repetem de 4 a 6 vezes durante o sono com intervalos de 90 minutos.

O ciclo do sono é regulado pela interação de dois sistemas: o sistema circadiano e o impulso homeostático do sono. O sistema circadiano é regido pela exposição à luz. Quando há exposição a ela, o corpo diminui a produção de melatonina (hormônio do sono) e ficamos em vigília, ou seja, acordados; mediante a escuridão dormimos, estabelecendo um ciclo de 24 horas. Já o impulso homeostático depende do tempo que se ficou acordado desde o último período do sono e do quanto se deixou de dormir (débito de sono), a sonolência do dia seguinte será maior quanto maior for o débito de sono. A interação dos dois mecanismos é a chave do ciclo vigília-sono.

O sono normal é constituído pela alternância de dois padrões definidos pelos movimentos oculares rápidos:

- o estágio sem movimentos oculares rápidos – sono NREM (*Non Rapid Eye Movement*): que é subdividido em quatro etapas com graus crescentes de profundidade: estágio 1, 2, 3 e 4, os quais 1 e 2 são sonos leves e os 3 e 4 sonos profundos;
- o estágio com movimentos oculares rápidos – sono REM (*Rapid Eye Movement*): há movimentos do corpo, é quando ocorrem os sonhos e a fixação de novos aprendizados. Ele diminui com a idade.

Dentro da teoria restaurativa do sono, durante os estágios do sono NREM, ocorre o reparo de diversos órgãos além do aumento da secreção do hormônio de crescimento, da prolactina e da testosterona. Já durante o sono REM, ocorre a restauração cerebral pelo aumento da síntese proteica do cérebro. Portanto, simplesmente descansar não é o suficiente para que isso aconteça.

Existem vários padrões de sono que variam dependendo das particularidades do indivíduo.

Sono nas diferentes faixas etárias

No feto e no recém-nascido

Ondas eletroencefalográficas de sono já foram detectadas em fetos com 12 semanas pós-concepção e, com 36 semanas, há uma mudança para o padrão do recém-nascido. O feto dorme 80% do dia e, a maioria do sono, é no estágio REM, podendo dormir mais no período noturno ou no diurno. Por ainda ter uma memória intrauterina, nos 2 primeiros meses de vida, o bebê apresenta o padrão de sono que tinha no útero, que se remolda à medida que se expõe aos estímulos externos.

No recém-nascido até 12 semanas de vida

O recém-nascido até 6 semanas tem os seguintes estágios do sono: consciência primeiro (ficar acordado); o sono quieto (sono NREM); sono ativo (sono REM) e acordar.

O recém-nascido até 12 semanas é regido pelo ciclo ultradiano, ou seja, tem períodos fragmentados de sono de 3 a 4 horas, totalizando 16 a 20 horas diárias, intercalados com 1 a 2 horas de vigília. O ritmo do sono diurno é igual ao noturno, o que muda com o avançar da idade, com a quantidade de sono diário diminuindo progressivamente.

É causa de ansiedade aos pais a ausência de rotina de sono no bebê até três meses, propiciando neles distúrbios. Por isso, é importante avaliar a dinâmica familiar, abordando as condições emocionais e o sono de todos, não só da criança. Ademais, a privação do sono somada com as alterações hormonais é uma das principais causas da depressão pós-parto.

No lactente de 3 meses a 6 meses

Entre 3 e 6 meses, o bebê passa a dormir por 3 a 6 horas consecutivas, a periodicidade dia-noite ocorre de forma espontânea e aumenta progressivamente de 6 a 9 horas, com 3 meses, para 6 a 12 horas, entre 6 meses a 12 meses de vida. Ocorre ainda uma mudança na qualidade do sono, que passa de um padrão agitado para mais calmo e o ciclo circadiano aparece gradualmente.

Até os 3 meses de vida, o que rege o sono do bebê é principalmente a fome, a necessidade de carinho e as cólicas comuns da faixa etária.

Na criança de 6 meses e 4 anos

Nessa fase, o sono diurno reduz de três a quatro cochilos por volta dos 6 meses, para dois aos 12 meses, progredindo para um aos 18 meses de vida.

Com 1 ano e meio, a criança tem mais dificuldade para deitar, pois teme separar-se dos pais e se entregar ao sono, testando a firmeza dos familiares. É a idade dos despertares na segunda parte da noite, especificamente depois de cada ciclo, e o sono REM é predominante, proporcionando pesadelos e terror noturno.

Na criança de 4 anos a 12 anos

Nessa faixa etária, a criança é atenta durante o dia e dorme rápido à noite. Seu sono é calmo e profundo, durando de 8 a 10 horas. Dos 4 aos 6 anos, o sono torna-se unicamente noturno, a sesta é suprimida, dependendo da cultura, e há um repouso entre 11h30 e 15 horas (vigília fraca).

O horário ideal para cada idade ir deitar é: às 20 horas, com 5 a 6 anos; às 21 horas, com 8 anos; às 22 horas, no começo da adolescência.

No adolescente

O adolescente tende a dormir mais tarde e atrasar os ciclos. A duração do sono profundo se reduz, sendo mais leve no começo da noite e há dificuldade para adormecer. Isso gera conflito com os compromissos do dia, e deixa um débito de sono que tenta ser reposto em sonecas diurnas e despertares tardios nos dias de folga.

Distúrbios do sono

De 10% a 46% das crianças possuem distúrbios do sono que, sob o ponto de vista etiológico, podem ser influenciados por diversos fatores como:

1. **Fatores ambientais:** em lugares com muita poluição sonora e luminosa, o ser humano aprende a filtrar os estímulos indesejáveis. Entretanto, sob estresse, esse mecanismo adaptativo pode não funcionar, gerando distúrbios relacionados ao sono.

2. **Moduladores orgânicos ou médicos:** são distúrbios decorrentes de outras doenças sistêmicas, neurológicas e psiquiátricas ou do uso de drogas. Por exemplo, a obstrução das vias aéreas altas decorrente da obstrução nasal, hipertrofia da adenoide, alteração bucomaxilofacial, chupar dedo ou chupetas, uso de naninhas que cubram as narinas, apneia central ou obesidade. Outras causas são: alergia ao leite de vaca, refluxo gastroesofágico, cólica, dermatite atópica, cefaleia, transtornos neurológicos e doenças infecciosas em geral.

3. **Moduladores psicológicos/comportamentais:** no processo de desenvolvimento, a qualidade do sono influencia o funcionamento psicossocial e neurocomportamental da criança. Por outro lado, a personalidade e a psicopatologia da criança e dos pais, os rituais adotados para dormir e os níveis de estresse familiar também atuam nos padrões de sono.

4. **Do ponto de vista psíquico, existem dois tipos de crianças a se considerar para melhor aplicar o método de higiene do sono:** os autotranquilizadores, que voltam a dormir sozinhos, sendo mais propensos à sucção de chupeta ou dedos para adormecer, e os sinalizadores, que precisam ser acolhidos para voltar a dormir.

5. **Em cada fase do desenvolvimento, influenciam nos hábitos de sono**: os fatores intrínsecos são aqueles inerentes à criança, por exemplo, o seu temperamento. Os fatores extrínsecos são culturais, como o uso de objetos para indução de sono; a alimentação por aleitamento materno ou mamadeira; padrão de alimentação de alta demanda ou estabelecido pelos pais; sono na cama e/ou quarto próprio, cama e/ou quarto dos pais; posição para dormir: lateral, mais inclinado, de bruços; necessidade de contato físico noturno e ter irmãos ou não, pois não querer que o outro filho acorde pode levar os pais a adquirir hábitos inadequados para indução e manutenção do sono. A conjunção desses fatores resulta em hábitos que modulam a fisiologia do sono.

Doenças próprias do sono

- **Insônia:** falha que afeta a duração ou qualidade do sono. Ocorre devido a um grupo heterogêneo de desordens, como distúrbios socioambientais, distúrbio do ritmo circadiano, causas secundárias a distúrbio físico, mental e comportamental como carência afetiva, separação dos familiares, ansiedade, medos, hiperatividade, hipersensibilidade sensorial.
- **Terror noturno:** é uma parassonia do sono NREM, observada dos 3 aos 5 anos, reaparecendo dos 7 aos 10 anos e cessando aos 12 anos. Sobrevém durante as três primeiras horas de sono. A criança grita de medo sem despertar, terrificada, com olhos abertos e arregalados, semblante de pavor, sem reconhecer os pais e coberta de suor, podendo urinar e vomitar. Depois volta a dormir sem consciência ou lembrança da crise.
- **Despertares confusionais:** são mais frequentes entre lactentes, pré-escolares e escolares. É semelhante ao terror noturno, mas a duração dos episódios é mais curta e menos intensa. A criança desperta no dia seguinte sem lembranças do ocorrido.
- **Pesadelos:** é uma parassonia relacionada ao sono REM com sonhos angustiantes na segunda metade da noite, que podem ou não ser lembrados. Pode ser esporádico e associado a momentos difíceis da vida, quando é recorrente associa-se fortemente a quadros psicopatológicos, sobretudo com o transtorno de estresse pós-traumático, quadros depressivos e de abuso de substâncias. Ocorrem principalmente entre 1 a 6 anos.
- **Sonambulismo e sonilóquio:** sonambulismo é a parassonia que ocorre entre 8 anos e a puberdade, principalmente em meninos. Durante a primeira parte da noite, a criança se levanta dormindo, com os olhos arregalados e se dedica a uma atividade mais ou menos coordenada, durando até meia hora. Já no sonilóquio, a criança fala durante a noite, em geral na primeira metade do sono.
- **Enurese:** parassonia caracterizada por pelo menos dois episódios por semana de perda involuntária de urina, interrompendo o sono. É comum em crianças acima de 5 anos, quando não é mais esperada esta falta de controle. Pode ser primária, quando a criança nunca controlou a diurese e não tem causa aparente ou secundária, quando a criança teve controle por pelo menos 6 meses. É causada por alguma doença como *Diabetes mellitus* ou *insipidus*, infecção urinária, hiperatividade noturna da bexiga e excesso de líquidos antes de dormir, epilepsia e outros distúrbios neurológicos. Acomete 15% a 20% das crianças, sendo mais frequente em meninos e quando os genitores tiveram enurese.
- **Hipersonias:** trata-se de sono excessivo e necessidade incontrolável de dormir podendo haver perda do tônus muscular. Temos as hipersonias de origem central, como a narcolepsia tipo 1, e narcolepsia tipo 2; hipersonia idiopática; síndrome de Kleine-Levin; hipersonia secundária à patologia

médica psiquiátrica, ao uso de medicação ou substância químicas e à síndrome de sono insuficiente. Pacientes narcolépticos, especialmente os pré-puberdade, apresentam altos índices de obesidade e alterações endocrinológicas, como puberdade precoce, além de enxaqueca, e comorbidades psiquiátricas como depressão, ansiedade, transtorno do déficit de atenção e hiperatividade.

• **Distúrbios do movimento relacionados ao sono:** é a ocorrência de movimentos simples e frequentes durante o sono. O mais conhecido é a síndrome das pernas inquietas (SPI) que afeta de 2% a 4% das crianças escolares e adolescentes. Outro distúrbio é o movimento periódico dos membros (DMPM), evoluindo para SPI com o passar do tempo. Ademais, o bruxismo que acomete cerca de 40% das crianças pode estar associado com patologias da articulação temporomandibular, ansiedade, estresse e transtorno do déficit de atenção e hiperatividade. Por fim, a mioclonia benigna do sono da infância, que são movimentos rítmicos que chegam a acometer os quatro membros da criança, pode ter início no período neonatal, durante o início do sono e resolvendo ao despertar.

• **Distúrbio do ritmo circadiano de sono e vigília:** caracteriza-se por um atraso de mais de 2 horas no início do sono. Isso gera dificuldade para acordar e cumprir os compromissos sociais, bem como sonolência diurna e baixo rendimento escolar. Vários fatores estão envolvidos na sua etiologia, como a pressão social potencializada pelo acesso a mídias eletrônicas no momento do sono ou a própria puberdade, que promove o atraso ou avanço do sono. Na pandemia do Covid-19, este foi um dos principais distúrbios observados.

• **Distúrbio jet lag:** é transitório, causado por viagens nas quais ocorrem mudanças de fuso horário.

Não há resposta fácil para a resolução dos distúrbios do sono, uma vez que a etiologia é multifatorial. Para o sucesso do tratamento, é fundamental a investigação individualizada, respeitando as diferentes faixas etárias.

Consequências do distúrbio do sono

É indiscutível a importância do sono para o desenvolvimento e crescimento da criança e adolescente, assim como para a qualidade de vida do adulto. Os distúrbios podem causar alterações metabólicas, hormonais e obesidade, além de alterações de humor, diminuição da atenção, da consolidação da memória e do aprendizado. Também aumenta o risco de hiperatividade, impulsividade, ansiedade e depressão. Ademais, pais de filhos com distúrbio de sono também sofrem do mesmo mal, afetando a dinâmica familiar.

Tratamento

O tratamento dos distúrbios do sono é multivariado, podendo ser medicamentoso ou comportamental. O método mais eficaz é a higiene do sono, que consiste em um conjunto de ações e comportamentos que visam preparar uma noite de sono adequada, tranquila e reparadora. O objetivo é promover hábitos saudáveis para toda a vida e prevenir distúrbios comportamentais do sono (prevenção primária) por meio dos:

- **Método da extinção:** consiste nos pais colocarem a criança na cama em horário previamente especificado, ignorando-a até determinado horário da manhã seguinte, sem deixar de monitorar a criança. É um método eficaz, mas mais agressivo.
- **Método da extinção gradativa:** consiste em ignorar as demandas da criança por períodos e depois acalmar por 15 segundos a 1 minuto. O tempo que será ignorado é determinado pela idade, temperamento dela e tolerância dos pais ao choro. É menos agressivo e mais adequado aos padrões culturais do Brasil.
- **Método da rotina positiva:** consiste na elaboração de uma rotina de atividades tranquilas e prazerosas que antecedem a hora de dormir. Outra estratégia que pode ser utilizada é atrasar o horário de ir para cama para garantir que a criança durma rapidamente, inicia-se a antecipação do horário de dormir de 15 a 30 minutos em noites sucessivas, até alcançar o horário considerado adequado. A criança não deve dormir durante o dia, exceto nas faixas etárias em que o sono diurno é fisiológico. Este método é efetivo e gentil.
- **Método do despertar programado:** consiste em despertar a criança durante a noite, entre 15 e 30 minutos antes do seu horário habitual de despertar espontâneo e, após esse período, confortá-la para retornar a dormir. O número de despertares programados deve variar de acordo com o número habitual de despertares espontâneos. Com o tempo, a tendência é de eliminar os despertares espontâneos, iniciando-se o processo de redução dos despertares programados, como uma maior consolidação do sono.

Orientações para uma boa noite de sono

- Criar um ritual do sono e uma rotina desde os primeiros meses de vida; a rotina é importante para a criança se organizar.
- Criar um ambiente adequado para dormir com temperatura agradável, em torno de 23 a 24 graus, baixa luminosidade, silencioso e sem a presença de eletrônicos.

- Gastar de 1 a 2 horas para desacelerar o ritmo do casa, evitando a televisão e atividades excitantes. Brincar com jogos de tabuleiro, desenhos, pinturas e ouvir músicas calmas.
- Colocar, assim que possível, a criança para dormir na própria cama de forma independente.
- Não atender o recém-nascido e a criança de imediato, os sons emitidos podem ser somente um rápido despertar fisiológico e, se não tiver interferência, a criança voltará a dormir espontaneamente.
- Usar objetos transicionais para indução do sono, como ursinhos e naninhas que não cubram o nariz da criança e que não a agasalhe demais.
- Providenciar um colchão rígido, sem material plástico para que a criança não transpire, uma boa opção é a densidade 23.
- Não usar travesseiro até um ano de idade, depois adquirir travesseiros adequados para faixa etária.
- Deixar a criança acordar espontaneamente.
- Evitar a amamentação durante a madrugada entre o terceiro e sexto mês de vida. Para quem amamenta, evitar ingerir alimentos formadores de gases ou estimulantes como cafeína, álcool e tabaco, pois alguns alimentos passam para o leite materno.
- Manter uma alimentação equilibrada e evitar comer tarde da noite. Utilizar alimentos que ajudam no sono, como: leite, abacate, banana, aveia, alface e chás calmantes.
- Usar a medicina integrativa pode ser uma ajuda, como homeopatia, acupuntura, florais, yoga, meditação, *mindfulness*.
- Fazer uso de medicamentos para dormir ajudam, mas nem sempre de maneira efetiva e duradoura. Eles podem gerar dependência, ter efeito colateral e não resolvem o problema de base. Se o problema de base é solucionado, o padrão de sono normal será restabelecido.

Conclusão

O distúrbio de sono deve ter uma abordagem individualizada, levando em conta o momento da vida da criança, as características de cada paciente bem como o contexto familiar e cultural em que está inserido. Entenda a criança e qual a necessidade de sono dela.

Superdica

Um olhar individualizado, global e multidisciplinar proporciona maior assertividade ao tratamento.

Referências

ASSEMBLEIA LEGISLATIVA DE MINAS GERAIS. Encontro internacional direito à saúde, cobertura universal e integralidade possível. Disponível em: <https://www.almg.gov.br/export/sites/default/acompanhe/eventos/hotsites/2016/encontro_internacional_saude/documentos/textos_referencia/00_palavra_dos_organizadores.pdf>. Acesso em: 02 maio de 2022.

CANANI, S. F.; SILVA, F. A. A. A evolução do sono do feto ao adulto: aspectos respiratórios e neurológicos. J Pediatr (Rio J) 1998;74(5):357-64. Disponível em: <http://www.jped.com.br/conteudo/98-74-05-357/port.asp>. Acesso em: 15 dez. de 2021.

DEPARTAMENTO CIENTÍFICO DE MEDICINA DO SONO. Higiene do sono. SBP.N. 5, 5 de novembro de 2021. Disponível em: file:///C:/Users/helen/Downloads/23196c-DC_Higiene_do_Sono_-_Atualizacao_2021.pdf. Acesso em: 29 dez. 2021.

DEPARTAMENTO CIENTÍFICO DE MEDICINA DO SONO. Parassonias. SBP. N. 2, dezembro de 2017. Disponível em: file:///C:/Users/helen/Downloads/20176c-DocCientifico_-_Parassonias.pdf. Acesso em: 29 dez. 2021.

DEPARTAMENTO CIENTÍFICO DE MEDICINA DO SONO. Síndrome da morte súbita do lactente. SBP. N. 4, outubro de 2018. Disponível em: file:///C:/Users/helen/Downloads/20226d-DocCient_-_Sindrome_Morte_Subita_do_Lactente.pdf. Acesso em: 29 dez. 2021.

FERNANDES, T. F. (Coord.). Importância da higiene do sono. *Pediatria ambulatorial: da teoria à prática.* São Paulo: Atheneu, 2016. Capítulo 13, pp. 139-146.

FERNANDES, R. M. F. *O sono normal / The normal sleep.* Medicina (Ribeirão Preto) ; 39(2): 157-168, abr.-jun. 2006. ilus, Graf Artigo em Português | LILACS | ID: lil-457822 Biblioteca responsável: BR26.1 Acesso em: 15 dez. 2021.

GEIB, L. T. C. Moduladores dos hábitos de sono na infância. *Rev. Bras. Enferma.* 60 (5). Out. 2007. Disponível em: <https://www.scielo.br/j/reben/a/3bCxjDZkFtMYLfJprFmS9ht/?lang=pt>. Acesso em: 15 dez. de 2021.

HALAL, C. S. E.; NUNES, M. L. *Distúrbios do sono na infância.* Pediatra. 2018; 8 (0 Supl.1):86-92 DOI: 10.25060/residpediatr-2018.v8s1-14.

MALAQUIAS, T. da S. M.; GAÍVA, M. A. M.; HIGARASHI, I. H. Perceptions of the Family members of children regarding well-child check-ups in the Family healthcare strategy. Artigos Originais. *Rev. Gaúcha Enfermagem*. 36. Jan-Mar. 2015. Disponível em: <https://doi.org/10.1590/1983-1447.2015.01.46907>. Acesso em: 15 nov. de 2021.

PONCET, J. As alterações do sono. *Homeopatia pediátrica, Psicopatologia*. (tradução de Maria Helena de Macedo). São Paulo: Organon, 2004, pp. 47-74.

REV PEDIATR ATEN PRIMARIA [Internet]. 2012 [citado 2014 nov 07];14:217-24. Disponível em: <http://www.pap.es/files/1116-1518-pdf/pap_55_04_iye.pdfhttps://www.scielo.br/j/rgenf/a/bb3btPh4zRMF9JFZTnFsrnM/?lang=pt>. Acesso em: 15 nov. de 2021.

14

AUTOMUTILAÇÃO NA ADOLESCÊNCIA

A automutilação é vista com estigma social, preconceito e repreensão, colocando o adolescente em uma posição de medo, desconfiança e culpa. O aprendizado conjunto, com boa vontade e senso de participação dos pais com os adolescentes, trará bons resultados.

KAROL MAIA

Karol Maia
CRP 03/10701

Contatos
karolleal86@gmail.com
Instagram: @karolmaia.psi
75 99184 2394

Psicóloga clínica há oito anos; especialista em Terapia Cognitiva Comportamental com formação para atuar junto à criança e ao adolescente; orientadora familiar; psicoterapeuta em conclusão pela Biossíntese; atende adolescentes e adultos.

Definição e tipos

A adolescência, segundo Vieira (2019), é uma fase do desenvolvimento humano compreendido entre a infância e a fase adulta, considerando-se um período da vida marcada por várias transformações. Devido às transições, essa fase é marcada por mudanças corporais, necessidade de autonomia e relacionamentos, de orientação para ajudar com conflitos, angústias e necessidades.

A automutilação é qualquer comportamento intencional envolvendo agressão direta ao próprio corpo sem intenção consciente de suicídio, e não é socialmente aceita dentro da própria cultura nem para exibição, praticada por indivíduos com poucas estratégias de enfrentamento, dificuldade para regular o afeto e limitada habilidade de resolução de problemas (ALMEIDA *et al.*, 2018). Para Aratangy e outros autores (2018), a automutilação é um problema emocional caracterizado por comportamentos propositais que envolve agressões ao corpo, visando aliviar algum sofrimento emocional, sentimento de raiva, tristeza, angústia e vazio interno. Na minha prática clínica, atendo adolescentes na faixa etária de 11 a 20 anos que trazem as seguintes queixas: insatisfação familiar, resistência na aceitação da imagem corporal, conflitos na expressão de sua identidade e orientação sexual, vítimas de bullying na escola e na família, dificuldade de lidar com as emoções e sofrimento diante das adversidades da vida. O baixo repertório na capacidade de expressar as emoções está entre as principais queixas dos adolescentes, que acabam enveredando pelo caminho da automutilação, sempre de forma disfarçada; na maioria das vezes, sem o conhecimento dos pais.

A automutilação é um fenômeno heterogêneo que está associado a vários fatores precipitantes e acompanhado por experiências subjetivas. Segundo Rodrigo Almeida e outros (2018), são classificadas em:

- **Automutilação do tipo estereotipado:** apresenta comportamentos altamente repetitivos, monótonos, fixos, frequentemente ritmados e parecem comandados; com as lesões tendendo a manter um mesmo padrão, podendo variar de leves a graves ferimentos, e colocar em risco a vida. As pessoas que a praticam não têm vergonha e/ou disfarçam, mesmo quando diante de expectadores. Acontece com frequência em pessoas com retardo mental, autismo, entre outros transtornos.
- **Automutilação do tipo grave:** inclui ferimentos graves, frequentemente colocando a vida em risco, ocasionando ferimentos irreversíveis, como: castração e amputação de extremidades. Poucas vezes esse comportamento se repete, devido à gravidade das lesões. Costuma ser acompanhada por delírios religiosos, com pensamentos de punição, tentação e salvação. Esse tipo de automutilação não é critério diagnóstico de nenhum transtorno mental, mas costuma estar associado a quadros com sintomas psicóticos, transtornos da personalidade e psicopatologias mais graves.
- **Automutilação do tipo compulsivo:** inclui comportamentos repetitivos, algumas vezes rítmicos, ocorrendo diariamente e inúmeras vezes num mesmo dia, como na tricotilomania, comportamento mais conhecido desse tipo de automutilação.
- **Automutilação do tipo impulsivo:** neste tipo, o indivíduo corta a pele, se queima e se bate; comportamentos conceituados como atos agressivo-impulsivos, em que o alvo da agressão é a si mesmo. Normalmente, ocorre após uma vivência traumática de uma forte emoção, como a raiva, ou apenas a lembrança, sendo vistos como forma de lidar com a emoção.

Ciclo da automutilação emocional

Ao se automutilar, o adolescente se sente atraído pela dor física, que lhe permite desviar a sua atenção de uma tensão psíquica que ele se sente incapaz de suportar. O ato de se cortar é, então, resultante da possibilidade de alívio da tensão psicológica, é essa substituição da dor emocional pela dor física que torna essa prática um alívio momentâneo para o problema, gerando a perpetuação da repetição do ciclo de automutilação.

Esse processo, segundo a minha experiência com adolescentes, é predominantemente consequência da inabilidade de lidar com os conflitos familiares, como: divórcio dos pais, alienação parental, transtornos psiquiátricos na família, idealização dos pais dos filhos perfeitos, resistência em aceitarem a orientação sexual dos seus filhos, imposição religiosa, ausência afetiva dos pais e a comunicação violenta.

Na minha prática clínica, a automutilação geralmente é precedida por sentimentos como raiva de si mesmo, ansiedade, depressão, disforia, sensação de perda de controle, sensações de rejeição ou abandono, culpa e vazio, sentimento de inutilidade e sensação de irrealidade. O indivíduo pode se sentir afetado por um ou mais emoções combinadas, despertando nele o desejo de lesionar o próprio corpo.

As ocorrências inicialmente são de forma episódica e se tornam frequentes dependendo da intensidade e do tipo de sensação predominante em decorrência da problemática vivida pelo adolescente e do meio em que esteja inserido.

Orientações aos profissionais

É de suma importância realizar uma boa anamnese. Buscando identificar a demanda, o histórico de vida atual e pregresso, dados relevantes da configuração familiar, a existência de adoecimentos físicos e/ou psiquiátricos, perfil da personalidade, envolvimentos religiosos, hereditariedade, estilo parental e a influência do meio.

Na prática clínica, é essencial a psicoeducação; identificar se esses pais e cuidadores têm conhecimentos atualizados sobre a automutilação e o desenvolvimento da adolescência. Averiguar se eles sabem que o filho está se automutilando e desde quando isso acontece, além de verificar outros fatores que possam estar influenciando o adolescente. Na minha experiência com a psicoeducação, utilizo diversos recursos, como: textos, baralhos, jogos e outros. Cabe ao profissional orientar, acolher a dor dos pais e filhos e desenvolver habilidades e estratégias para lidar com as situações. Todos com objetivo de levar informações fidedignas para essa família.

O primeiro passo com paciente que está se automutilando é o acolhimento e o favorecimento das expressões das emoções. Conhecer sua rotina, quais são suas dificuldades, construindo uma relação de confiança.

Compreender como o adolescente sente e expressa suas emoções é fundamental para que ele expresse de maneira funcional, evitando se cortar. Você pode fazer alguns questionamentos, como: "Quando sente raiva, como você se expressa?", "Quando sente medo ou ansiedade, como você age?", "O que você sente ao falar sobre suas emoções?", "Aceita que sentir raiva, medo, angústia, tristeza, inveja e que errar é normal do ser humano?".

Verifique se o adolescente tem o vocabulário emocional e se consegue acessar e validar suas emoções. Favoreça recursos que ajudem nas expressões das emoções, por exemplo, desenhar, pintar, modelar, contar histórias etc.

A partir das respostas e relatos, vamos construindo um entendimento recíproco e verificando os gatilhos da automutilação, como resposta à frustração. Outras questões a serem abordadas para identificar o que leva à automutilação: "Você consegue identificar os momentos em que se corta?", "Existem situações específicas que te levam a isso?", "Quando você se machuca, sente que o problema, a dor que estava sentindo, alivia ou é resolvida?", "O que esses cortes significam para você?".

Como estratégia de autorregulação, podemos usar o questionamento: "Se você tivesse um amigo que te pedisse ajuda por estar se automutilando, o que faria?", com o objetivo de verificar a capacidade de gerar respostas acolhedoras e possíveis soluções.

É importante encontrar com o adolescente diversas estratégias para expressão da sua dor, assim como favorecer o desenvolvimento da autocompaixão.

Nos atendimentos com adolescentes que se automutilam, todo suporte emocional é necessário, bem como a orientação familiar.

Orientações aos familiares

Invista no seu autoconhecimento e no desenvolvimento de habilidades parentais. Alguns questionamentos podem ajudá-lo(a) a entender a própria atitude e o momento que seu filho está passando. Responda a essas questões:

- Qual o seu comportamento diante da automutilação do(a) seu(sua) filho(a)?
- O que você pensa sobre si mesmo(a) diante da atitude do(a) seu(sua) filho(a)?
- Quais são as suas emoções mais frequentes?
- Consegue compreender o sentimento do(a) seu(sua) filho(a)?

- Há espaço para falar sobre isso livremente sem críticas e ameaças?
- As opiniões são expressas livremente no meio familiar?
- O que isso afeta na dinâmica familiar?

Esses questionamentos ajudarão no entendimento da sua postura parental e na necessidade de buscar ajuda profissional.

A convivência em casa, o diálogo, a comunicação, a tolerância e o respeito são fundamentais em todas as relações. Uma queixa comum dos adolescentes é a falta de diálogo, incompreensão, intolerância e desrespeito por atitudes invasivas à sua privacidade. Pais, estejam abertos para o diálogo. A adolescência é uma fase de muitos altos e baixos; apesar das dificuldades, não percam a conexão com seu filho.

Quando você perceber que seu(sua) filho(a) está se automutilando, evite dizer: "Você está querendo chamar a atenção", "Se você se cortar novamente irei te bater", "É frescura", "Você tem tudo, para que se cortar?".

Evite falar gritando e demonstrar desespero quando perceber que ele(a) está realmente se cortando, isso gera mais emoções desagradáveis. Em vez disso, acolha, dizendo que percebe que ele(a) está sofrendo e que estará com ele(a) para ajudar com a dor.

Não exponha seu(sua) filho(a) a comentários com amigos e familiares, mas deixe-o(a) ciente que procurarão ajuda de um profissional capaz de orientá-lo(a) e ajudá-lo(a) a entender o que está se passando.

Acolha seu(sua) filho(a), empatize com sua dor e esteja ao lado dele(a) para dar forças e superar esse momento difícil. Isso gerará a confiança necessária para que outras medidas de ajuda possam ser buscadas.

Entenda, compreenda suas emoções e cuide-se. Invista no seu autocuidado, você precisa estar bem para educar. Busque por meio de uma terapia o seu autoconhecimento e o seu equilíbrio para lidar com esse desafio.

Enfatize os bons momentos e características positivas da relação com seu(sua) filho(a).

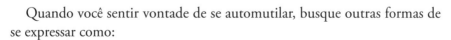

Orientações aos adolescente

Quando você sentir vontade de se automutilar, busque outras formas de se expressar como:

- Conversar com seus pais ou alguém de sua confiança, e pedir a ajuda de um profissional.

- Falar o que sente: quando entendemos e expressamos nossas emoções, nos sentimos mais aliviados; negar uma emoção é muito doloroso.
- Escrever é uma ótima forma de expressão. Deixe fluir suas ideias sem medos.
- Desenhar e pintar favorecem a criatividade, a distração e o relaxamento.
- Amassar ou rasgar papel: a raiva é um sentimento natural, frente a esse sentimento expresse de forma produtiva. Procure aliviar a sua tensão sem agredir a si mesmo e/ou ao outro.
- Não fique sozinho: muitos casos de automutilação acontecem quando o adolescente está sozinho. Procure estar perto de alguém que você goste.
- Pratique atividade física: se exercitar ajuda na liberação das tensões e no equilíbrio físico e emocional.

Superdica
As nossas necessidades devem ser acolhidas com respeito, amor e afeto.

Referências

ALMEIDA, R. S. A prática da automutilação na adolescência: o olhar da psicologia escolar/educacional. *Caderno de Graduação Ciências Humanas e Sociais* – UNIT-ALAGOAS, v. 4, n. 3, p. 147, 2018. Disponível em: <https://periodicos.set.edu.br/index.php/fitshumanas/article/view/5322/2803>. Acesso em: 7 mar. de 2022.

ARATANGY, E. W. et al. *Como lidar com a automutilação: guia prático para familiares, professores e jovens que lidam com o problema da automutilação*. 3ª edição. São Paulo: Hogrefe, 2017.

SILVA, J. C. da; DIAS, J. M. *O signo da falta: automutilação na adolescência*. Santa Cruz do Sul, 2019.

VIEIRA, J. K. *Automutilação em adolescentes: tratamento na abordagem terapia cognitivo-comportamental*. Ariquemes-GO, 2019.

15

O CASAMENTO ACABOU, E AGORA?

FORMAS FUNCIONAIS DE CONDUZIR A VIDA APÓS O DIVÓRCIO

Neste capítulo, uni as minhas experiências para falar a respeito de formas funcionais para conduzir a vida após o divórcio. Falaremos sobre como recomeçar e reorganizar a vida dos filhos após o divórcio. Serão abordadas questões conceituais sobre a separação conjugal e teremos orientações práticas para profissionais e pais, a fim de ajudá-los a lidar melhor com o fim do casamento.

LAILA KURTINAITIS

Laila Kurtinaitis
CRP 02/13895

Contatos
lailakurtinaitis@yahoo.com.br
Instagram: @laila_kurtinaitis
81 98804 9327

Casada e mãe do Joaquim. Formada em Psicologia pela Universidade Federal de Pernambuco, mestrado e doutoranda em Neuropsiquiatria e Ciências do Comportamento. Especialização em Terapia Cognitivo-comportamental. Leciona em cursos de pós-graduação e formação em Terapia Cognitivo-comportamental. Trabalha como psicóloga na área clínica, atendendo adolescentes e adultos. Atua também na área jurídica, no Tribunal de Justiça do Estado de Pernambuco, onde trabalha junto a famílias em questões relacionadas à separação conjugal e conflitos existentes em decorrência da separação.

Conceitos

De acordo com dados do Instituto Brasileiro de Geografia e Estatística (IBGE), o número de divórcios no Brasil já vinha crescendo nos últimos cinco anos e atingiu o seu recorde no segundo semestre de 2020. Muitos dos casais que passam pelo processo de divórcio têm filhos ainda na infância/adolescência. Ser filho de pais separados se torna cada vez mais comum na nossa realidade e novas configurações familiares estão mais presentes na nossa sociedade.

Apesar do número crescente de divórcios, isso não torna menor o desafio de lidar com a situação. Alguns autores afirmam que o divórcio nunca é bom para os filhos, pois acarreta mudança na dinâmica familiar, na qual os filhos encontram-se adaptados, e rompe com a ideia de que seus pais viveriam para sempre juntos (CEVERNY, 2006). Entretanto, para alguns casais, mesmo durante a vigência do casamento, a conjugalidade, que se refere à relação de dois adultos enquanto casal, já não existe. Conflitos entre os pais podem tornar o ambiente familiar um lugar estressor para todos os membros da família.

O divórcio não traz com ele a interrupção da parentalidade – que se refere ao ato de exercer a maternidade ou a paternidade – a qual vai perdurar enquanto existir a relação entre pais e filhos (FIORELLI; MANGINI, 2009). Assim, a família pode e deve manter-se unida mesmo após a separação conjugal. Quando falamos do conceito de divórcio, estamos nos referindo ao rompimento legal de vínculos de matrimônio entre cônjuges estabelecido na presença de um juiz. É um direito que pode ser exercido mesmo sem a concordância do parceiro[1].

---

1 Toda a temática que abordaremos neste capítulo se refere à separação de casais que tinham uma relação, independentemente de vínculos matrimoniais formais, mas que chamaremos de divórcio a fim de facilitar o entendimento.

O divórcio pode acontecer de maneira **consensual**, aquele que ocorre quando os dois membros do ex-casal estão de acordo com a separação. É necessária a presença de um advogado e pode se dar de duas formas distintas:

- divórcio consensual judicial: ocorre se o casal tiver filhos menores ou incapazes. Neste caso, é definida a guarda dos filhos e o regime de convivência dos pais com eles. É feita a partilha de bens, caso existam, e é estabelecida a pensão alimentícia dos filhos e/ou entre os cônjuges;
- divórcio consensual extrajudicial: é mais simples que o anterior. O casal precisa apenas ir ao Cartório de Registro Civil das Pessoas Naturais com os documentos dos dois membros do ex-casal e dos bens móveis e imóveis que serão partilhados. Esta modalidade só é possível quando o casal não tem filhos menores ou incapazes.

O divórcio também pode acontecer de maneira **litigiosa**, que é quando o ex-casal não chega a um acordo a respeito do final da relação conjugal. Esse tipo de divórcio é obrigatoriamente feito de forma judicial. O Código Civil, em seu artigo 1.579, diz que o divórcio não modificará os direitos e deveres dos pais em relação aos filhos (BRASIL, 2002). Logo, com a separação conjugal, precisam ser estabelecidas a guarda e/ou forma de convivência que os filhos terão com ambos os pais.

A guarda é o conjunto de direitos e deveres que os pais exercem de maneira igualitária em relação aos filhos. De acordo com o Estatuto da Criança e do Adolescente (ECA), no artigo 33, "A guarda obriga à prestação de assistência material, moral e educacional à criança ou adolescente...". Cabe ao pai/mãe não guardião, supervisionar o que detém a guarda em relação às suas decisões a respeito da criança ou adolescente (BRASIL, 1990).

O genitor que não detenha a guarda dos filhos ainda permanece tendo o seu direito de pai/mãe. A guarda apenas confere ao guardião, quando existe discordância entre os pais, a prioridade na tomada de decisão em relação aos filhos. A guarda, inclusive, pode ser exercida por uma terceira pessoa que não sejam os pais da criança/adolescente. Isto ocorre quando os pais não têm as condições necessárias para prover aos filhos o que eles necessitam, seja no sentido de segurança, material ou emocional.

De acordo com Fiorelli e Mangini (2009), os tipos de guarda reconhecidos atualmente são:

- **guarda unilateral:** apenas uma pessoa detém a guarda dos filhos. Ela será atribuída ao genitor ou à pessoa que consiga prover à criança/adolescente melhores condições de saúde, segurança, educação e afeto. Para que

142 | Orientação familiar

seja mantido o convívio com o genitor não guardião, se faz necessária a regulamentação da convivência entre filhos e pais;
• **guarda compartilhada:** ambos os pais detêm a guarda dos filhos. Nesta modalidade, os filhos podem morar com um dos pais ou passar alguns dias em companhia de um dos guardiões e, outros dias, com o outro. A característica principal deste tipo de guarda é o compartilhamento dos direitos e deveres no que se refere aos filhos. Assim, respeitam em maior escala os direitos fundamentais dos envolvidos e permite um convívio mais estreito dos filhos com ambos os genitores;
• **guarda alternada:** a guarda dos filhos alterna entre os seus genitores conforme períodos iguais e preestabelecidos. Nesta modalidade, o tempo da criança/adolescente é dividido igualmente entre os genitores, os filhos alternam entre a residência materna e paterna, sendo o genitor que está com a criança integralmente responsável por ela. Esta alternância da guarda pode causar instabilidade nos filhos.

Por vezes, a guarda alternada é confundida com a compartilhada pelo fato de os filhos ficarem períodos na casa do pai e períodos na casa da mãe. Todavia, na guarda alternada, quando em companhia de um genitor, este se torna o guardião da criança/adolescente, diferente da guarda compartilhada quando, independente de com quem os filhos estejam, ambos os genitores serão guardiões deles.

Em todos os anos de trabalho com famílias, percebo, com frequência na fala das crianças/adolescentes, um pesar em decorrência da separação de seus pais; eles demonstram o desejo de ver os pais juntos novamente. Entretanto, quando o conflito entre os pais era intenso antes da separação conjugal, as crianças demonstram alívio com o novo arranjo familiar.

Trago, para ilustrar, um caso atípico em que o processo de divórcio foi muito bem conduzido pelos pais e, mesmo sem haver um conflito intenso antes da separação conjugal, passados dois anos que os pais não estavam juntos, a filha adolescente, em atendimento, me disse que preferia os pais separados. Relatou que, após a separação, os pais, sobretudo o pai, buscava valorizar mais o tempo em que estava com ela e os irmãos e trabalhava menos nesses momentos.

Logo, podemos perceber que, apesar de ser um processo difícil, a reorganização pós-separação conjugal pode trazer aspectos positivos para todos os integrantes da família. A forma como a situação vai se configurar dependerá, principalmente, de como os adultos envolvidos vão lidar com o fim do casamento. Enquanto profissionais e/ou pais envolvidos nesse processo, é necessário buscar habilidades para saber como lidar com esta nova configuração familiar, buscando uma relação harmoniosa ou, ao menos, uma comunicação respeitosa entre o ex-casal, preservando assim o bem-estar e a qualidade de vida dos filhos.

Orientações aos pais e profissionais

Não só o profissional que trabalha com famílias em situação de divórcio, mas também os pais que estão passando por esse processo, precisam estar cientes das possibilidades de guarda. Sempre que possível, precisam estimular, após o divórcio, a manutenção da rotina dos filhos semelhante ao que era antes da separação. Os pais precisam ter ciência da diferença entre conjugalidade e parentalidade e ser alertados sobre a necessidade de continuarem se comunicando a respeito de questões referentes à parentalidade.

O trabalho do psicólogo no momento do divórcio vai além de questões relacionadas à guarda e à convivência dos filhos com ambos os pais. Esse profissional é a pessoa que vai fazer um trabalho de psicoeducação para orientar as famílias a respeito do momento que estão passando. Neste trabalho de orientação, os objetivos principais são:

- Diminuir a exposição das crianças a um possível conflito entre os pais e facilitar a comunicação entre eles, buscando estratégias para diminuir o conflito;
- Ajudar no estabelecimento de novas rotinas, auxiliando os filhos no processo de adaptação à nova vida;
- Orientar e facilitar a tomada de decisões; incentivar uma postura colaborativa por parte dos integrantes da família, para buscar conexão familiar e relacionamentos saudáveis.

Além disso, também é importante favorecer a expressão das emoções, fortalecer a autoestima e estimular o autocuidado por parte dos pais nesse momento. Esse trabalho tem como objetivo manter uma percepção positiva da família depois da separação conjugal.

Nem sempre a família busca o apoio do psicólogo ou informações antes da separação conjugal. O apoio do psicólogo costuma ser benéfico, pois assim os pais poderão conduzir melhor o processo desde o seu início, visando, sobretudo, ao melhor para os filhos. Se a busca do auxílio profissional vem antes da separação, o psicólogo pode acolher e fortalecer os pais neste momento e pode orientá-los sobre como contar ao filho a respeito da separação conjugal.

Ao falar a respeito da separação conjugal, se faz importante considerar as idades e o nível de compreensão dos filhos. A notícia da separação deve ser dada de forma leve, sem excesso de informações, com carinho e amor. Se possível, já se deve falar para os filhos a respeito de como será a nova rotina para que eles se sintam seguros. Sempre que possível, a notícia da separação deve ser dada por ambos os pais para que os filhos entendam que aquela é uma decisão conjunta e que eles não têm qualquer responsabilidade. É importante criar um clima harmonioso para que os filhos possam expressar os seus sentimentos e tirar as dúvidas que tenham.

Apesar de muitas vezes o divórcio trazer alívio, esperança e sensação de liberdade, na maioria das vezes, o processo de separação é difícil para a família. As emoções e consequências psicológicas do divórcio são vivenciadas de maneira única por cada pessoa, todavia alguns dos principais sentimentos vivenciados durante esse processo são: negação, ansiedade, culpa, raiva, dor e aceitação.

Para os filhos, o divórcio também causa sofrimento, uma vez que, geralmente, leva à perda ou à redução da disponibilidade de um dos pais; queda no padrão de vida; possíveis mudanças de residência, escola, entre outros; novo casamento de um dos pais ou de ambos e ajustamento aos novos membros da família. Os filhos também costumam apresentar vários sentimentos em relação ao divórcio, entre eles: choque, confusão, culpa, ansiedade, raiva, tristeza, vergonha e saudade. Sentimentos agradáveis como alívio e esperança também podem estar presentes.

Diante de todas as possíveis reações frente ao divórcio dos pais, é importante que, no momento de separação, os adultos envolvidos no processo se mostrem receptivos a todo o tipo de apoio que puderem receber de familiares, amigos, da escola dos filhos e de outras comunidades que venham a frequentar. Toda ajuda é bem-vinda pois, nesse momento, cada um dos membros do ex-casal vai precisar reorganizar uma nova rotina, cuidar de si próprio e estar atento à forma como os filhos estão lidando com todo processo. Algumas questões práticas acerca do bem-estar e do autocuidado dos pais devem ser lembradas:

- dormir bem;
- realizar atividades físicas prazerosas;
- se alimentar de forma saudável;
- continuar exercendo o trabalho, caso trabalhassem antes da separação conjugal;
- evitar o consumo de álcool e outras drogas para lidar com o estresse do período de separação;
- se manter conectado aos seus sentimentos e estar ciente de que emoções desagradáveis acontecerão nesta etapa da vida;

- se recuperar do final de uma relação antes de buscar uma nova;
- buscar um tempo de qualidade com os filhos;
- tirar o foco de atenção de aspectos que não podem ser resolvidos naquele momento, como remoer mágoas, buscar culpados pelo final da relação ou buscar saber como o(a) ex-companheiro(a) está conduzindo a vida pessoal dele(a);
- direcionar a atenção para aspectos práticos que podem ser resolvidos depois da separação conjugal, como organizar uma planilha de gastos ou tentar tornar a nova casa mais aconchegante e organizada;
- trabalhar a aceitação. Nem sempre as coisas acontecem da forma que planejamos.

A respeito do bem-estar dos filhos, é importante que os pais busquem, logo no início, o estabelecimento de uma nova rotina. Ainda que mudanças tenham ocorrido, os pais devem ser orientados a tentar manter aspectos importantes como horários para dormir, acordar e para refeições, além de outros hábitos que eram valorizados pela família antes da separação conjugal. Isso vai trazer para os filhos uma sensação de normalidade e estabilidade e vai conferir conforto e segurança para eles. Caso alterações significativas precisem ser feitas, converse com os pais para que eles tentem implementá-las de maneira gradual e que os filhos sejam informados com antecedência de que elas acontecerão.

Apesar de sentimentos desagradáveis por parte dos filhos serem naturais no processo de divórcio, os pais precisam ser instruídos a observar seus filhos mais de perto e ficar atentos aos seguintes sinais:

- sintomas físicos ou queixas constantes como dores de estômago e de cabeça;
- irritação e agressividade constante;
- choros frequentes sem motivo aparente;
- isolamento social;
- indiferença frente aos fatos ou às emoções;
- dificuldade em falar sobre o divórcio;
- abuso de substâncias;
- excessos ou falta de apetite e/ou sono;
- comportamentos hipersexualizados;
- regressões de comportamentos;
- depressão e ansiedade.

Ao notar que a criança/adolescente esteja apresentando uma ou algumas dessas reações de forma mais intensa ou frequente e/ou que esteja interferindo nas atividades diárias e sociais, os pais devem ser orientados a buscar ajuda especializada.

146 | Orientação familiar

Superdica

Apesar de parecer difícil neste momento atribulado, lembre que essa é uma fase conturbada e, assim como outras que você viveu antes, vai passar. Seguindo as orientações anteriores e buscando ajuda e apoio sempre que necessário, você vai passar por isso da melhor forma possível.

Referências

BRASIL. Lei n. 8.069, de 13 de julho de 1990. Dispõe sobre o Estatuto da Criança e do Adolescente e dá outras providências. *Diário Oficial [da] República Federativa do Brasil*. Brasília, DF, 16 jul. 1990.

BRASIL. Lei n. 10.406, de 10 de janeiro de 2002. Institui o Código Civil. *Diário Oficial da União*. Seção 1, Brasília, DF, ano 139, n. 8, pp. 1-74, 11 jan. 2002.

CEVERNY, C. M. O. *Família e filhos no divórcio*. São Paulo: Casa do Psicólogo, 2006.

FIORELLI, J. O.; MANGINI, R. C. R. *Psicologia jurídica*. São Paulo: Ed. Atlas S.A, 2009.

16

AS MUDANÇAS PROMOVIDAS NO LAR APÓS A CHEGADA DE UMA CRIANÇA

As necessidades de compreender as mudanças promovidas no lar após os filhos trazem reflexões pertinentes. Serão abordados assuntos como *burnout* parental, rede de apoio e autocuidado. Ser pai e mãe é gratificante, mas também desafiador, é um exercício constante que requer aprimoramento. Compreender essa fase tão linda, é saber olhar para si e identificar os próprios limites. Mudanças sempre geram inseguranças e readaptações se fazem necessárias. Discutiremos a importância do quanto se olhar primeiro é fundamental, para que o novo ganhe espaço e as reorganizações sejam feitas sem culpa e de uma forma leve.

LARISSA SANTOS AMARAL RODRIGUES

Larissa Santos Amaral Rodrigues
CRP 04/38211

Contatos
larissa.amaralpsi@hotmail.com
Instagram: @psicologalarissaamaral
@lacoscomafetos
37 98828 5420

Casada, mamãe da princesa Lívia, de 6 anos, apaixonada pela vida e pela maternidade. Acredita em uma maternidade/paternidade mais leve, em que o olhar para si se faz necessário. Psicóloga clínica, atuando com crianças, adolescentes, adultos e orientação parental. Especialista em TCC (terapia cognitivo-comportamental), formação em TCC na Infância e Adolescência, educadora parental pela PDA (EUA) em Disciplina Positiva e atuação em Parentalidade Consciente. Pós-graduanda em Orientação Familiar e Educação Parental. Atuação em grupos de pais e crianças. Sócia-diretora do Laços com Afeto, criação e grupo de recursos terapêuticos para profissionais da psicologia, pedagogia e áreas afins.

Em linhas gerais, toda chegada de uma criança na família vem acompanhada de várias mudanças e as adaptações são necessárias em todos os aspectos.

Os adultos envolvidos precisam passar por reajustes emocionais e comportamentais.

Tendo em vista que cada um traz consigo sua história, suas crenças, seus desafios, alegrias, angústias e medos, em meio a chegada de uma criança, o olhar para si se torna fundamental.

Uma gravidez implica mudanças, além de físicas na mãe, emocionais. Mudanças no pai e nos outros familiares precisam ser levadas também em consideração.

A gestação é uma fase que traz consigo inseguranças e na vida da mãe isso tende a ser maior, porque, além dos impactos emocionais, o corpo também sofre alterações. Porém os impactos no pai e nos outros familiares precisam também ser levados em consideração. Sendo assim, adaptações se fazem necessárias em todo ambiente familiar.

Todas essas mudanças podem gerar ansiedade e à medida que a gestação cresce, os desafios também crescem. Do início ao fim, lidar com questões hormonais, com as mudanças promovidas pela própria gestação são essenciais.

No início da gestação, emoções como medo, insegurança, ansiedade, irritabilidade se tornam mais evidentes. Já a partir do terceiro mês, a calma se faz mais presente. No quarto mês, esquecimentos e maior dificuldade para se concentrar acontecem. No quinto e sexto meses, oscilam entre a irritabilidade e calma. A partir do sétimo mês, ansiedade com relação ao parto e à chegada do bebê ficam mais evidentes.

Na vida do pai também não é diferente, medo e insegurança pela nova responsabilidade que está por vir se fazem presentes além da tentativa de compreensão com a mãe.

O processo gravídico não é apenas mais uma das fases vivenciadas ao longo da vida, é um momento tão importante para a mulher porque ela passa a ser responsável também por mais uma vida que chegará e será totalmente dependente dela.

Portanto todos os aspectos citados são importantes e devem ser levados em consideração. Não falamos de mudanças físicas somente, mas mudanças de pensamentos, emocionais, sociais e até mesmo profissionais.

A família passa por esses processos de adaptações não somente com a chegada de um bebê; a chegada da criança em qualquer idade traz consigo readaptações.

O processo de uma gestação pode ser desejado e/ou planejado, mas se pensarmos no processo de adoção, ele envolve outras angústias, como a espera na fila de adoção, que pode demorar anos, porém o desejo está presente e os impactos e as transformações acontecem desde então.

Neste último, quantos sentimentos e idealizações são geradas e quantas informações e processos devem ser buscados. Diante de tudo que é desejado, idealizado, enraizado, se faz necessário trabalhar a aceitação e a resiliência. Aceitar a maternidade/paternidade possível e aprender a lidar com todas as transformações inerentes à gravidez ou ao processo de espera e lidar também com as mudanças pós-chegada do bebê/criança.

Existem expectativas e idealizações diante desses dois processos que nem sempre serão cumpridas. Adequar expectativas às possibilidades colabora para uma organização emocional.

A chegada de uma criança traz consigo muitas alegrias, desafios, mas também um grande cansaço. Não é necessário chegar ao ápice do cansaço para olhar para si. O autocuidado é uma questão de necessidade básica.

A imagem da mulher que dá conta, desde a gravidez, parto, puerpério e em todas as outras nuances da sua vida ainda é tão comum que por muitas vezes ela continua nesse lugar e se esgota.

No curta-metragem *Mother*, percebe-se uma realidade não tão incomum, uma mãe que "dá conta", cuida da casa, das roupas, dos filhos, sem nenhuma ajuda e que se sobrecarrega.

Este curta nos faz refletir sobre papéis – cada um dentro da sua configuração precisa ter o seu. Outra reflexão possível é sobre a importância de se ter uma rede de apoio. Reconhecer os próprios limites e cuidar de si, algo que com filhos parece ficar em último plano e que, muitas vezes, quando acontece, vem acompanhado de culpa.

A partir dessas considerações, venho destacar algo que tem acontecido de forma frequente: síndrome de *burnout,* uma síndrome que manifesta a partir do extremo esgotamento mental e físico devido ao acúmulo de trabalho. Ao pensar em *burnout,* pensa-se, na maioria das vezes, em trabalho remunerado. No entanto pais e mães podem se sentir esgotados principalmente quando não se tem rede de apoio. A partir disso, fala-se hoje em *burnout* parental – sobrecarga que traz consigo este esgotamento extremo que pode provocar vários sintomas.

Quando o estresse é contínuo, pode fazer com que a pessoa se irrite com mais facilidade e perca a motivação pela sua tarefa. Alguns casos podem estar associados à depressão. Para realizar o diagnóstico correto, é necessário descartar esse quadro.

Vamos a alguns sintomas do quadro de *burnout* parental:

- irritabilidade;
- fuga dos problemas;
- apatia;
- distanciamento emocional dos filhos;
- perda de motivação;
- cobranças excessivas;
- culpa;
- sentimento de ineficiência;
- pensamentos negativos frequentes;
- vontade de desistir;
- vivência da parentalidade como algo muito pesado.

Após identificação do quadro, outras medidas se fazem necessárias:

- **autocuidado:** é uma necessidade básica, não é considerado luxo. Por ter essa conotação, muitas vezes faz com que as mulheres se sintam culpadas por estarem se cuidando;
- **ter uma rede de apoio estruturada e funcional:** é necessário ter pessoas com quem você possa compartilhar os momentos e que auxilie nos cuidados em momentos específicos;
- **ajuste de rotina:** faça o que é possível. Você não precisa fazer tudo em um único dia. Priorize e enumere as tarefas do seu dia;
- **delegar atividades:** deixe as pessoas à sua volta assumirem seus papéis. Se cada um contribuir, a sobrecarga tende a diminuir. Avalie se você não tem pessoas para te auxiliar ou se você está assumindo funções suas e dos outros;
- **se necessário, busque ajuda profissional:** em alguns casos, a terapia medicamentosa se fará necessária, paralelo à psicoterapia para auxiliar na reorganização interna e externa.

"O que eu vou ser quando meu filho crescer?", um comercial de TV no qual mostram várias mães refletindo sobre o que serão quando os filhos crescerem. Todas, sem exceção se pegam pensativas. Por que essa pergunta soa tão estranha? Como algo tão distante de nós?

A maioria dos pais, principalmente as mães, se doa 100% para os filhos e se esquecem de si mesmos, de olhar para o que gostam, de se organizar e vivenciar outros papéis que não seja somente a maternidade e, muitas vezes, perdem suas identidades.

É claro que a chegada de um filho exige, sim, mudanças e ceder se faz necessário, porém aos poucos o "eu mulher", "eu homem" precisa reaparecer, por você e pelos filhos. Pais felizes criam filhos felizes.

Deseja-se, enquanto pais e mães, tantas coisas para os filhos, mas esquecem que eles próprios são os primeiros exemplos.

Contar com uma rede de apoio é fundamental e essencial para uma vida saudável e, como consequência, para se ter leveza na maternidade/paternidade.

As relações sociais e familiares permeiam a vida do ser humano desde sempre e essas relações bem estruturadas podem servir como apoio em momentos de mudanças, de crises e em momentos felizes. Segundo Brito e Koller (1999), rede de apoio social é um "conjunto de sistemas e de pessoas significativas que compõem os elos de relacionamento recebidos e percebidos do indivíduo".

A funcionalidade da família é outro aspecto essencial, porque pai e mãe que já estão vivenciando um momento difícil com a chegada de uma criança precisam ter o apoio de alguém que esteja organizado para oferecer essa ajuda.

Pode-se dizer, então, que a rede de apoio é aquela que oferece suporte, entendendo que, o casal, precisam de um tempo para si e que isso não é luxo, é algo necessário e saudável que influenciará de forma positiva para todos que estão vivendo a readaptação.

A rede de apoio não precisa ser criada somente quando o bebê ou a criança chega, ela pode e deve ser estabelecida ao longo da vida, com confiança, amizade, conexão.

Outra coisa importante que contribui de forma positiva para esse momento de readaptações é estabelecer uma rotina. A rotina serve para transformar um hábito em algo automático e auxilia no estabelecimento de prioridades. Em meio a um cansaço mental e falta de tempo, ela vai auxiliar na organização e evitar que, em meio a tantos afazeres, tudo fique perdido.

Quando falamos de rotina, não estamos falando em algo rígido, mas algo possível no momento para cada um. Não é dar conta de tudo. Por isso estabelecer limites, priorizar tarefas, pedir ajuda é fundamental e necessário para passar pelas adaptações e readaptações.

Muitas mamães e papais desejam fazer o melhor, mas com isso acabam não aceitando ajuda.

Todos têm o direito natural do cansaço, de vivenciar desafios, enfrentar momentos críticos, solicitar ajuda, mas por outro lado reconhecer o feito, o possível é fundamental e necessário para o bem-estar.

Cada um sabe do seu limite, tem suas qualidades e singularidades. É isso que nos permite viver a maternidade/paternidade e o maternar/paternar de forma leve. O que eu posso fazer dentro do que eu consigo? Essa é a reflexão que deixo.

É cuidando das raízes que as árvores darão bons frutos. A base precisa estar fortalecida para florescer.

Orientações aos pais

- Olhe para você e reconheça seus limites.
- Quem você queria ser quando se tornasse mãe e pai? E quando se tornou, o que deixou de ser? Reflita sobre suas expectativas e mudanças.
- Defina prioridades sem culpa. Isso fará com que você consiga alcançar seus objetivos de forma mais assertiva.
- Tenha uma qualidade de tempo. Tempo de qualidade é o momento que exclusivamente voltamos nossa atenção para algo ou alguém. Investir esse tempo em você trará leveza.

Valide as suas emoções. Acolha o que está sentindo, nomeie e, se necessário, se ausente e peça ajuda, por isso a importância de ter uma rede de apoio. Reflita sobre o texto *Se pudesse viver novamente minha vida*, de Nadime Stair:

> Gostaria de cometer mais erros da próxima vez. Relaxaria mais, seria menos perfeita. Seria mais boba do que tenho sido nessa viagem. Levaria muito poucas coisas a sério. Correria mais riscos. Escalaria mais montanhas e nadaria em mais rios. Comeria mais doces e menos feijão. Quem sabe teria mais problemas reais e menos imaginários. Na verdade sou uma dessas pessoas que vivem sensata e sadiamente, hora após hora, dia após dia. Tenho tido bons momentos e, se tivesse outra vida para viver, eu os teria mais. De fato trataria de ter somente bons momentos. Só momentos um atrás do outro em vez de viver pensando nos anos vindouros. Tenho sido uma dessas pessoas que não vão a lugar nenhum sem um termômetro, uma bolsa de água quente, uma capa de chuva e

um paraquedas. Se pudesse viver outra vez, viajaria mais leve. Se pudesse viver novamente, começaria a andar descalça no início da primavera e continuaria assim até o outono. Iria a mais festas; subiria mais vezes num carrossel; colheria mais margaridas.

Este texto nos faz refletir sobre a leveza, sobre o viver o aqui e agora, sobre olhar para si e fazer o que se gosta.

E você, se pudesse viver diferente, o que faria? Já parou para pensar nisso? A vida é hoje. O que gostaria de fazer que ainda não tem feito?

"[...] plante seu jardim e decore sua alma ao invés de esperar que alguém lhe traga flores" (WILLIAM SHAKESPEARE).

Superdica

Ser consciente da nossa própria história, olhar para nós mesmos e buscar o bem-estar é o maior presente que podemos oferecer aos nossos filhos.

Referências

PAULA, A. J.; CONDELES, P. C.; MORENO, A. L.; FERREIRA, M. B. G.; FONSECA, L. M. M.; RUIZ, M. T. Parental Burnout: a scoping Review. *Rev Brás Enferm*, 2022.75(suppl 3): e 20210203. Disponível em: <htpps:// foi.org/10.1590/0034-7167-2021-0203>. Acesso em: 26 abr. de 2022.

PIO, D. A. M.; CAPEL, M. da S. Os significados do cuidado na gestação. *Rev. Psicol. Saúde, Campo Grande*, v.7, n.1, o, 74-81, jun.2015.

RAPOPORT, A.; PICCININI, C. A. Apoio Social e experiência da maternidade. *Rev. Bras. Crescimento desenvolvimento humano* São Paulo, v.16, n.1, p.85-96, abr. 2006.

VILARINHO, T. *Mãe fora da caixa*. São Paulo: Buzz.

17

MEU FILHO AINDA NÃO LÊ. DEVO ME PREOCUPAR? O QUE FAZER PARA AJUDAR?

Neste capítulo, apresento, de modo resumido, o processo de aprendizagem da linguagem escrita e como pais e educadores podem auxiliar por meio atividades, jogos e brincadeiras.

LÍCIA VERÍSSIMO SERACENI SHIRASSU

Lícia Veríssimo Seraceni Shirassu
CRFa 2-7912

Contatos
liciavss@gmail.com
Instagram: @liciaverissimo

Mestre em Fonoaudiologia pela PUC-SP. Desde 2003, atuando com crianças que apresentam distúrbios no desenvolvimento da linguagem oral e escrita e alterações no processamento auditivo central. Em 2019, iniciou trabalho como fonoaudióloga educacional junto à equipe de atenção à diversidade de um colégio particular em São Paulo, oferecendo opções de ensino/aprendizagem pautadas em evidências científicas e nos princípios do Desenho Universal para Aprendizagem – DUA.

Geralmente, é por volta dos 5 ou 6 anos que as escolas começam a apresentar as primeiras relações entre letra e som, solicitando que os alunos registrem suas primeiras hipóteses sobre o sistema alfabético. Algumas crianças rapidamente compreendem esse sistema, enquanto outras levam mais tempo, um processo normal e esperado dentro do contexto escolar.

Mesmo assim, é muito comum encontrar pais preocupados com o desempenho na aprendizagem da leitura e escrita de seu filho quando o comparam com outras crianças do mesmo grupo. Passam, então, a refletir sobre esse processo e a questionar se há algo de errado, considerando a existência de patologias e/ou ainda a necessidade de tratamento terapêutico e medicamentoso para suprir eventuais "falhas".

Afinal, quanto tempo leva para uma criança aprender a ler e escrever? Quais outros aspectos estão subjacentes a esse processo?

Antes de mais nada, precisamos considerar que para ocorrer a aprendizagem é preciso que haja desejo, percepção, reflexão, armazenamento, recordação, memória operacional, flexibilidade cognitiva e controle inibitório. Coordenar e utilizar todas essas habilidades requer maturidade, tempo e repetição.

Aprender a ler e a escrever envolve a construção do conhecimento de um sistema de representação gráfica que se apoia na linguagem, composto por palavras, sílabas, letras e sons por elas representados.

Para entender como aprendemos a ler e escrever, é preciso considerar as bases neurológicas que sustentam essa habilidade. O cérebro humano possui circuitos corticais utilizados para o processamento da visão e da linguagem que foram, ao longo de milhares de anos, "adaptados" para o funcionamento da escrita. O pesquisador Stanislas Dehaene, em seu livro *Os neurônios da leitura: como a ciência explica nossa capacidade de ler*, identifica e descreve as áreas cerebrais responsáveis pelas operações mentais dessa peculiar habilidade humana.

Sua pesquisa revela um funcionamento específico e elaborado que demanda o recrutamento de vias neurais pertencentes às regiões occipital, temporal, parietal e frontal do cérebro. É preciso muita organização, memória e repetição para que essas vias se especializem e se constituam num circuito neural robusto e eficiente no processamento da leitura fluente.

Nas palavras de Consenza e Guerra (2011), a linguagem escrita precisa ser ensinada, sua aprendizagem modifica permanentemente o cérebro, fazendo com que ele reaja de forma diferente não só aos estímulos linguísticos visuais, mas também na forma como processa a própria linguagem falada.

Nos estudos da psicóloga Uta Frith (1985), o processo de aprendizagem da leitura passa por três grandes etapas: logográfica, fonológica e ortográfica. A primeira etapa, ocorre ao redor dos 5 anos de idade quando a criança identifica palavras, assim como identifica rostos e símbolos. Devido a uma exposição constante, reconhece visualmente as palavras por meio do formato, cor e tamanho, realizando uma pseudoleitura, por exemplo, na identificação das marcas publicitárias: Lego, OMO e Coca-Cola. São "leituras" guiadas pela constância visual e memorização, ou seja, se escrevermos as mesmas palavras, porém utilizando outra fonte de letra, a criança será incapaz de decodificar, de estabelecer uma relação entre letra e som do que está escrito.

Na segunda fase, a fonológica, começa a tomada de consciência da relação fonema/grafema. Na escola, as crianças são ensinadas a identificar letras e atribuir-lhes um som, fazendo as primeiras relações da consciência fonêmica que sustentarão a alfabetização. Um processo lento, que se inicia com sílabas simples (p. ex: pa, ma, da...), passando para as mais complexas (p. ex., pla, cra, lha,...), chegando até as letras com diferentes sons devido à irregularidade ortográfica (p. ex., os diferentes sons da letra x nas palavras, xícara, exame, excelente e táxi).

As crianças que alcançarem esse grau de consciência estarão na terceira etapa da aprendizagem da leitura – a ortográfica. Elas passam a decodificar com velocidade as palavras, sem necessidade de estabelecer uma relação um a um entre fonema e grafema, fechando rapidamente no seu significado.

O tempo que cada criança passa nessa etapa da alfabetização está relacionado à capacidade de prestar atenção, manter-se focado, manipular as informações recebidas e, então, armazená-las permanentemente na memória.

Segundo Capovilla e Capovilla (2000), para que ocorra o desenvolvimento e a aquisição da leitura, é necessário que haja integração entre o processamento visual, o processamento auditivo, a ativação da memória de trabalho e o acesso ao léxico mental (vocabulário). Além disso, a análise das partes que compõem a palavra, realizada pela memória fonológica de trabalho e especialmente a consciência fonológica, será determinante para o sucesso da alfabetização.

Para o desenvolvimento da habilidade de consciência fonológica, é importante proporcionar atividades de fragmentação e manipulação oral dos seguimentos da fala, ou seja, atividades que desenvolvam a capacidade de pensar de forma consciente sobre os sons da fala e suas combinações, tais como:

- separar as palavras em sílabas;
- contar as sílabas das palavras;
- identificar entre duas palavras qual é a maior;
- produzir (dizer) uma palavra maior que outra;
- identificar palavras que começam com determinada sílaba;
- produzir (dizer) uma palavra que começa com a mesma sílaba que outra;
- identificar palavras que rimam;
- produzir (dizer) uma palavra que rima com outra;
- identificar palavras que começam com determinado fonema;
- produzir (dizer) uma palavra que começa com o mesmo fonema que outra;
- identificar uma palavra dentro de outra (MORAIS, 2020).

Desenvolver a habilidade de ler e escrever é um processo lento, difícil e construído paulatinamente por meio de atividades que proporcionam refletir sob diferentes ângulos as relações entre as palavras faladas e suas representações gráficas.

Por volta dos 6 anos, completa-se a primeira fase do desenvolvimento das estruturas cerebrais, o ciclo de alfabetização. De acordo com o nosso sistema de ensino, tem início no 1º ano do Ensino Fundamental.

As escolas, com suas diferentes metodologias, ofertam práticas que propiciam às crianças as primeiras experiências com o código da escrita alfabética. São 26 letras, com nomes e sons distintos que, ao se unirem, em alguns casos, produzem outros sons e que, dependendo da palavra, deixam de ter o som original e assumem o de outra letra. Complicado, não?

Veja se a tabela a seguir deixa mais claro.

Letra	Nome	Som	Palavra
A	A	/a/	amor
O	O	/o/	ovo
O	O	/ó/	moto
G	ge	/ʒ/	gelo
G	ge	/g/	gato
C	ce	/k/	casa
X	xis	/z/	exame

As vogais apresentam uma relação mais direta entre nome e som, porém as letras como C, G, X, R e S nem sempre obedecem a essa regra, sem contar os dígrafos como ch, lh, nh, que precisam de duas letras para formar outro som, causando muita confusão nos aprendizes.

Posso dizer que as crianças em processo de alfabetização estão a todo momento buscando estabelecer uma relação entre som e símbolo gráfico e ficam muito suscetíveis com pequenas mudanças nessa relação. Percebem que palavras como fada, faca e fala começam com o mesmo som /f/, porém ficam inseguras se as palavras forem foto, fera ou fila. A simples mudança da vogal pode levar a uma diferença na percepção sonora e, consequentemente, a uma quebra na relação som/letra, gerando insegurança e confusão. Por isso, é tão importante ensinar a pensar sobre o funcionamento da escrita de modo organizado e sistemático, tendo por suporte a consciência fonológica e a relação fonema/grafema.

Ainda assim, algumas crianças apresentam dificuldades que podem ser decorrentes:

- Alterações na fala (trocas, substituições ou omissões de fonemas).
- Frequentes infecções do trato respiratório superior (rinite, sinusite, otite, resfriados...).
- Hereditariedade (pais ou parentes próximos).
- Insegurança emocional.
- Outras alterações orgânicas e metabólicas (dislexia, disortografia, discalculia, TDAH, transtorno no desenvolvimento da linguagem, Síndromes etc.).

Elas precisam ser avaliadas para receberem o tratamento adequado, com as adaptações necessárias para sua aprendizagem. Independente do diagnóstico,

162 | Orientação familiar

é preciso estabelecer um diálogo entre familiares, escola e terapeutas para que todos tenham as mesmas condutas.

Aos familiares, posso dizer que com acolhimento, orientações, persistência, estratégias e estímulos todos aprendem.

Apostar na estimulação da linguagem e na consciência sobre o que dizemos e como dizemos é um campo grande de exploração e preparação para se fazer um bom processo de alfabetização.

Pensando nisso, sugiro algumas atividades para serem desenvolvidas por meio de jogos e brincadeiras que estimulam a capacidade de ouvir, falar e executar uma ação perante um estímulo.

Orientações aos pais

Ao pensar sobre as brincadeiras, me deparei com a preocupação de informar em qual faixa etária elas melhor se adequam, porém preferi não estabelecer essa relação, por correr o risco de limitar o seu uso. Assim, sugiro que pensem nas brincadeiras como inspirações ou ideias que poderão ser adaptadas a qualquer faixa etária.

Por que falamos que ouvir histórias é tão importante?

Os livros de história são uma fonte rica de estimulação e para essa fase sugiro que utilizem livros com histórias curtas, com pouca ou nenhuma ilustração. A riqueza de ouvir uma história está na oferta de informações, dados e detalhes que possibilitam a criação de cenários, personagens, movimentos, falas e emoções, dentro do imaginário de cada criança. Nesse momento em que o mundo está cheio de telas com imagens prontas e ilustrações, a oferta de dados auditivos fica perdida perante os estímulos visuais. As crianças se acostumam a receber a informação pronta, determinada por uma ilustração, ou seja, criada pelo imaginário do ilustrador. Perdem a oportunidade de exercitarem a própria criação do personagem a partir dos seus conhecimentos, recebendo um padrão preestabelecido. Perdem também a oportunidade de exercitar a memória para uma sequência de fatos, além da oportunidade de aumentar o vocabulário, aprendendo, por exemplo, que cachinho dourado não é somente o nome de uma personagem, mas a característica de uma cor e tipo de cabelo.

Na minha observação pessoal, posso dizer que é comum encontrar crianças que, quando solicitadas a contarem ou descreverem um fato, não encontram palavras ou não organizam uma sequência coerente e linear dos acontecimentos. Descrevem fatos por meio de gestos, utilizam de modo excessivo palavras como: coisa, negócio, treco... São habilidades que mais tarde faltarão na composição de um texto ou no seu entendimento, na manutenção do foco para explicações ou para as leituras mais extensas.

Ao ouvir histórias, a criança entra em contato com um repertório de palavras, frases e sequências textuais, ou seja, de estruturas semânticas e sintáticas, que são armazenadas na memória e alimentam o desenvolvimento da linguagem oral e escrita.

Lembre-se de que mais importante do que mostrar um livro de histórias é contá-las.

Penso que um bom momento pode ser quando as crianças estão no carro. Em vez de *tablets* ou celulares, ouçam as histórias ofertadas gratuitamente em *podcasts* e aplicativos de música. Ao final da história, faça comentários que permitam elaborar os sentimentos, a moral ou até outra ideia para solucionar o problema proposto pela história.

Ao proporcionarmos conversas sobre a história que acabou de ouvir, ofertamos um espaço de elaboração das ideias e fatos ocorridos, em que é possível observarmos qual foi o entendimento da criança sobre o texto, o quanto ela conseguiu absorver da história e se é necessário ouvir mais uma vez.

Brinque de inventar adivinhas

As crianças adoram brincar de adivinhar coisas, aproveite e estimule a linguagem utilizando essas brincadeiras.

Ao fazer isso, estamos estimulando:

• Atenção sustentada: a criança precisa manter o foco nas informações apresentadas.
• Memória: manter as informações recebidas para poder restringir sua busca.
• Vocabulário/novos conceitos: falar sobre as características diversas dos animais como local onde vivem, cobertura corporal, alimentação, tamanho etc.
• Modelo de organização das informações: ao repetir sempre a mesma sequência de informações que vão do geral para o particular (onde vive até o que come), permite estabelecer um padrão de organização que poderá ser utilizado em outros contextos associados à aprendizagem.

Falar parlendas

As parlendas são pequenos textos com ritmo e rimas. Estimulam o desenvolvimento da memória, do ritmo e das primeiras percepções de rima.

Para crianças que ainda não conhecem, podem ser utilizadas em diversos contextos que permitam a marcação do ritmo, como ao caminhar, ao subir escadas, batendo palmas ou batendo em uma bexiga.

Para crianças que já memorizaram a parlenda, marcar o ritmo com alternância de turno entre duas ou mais pessoas.

Contar pequenas histórias

As crianças são convidadas para contar oralmente uma história, de modo que cada uma acrescentará um fato no curso da história até terminar.

Antes de iniciar, o adulto pode ajudar a estabelecer os personagens, o local, o que estavam fazendo, o que causou o conflito e qual a possível solução. A tarefa das crianças será, cada uma na sua vez, criar uma narrativa oral que contenha os itens previamente determinados. No final, podem fazer um desenho para ilustrar a história, criar um título e guardar em pastas para que depois de algum tempo possam checar se conseguem se lembrar da história inventada.

Quando associamos a oferta de novas informações às atividades lúdicas, estamos propiciando a formação de memórias prazerosas que motivarão o processo de aprendizagem por toda a vida.

Superdica

Todos aprendem, cada um no seu tempo, mas todos aprendem.

Referências

CAPOVILLA, A. G. S.; CAPOVILLA, F. C. *Alfabetização: método fônico.* São Paulo: Mennon, 2005.

CONSENZA, R. M. *Neurociência e educação: como o cérebro aprende.* Porto Alegre: Artmed, 2011.

DEHAENE, S. *Os neurônios da leitura: como a ciência explica nossa capacidade de ler.* Porto Alegre: Penso, 2012.

MORAIS, A. G. de. *Consciência fonológica na educação infantil e no ciclo de alfabetização.* Belo Horizonte: Autêntica Editora, 2020.

18

ACOLHENDO PAIS E JOVENS NO PROCESSO DE ORIENTAÇÃO PROFISSIONAL

Insegurança, angústia, ansiedade e medo são alguns sentimentos que o processo de escolha profissional pode gerar. Se esses sentimentos não são acolhidos, eles podem atrapalhar os jovens a perceberem suas potencialidades e dificultar a conexão entre pais e filhos. É importante entender os pensamentos geradores desses sentimentos, pois, com esse entendimento, pais e filhos poderão acolher seus sentimentos. Quando ampliamos nossa consciência sobre nossos pensamentos e nossos sentimentos, somos capazes de fazer escolhas mais assertivas.

LILIAN VENDRAME FONSECA

Lilian Vendrame Fonseca
CRP 06/656755

Contatos
vendramepsicologa@gmail.com
Instagram: @psi.lilianvendrame
@clinicavendrame
19 99348 0647

Psicóloga clínica e educacional, professora e psicopedagoga. Há 14 anos atuando no atendimento de adolescentes e adultos, orientação familiar e profissional. Especialista em tratamentos para ansiedade e depressão, capacitada pela USP e Hospital Albert Einstein. Formação em Terapia Cognitivo-Comportamental e Gestalt-terapia. Qualificada para trabalhos com intervenções assistidas por animais IAAS.

O que é orientação vocacional e profissional?

Gosto de usar o termo "orientação vocacional e profissional". A palavra vocação vem do latim "vocare", que significa chamar, o chamado interno que todos temos e que nos faz especial. Na orientação vocacional, esse chamado é o passo do autoconhecimento. A palavra profissional sugere nossos interesses, habilidades e aptidões. Na orientação, o adolescente pode desenvolver conhecimento sobre si próprio e as profissões, o que o guia para uma escolha consciente.

É importante esclarecer que o processo de orientação vocacional e profissional não escolhe para o orientando e não define 100% o caminho que o jovem seguirá em sua vida. A proposta é trabalhar atividades que promovam a autodescoberta, pois somos indivíduos com muitas potencialidades e podemos desenvolvê-las ao longo do tempo ou até mesmo descobrir outras que não conseguíamos enxergar antes. Nossa vida não é estática, somos seres em construção e nossas carreiras também.

Como é feito o processo?

O processo pode ser feito em grupos ou individualmente. Na escola e clínica, costumo trabalhar das duas formas, mas percebo que a maioria dos adolescentes prefere o trabalho individual – eles dizem se sentirem mais confortáveis para falarem de si mesmos. Nas idades de 14 anos a 17 anos, existe o medo do julgamento e a exclusão, então sinto nos trabalhos em grupo que eles se expressam, porém nos encontros individuais são mais produtivos. É interessante mesclar encontros em grupos e individuais; desse modo, o jovem pode ter sua privacidade para se expressar e, em grupos, a oportunidade de ouvir o outro e trabalhar suas habilidades sociais. É importante mencionar que cada profissional segue a forma que acredita ser mais eficiente.

Dentro do processo, costumo usar questionários para trazer reflexões e organizar o raciocínio também jogos, dinâmicas, metáforas, leitura de livros, pesquisas na internet, uso de aplicativos, entrevistas com profissionais, pesquisas da grade curricular dos cursos de graduação, universidades e notas de corte. É fundamental uma boa conexão com o orientando. Quanto mais conectados, melhor o processo. Como se conectar? Escutar o jovem, buscar compreender seus pensamentos, seus medos e inseguranças e observar o que faz sentido para ele. Os jovens, quando chegam ao ensino médio, se deparam com muitas informações novas e decisões a serem tomadas. Uma das decisões mais difíceis para alguns jovens é a escolha da profissão.

Relacionando a orientação vocacional com *Alice no país das maravilhas*

Vocês conhecem ou se lembram da história de Alice no país das maravilhas? Vou fazer um resumo e depois uma analogia com o processo de orientação. Escrita por Lewis Carroll, em 1865, conta a história de Alice, uma menina curiosa que segue um Coelho Branco de colete e relógio, mergulhando sem pensar na sua toca. A protagonista é projetada para um novo mundo, repleto de animais e objetos antropomórficos, que falam e se comportam como seres humanos.

No país das maravilhas, Alice se transforma interiormente, vive aventuras e é confrontada com o absurdo, o impossível, questionando tudo o que aprendeu até ali.

Ela participa de um julgamento sem sentido e é condenada à morte pela Rainha de Copas, tirana que mandava cortar a cabeça de todos que a incomodavam. Quando é atacada pelos soldados da Rainha, Alice acorda, descobrindo que toda a viagem se tratou de um sonho.

Podemos fazer as seguintes analogias:

• Alice é uma menina inteligente e observadora, que embarca em uma viagem para o país das maravilhas, um mundo onde tudo parece ser diferente daquilo que ela conhece. A protagonista simboliza o adolescente com sua curiosidade e imaginação. O país das maravilhas representa os sonhos de carreira e futuro.

• O coelho branco que passa pelo jardim é o elemento que desperta a atenção da menina. Vestindo um colete e usando um relógio de bolso, corre porque está atrasado. Alice decide ir atrás dele. O coelho, sempre aflito e correndo, representa a passagem inevitável do tempo. A sensação de aceleração e pressa para a escolha se assemelham ao coelho.

• A toca do coelho é o processo de autoconhecimento.

- A Rainha de Copas é a autoridade máxima do país, aterrorizando todos os personagens e forçando-os a obedecer a todas as suas ordens e satisfazer os seus caprichos. A Rainha de Copas representa nossos pensamentos, medos, inseguranças e autocrítica.

Orientações aos pais

O trabalho de orientação vocacional e profissional também abrange os pais, pois, para eles, o processo de escolha profissional do filho pode gerar ansiedade e angústia. A adolescência é um período de mudanças e gera desafios, assim, ser pais de adolescentes também é uma fase de novidades e inseguranças de como lidar com muitas situações novas. Percebo que alguns pais com muitas expectativas desejam que seu filho faça a sua escolha profissional logo no 1º Ensino Médio, gerando grande ansiedade e cobrança nos filhos. Qual é o momento certo para a escolha?

Cada pessoa tem seu próprio tempo. É importante lembrar que o adolescente está em desenvolvimento e, nos três anos de ensino médio, ocorrem muitas mudanças, tais como: físicas, hormonais, psíquicas, sociais e novas experiências. O adolescente sente que não é mais criança, mas também não é um adulto, é uma fase de assimilação, conturbação, desenvolvimento de autonomia e experimentação.

A fase do ensino médio é de identificação com o grupo de iguais e busca de um lugar na sociedade. Os adolescentes podem se afastar dos pais e preferir os amigos. Muitas vezes para fazer parte do grupo, o adolescente quer escolher a mesma profissão que seus amigos, alguns até combinam de prestar a mesma faculdade, escolher a mesma cidade e dividir a moradia. Esse distanciamento pode gerar várias inseguranças nos pais, dúvidas, medos, expectativas, angústias e ansiedades. Se vocês, pai e mãe, estão percebendo isso, acalmem seus corações. Esse momento faz parte do processo do desenvolvimento.

Vamos pensar em vocês como pais

Relembre como foram suas experiências na fase de escolha profissional, suas dúvidas, medo do futuro, inseguranças. Lembre-se de quem te auxiliou nessa busca. Como foi esse momento para vocês. Conscientizem-se dos seus pensamentos, crenças e as emoções que eles podem gerar em vocês.

Alguns pensamentos relacionados às comparações com outras famílias são inevitáveis, portanto vale questioná-los:

- Você tem comparado seu filho com outra pessoa?
- Você tem se comparado com outros pais?
- Essas comparações ajudam no processo de escolha ou atrapalham?
- Quais sentimentos essas comparações geram em vocês, pais, e em seus filhos?
- Seu Coelho Branco está querendo acelerar o processo de escolha profissional do seu filho? Se sim, por que essa pressa?
- Como está se comportando a sua Rainha de Copas interna?
- Como você está acompanhando sua Alice (filho/filha) nesse processo de autoconhecimento?

Nos meus 14 anos de experiência em orientação, ouvi frases como:

- "Meu filho precisa escolher a carreira logo no primeiro ano do ensino médio, assim ele vai estudar mais."
- "Temos uma empresa familiar e meu filho tem de seguir com ela, fiz tanto e, no futuro, alguém terá que cuidar."
- "Filho, você precisa escolher uma profissão que dá dinheiro."
- "Essa profissão que você disse não vai dar futuro."
- "A orientação vocacional serve para que o profissional ache uma profissão para o meu filho."
- "Você (orientador) precisa mostrar a profissão certa para o meu filho."
- "Meu filho está muito perdido, isso não é normal."
- "Meu filho é tão quietinho, se ele não ficar extrovertido não vai ter sucesso profissional."
- "Ah! Já tem muitos profissionais nessa área, você vai ter muita dificuldade de encontrar emprego."
- "Tenho medo de meu filho ficar desempregado, tenho que fazer algo por ele agora."
- "Como vai ser ele morar em outra cidade? Ele não vai dar conta sozinho."
- "Ele vai escolher sozinho, eu não vou falar nada."
- "Ah! Na minha época..."

E, vocês, já pensaram ou falaram dessa forma?

Isso é compreensível, porque os pais querem o melhor para os filhos. No entanto a questão é: esses pensamentos ou essas falas contribuem para seu filho e para você?

Muitos pais se sentem responsáveis pelas escolhas e sucesso do filho, como se isso estivesse relacionado ao papel de bom pai e boa mãe. Pais, lembrem-se de que o que seu filho vai se tornar não é como uma nota de você como pai ou mãe. Olhem com carinho para si mesmos, procurem entender suas

172 | Orientação familiar

necessidades e seus medos. Quando vocês se acolhem emocionalmente e desenvolvem seu autoconhecimento, conseguem se respeitar mais e contribuir com seu filho para que ele faça a própria escolha.

O autoconhecimento dos pais, o direcionamento para seus medos, ansiedades e inseguranças auxiliam a estarem conectados e respeitar as escolhas dos filhos. Ao perceber quais são as próprias necessidades, os pais podem fazem escolhas com os filhos e não para ou pelos filhos. Então, pais respondam:

- Você já entrou na toca do Coelho para refletir sobre suas falas para seus filhos?
- O que eu espero do meu filho?
- Como eu me sinto quando vejo meu filho indeciso?
- O que eu espero de mim como pai e mãe nessa fase?
- Como eu posso ajudar?

Olhando para si mesmos podem descobrir as próprias potencialidades e estas podem contribuir positivamente nas escolhas do seu filho. O processo de diálogo, reflexão, acolhimento, compreensão e respeito traz as decisões com mais tranquilidade e segurança. Se vocês, pais, estiverem tranquilos, poderão ajudar seus filhos a entenderem que escolhas não são únicas e verdadeiras, que, apesar da pressão do mundo, ele pode contar com uma família acolhedora e empática.

Orientações aos adolescentes

"Ah! Não é fácil ser adolescente". Começo este parágrafo com uma frase comum entre alguns adolescentes. Muitos chegam ao ensino médio com muitas inseguranças e medos. Eles estão em busca de serem aceitos e queridos, têm muito medo do julgamento das pessoas, dúvidas sobre quem são, já que não são mais crianças e ainda não são adultos. Nesse momento, entra o Coelho Branco na vida deles, dizendo: "Vamos, você está atrasado! Precisa escolher!". Sentem-se ansiosos e pressionados e com a angústia de futuro. É importante tomar cuidado com essa angústia de correr sem saber para onde está indo. Quando o jovem segue sem o auxílio da orientação, ele pode se sentir ainda mais ansioso, pois não tem autoconhecimento suficiente para seguir adiante na sua toca do Coelho e em seus sonhos no país da maravilhas. A orientação faz com que ele possa esclarecer dúvidas, elaborar angústias e olhe para essa fase da vida com várias perspectivas.

Nesses anos acompanhando os jovens, percebo muitos introjetos dentro dos pensamentos deles. Introjetos são frases que costumamos ouvir e que muitas vezes não nos damos conta que não são nossas, e podem virar crenças limitantes e regras que causam ansiedade e não permitem o jovem olhar com clareza para a sua escolha. Algumas frases, vou listar aqui:

- "Estudei em escola particular a vida toda e o mínimo que tenho que fazer é passar em uma faculdade pública no final do terceiro."
- "Nunca vou passar, fiz o Enem no primeiro ano do ensino médio e não passei, isso quer dizer que não vou passar."
- "Minhas notas nos simulados estão baixas, não vou passar."
- "Não sou suficientemente bom."
- "Meus amigos são melhores que eu."
- "Preciso passar em uma faculdade renomada, senão nunca vou ter trabalho."
- "Se eu fizer o curso/a graduação que quero, não vou ganhar dinheiro."
- "Se eu não passar, os anos de estudo não valeram nada."
- "Não sou bom suficiente no contato com pessoas, não vou ter sucesso."
- "Se eu precisar fazer cursinho, sou um fracasso."
- "Fulano passou em Medicina em uma faculdade renomada no final do terceiro; se eu não passar, sou um fracasso."
- "Todos são melhores que eu."
- "Olha a vida de fulano, ele sim é feliz."
- "Sou uma decepção."
- "Não vou conseguir um bom trabalho."
- "Não consigo estudar como as outras pessoas."
- "Essa escolha é muito importante, vai definir o meu futuro, não posso fazer a escolha errada."
- "Não sou capaz."
- "A profissão que eu quero não dá um bom retorno financeiro."

Esses pensamentos são como a Rainha de Copas interna que nos aterroriza e promove tentativas de prever e "catastrofizar" o futuro, eles nos comparam com outras pessoas, nos fazem acreditar que a escolha da carreira é definitiva. A voz da Rainha de Copas faz você buscar por perfeição e ter medo do julgamento das pessoas.

O que fazer?

Identificar os pensamentos: o primeiro passo é identificar o que o adolescente pensa sobre o vestibular, as profissões e seus desejos. Esses pensamentos geram várias emoções, é muito comum o medo e a insegurança. Acolha essas emoções, elas fazem parte do processo.

174 | Orientação familiar

Lembra as frases da Rainha de Copas? Investigue se o adolescente se identifica com essas frases.

- Elas te ajudam ou atrapalham?
- Você realmente acredita nesses pensamentos? No que eles contribuem para a escolha da sua profissão?
- Em que isso te ajuda?
- Como você pode pensar diferente?
- Pensando em você e no momento presente, reflita sobre e se fortaleça;
- Pensamentos são só pensamentos, não são fatos;
- Não se compare com os outros, pois eles não viveram e não vivem o mesmo que você. Aceite a sua história;
- O que você pensa, você sente. Cuide de seus pensamentos;
- Os julgamentos dos outros não definem quem é você;
- Você não é a sua ansiedade;
- Sentimentos a gente não controla, gerencia;
- Olhe para o presente que o futuro fluirá;
- Crie o hábito de questionar seus pensamentos;
- Respeite o seu momento;
- Cada um é único, pare de ser injusto com você, pare de se comparar. A única comparação justa é você com você mesmo;
- Uma escolha profissional baseada no seu autoconhecimento tem grande chance de ter sucesso;
- A escolha profissional não é definitiva;
- Busque conhecer seus potenciais;
- Um bom trabalho será consequência da sua determinação. Confie no seu potencial;
- Seja resiliente.

E agora? Esses pensamentos mais realistas permitem o jovem se olhar mais; quando a gente se olha e se acolhe, a gente sente até um alívio.

Nesse turbilhão de pensamentos, o adolescente precisa fazer a sua escolha profissional. Com a consciência desses pensamentos, se torna mais fácil lidar com eles e com as emoções que eles causam.

Conclusão

Chegar ao país das maravilhas não é um caminho fácil. Precisamos buscar a toca do Coelho e lidar com a nossa Rainha de Copas, assim seremos capazes de nos desenvolver, descobrir nossas potencialidades e nos fortalecer para uma escolha consciente.

Ajustes nos pensamentos podem levar a grandes mudanças. Gostaria de terminar com algumas frases fortalecedoras:

- acolha a sua Rainha de Copas;
- viva e acolha a experiência de cada fase da sua vida;
- acalme seu coração, confie no processo da vida;
- sustente sua dor da indecisão, ela faz parte do viver;
- volte sua cabeça para onde seus pés estão, viva no presente;
- o futuro é construído a partir de onde estão seus pés hoje;
- a dúvida é o princípio da decisão;
- olhe para seus pensamentos, reconheça-os e os ilumine;
- aprenda que seus pensamentos geram emoções e comportamentos, questione-se;
- você não precisa ser perfeito para ser incrível;
- assustador seria nunca mudar;
- a ansiedade faz parte da aventura que é viver com cuidado e coragem;
- a grama do vizinho parece mais verdinha porque nós não nos acostumamos a valorizar o que somos ou temos;
- entenda seus medos, lide com eles e não deixe que eles limitem seus sonhos.

Superdica

Quando o coração se acalma, a mente se ilumina.

19

PRÉ-ADOLESCÊNCIA E A IMPORTÂNCIA DOS ESTILOS PARENTAIS

Neste capítulo, abordaremos os tipos de estilos parentais destacando a importância do autoconhecimento dos pais, refletindo sobre seus valores, crenças e possíveis traumas vividos que podem influenciar na convivência com os filhos, enfatizando o período da pré-adolescência, fase de transformação e mudança na vida de ambos.

LUCIANA CRUZ

Luciana Cruz
CRP 05/21862

Contatos
cruz.luciana2012@gmail.com
21 99967 3694

Casada e mãe da Bruna. Psicóloga clínica há 26 anos; atende crianças, adolescentes e adultos. Como educadora parental, realiza acompanhamento familiar baseado na parentalidade consciente. Ministra orientação vocacional com abordagem clínica, coordenação de grupos profissionais em encontros de relacionamentos interpessoais e supervisão de casos clínicos.

A maioria de nós vivemos a adolescência como uma fase de duplo impedimento: não estamos mais autorizados a ser crianças e ainda não temos a possibilidade de ser adultos.
JULIAN BARNES

O termo *adolescência* é recente, não existindo até a Revolução Industrial. Naquela época, crianças e jovens estavam prontos para trabalhar aos 13, 14 anos e a expectativa de vida dos pais era de 40 anos. Segundo a OMS, a pré-adolescência é um período que se inicia aos 10 anos e que termina aos 14 anos.

Pais e filhos passam por uma série de desafios nesta fase de desenvolvimento.

Durante esse período, existem mudanças físicas, psicológicas, cognitivas e sociais no jovem.

Na parte física, percebe-se uma mudança do corpo infantil que passa por rápidas transformações com necessidade de adaptação a esta nova imagem e o despertar da sexualidade.

Psicologicamente, o pré-adolescente experimenta uma série de emoções que podem trazer sentimentos de insegurança, necessidade de aprovação, medos, sensação de incompreensão, entre outros.

No que diz respeito à cognição, age muitas vezes por impulso pela imaturidade, tendo dificuldade de planejamento e tomada de decisão.

Em relação à percepção do tempo, valoriza de forma intensa o momento presente, tendo pouca tolerância à espera.

Quanto ao futuro, apresenta pouca habilidade para planos de médio e longo prazo. Simultaneamente, há um distanciamento na relação com os pais que antes era de total admiração e que passam por questionamentos, opondo-se às crenças e possíveis valores da família, procurando a identificação com os amigos. Apresenta um comportamento mais desafiador e crítico, com maior tendência a se isolar, não cooperando e contribuindo para um ambiente mais harmonioso em família.

Socialmente, busca a maior parte do tempo estar em companhia de pessoas da mesma idade, se autoafirmando no grupo. Nesse processo de desenvolvimento, o jovem busca a própria subjetividade, fortalecendo a individualidade rumo à fase adulta.

Nessa fase, os pais também passam por momentos delicados na trajetória da educação, quando precisam entrar em contato com seus valores, preocupações e expectativas.

Desde o nascimento dos filhos, tudo gira em função da criança, certo? A organização familiar se modifica para atender às necessidades dos filhos pequenos. E quando a fase da pré-adolescência chega, os pais também passam por um processo de estranheza, transformação e vazio. Os pais vivem um momento de rejeição, baixo valor pessoal e, por que não, um aumento de estresse?

Sim, porque há a falta de reconhecimento nesse novo humor do filho, que se irrita facilmente, demonstra intolerância, não compartilhando mais da mesma verdade dos pais, impondo de forma intensa seus desejos e urgências.

A necessidade de distanciamento dos filhos em relação aos pais traz uma reflexão sobre o lugar deles na função parental.

E os valores? Ainda funcionam?

A maneira que os utilizo ainda cabe nesta relação com meu filho?

Percebo, em minha prática clínica, que há uma necessidade dos pais em investirem no seu desenvolvimento pessoal e parental, como também se reverem na educação dos filhos.

Vários fatores interferem nessa relação, até mesmo a constatação dos pais sobre o próprio envelhecimento.

Autoridade e o autoritarismo

Pela definição, autoridade é o direito ou poder de ordenar, de decidir, de atuar, de se fazer obedecer.

O autoritarismo é o sistema de liderança pelo qual o líder tem poder absoluto e autoritário e implementa seus objetivos e regras sem buscar nenhuma orientação ou conselho. O líder autoritário não demonstra confiança nem empatia, impedindo a liberdade individual, utilizando a força, a ameaça ou a imposição para ser obedecido.

180 | Orientação familiar

Como podemos pensar o quanto esses temas interferem na educação? Será que o autoritarismo motiva a mudança de comportamento no jovem?

No processo de disciplinar, nos deparamos com a necessidade de darmos limites aos nossos filhos. E, para isso, entender como é seu estilo parental é fundamental para uma educação consciente.

O estilo parental é o padrão de comportamento dos pais, expresso em um clima emocional criado pelo conjunto de atitudes, como práticas disciplinares e outros aspectos de interação com os filhos (DARLING; STEINBERG, 1993).

Destacarei os principais tipos de estilo parental.

Autoritário

Os pais acreditam que são eles que mandam e que os filhos devem seguir regras, controlando o comportamento deles sem negociações.

A obediência é realizada por temor e receio com necessidade da recompensa e aprovação. A crítica e o julgamento aparecem trazendo sentimentos de hostilidade.

As trocas são pouco afetivas; o receio da punição e castigos inibem a verdade, levando o jovem a não compartilhar suas vivências, aflições e conquistas.

A comunicação é falha, pois os pais não escutam seus filhos e a liberdade sobre as escolhas não acontece. A imposição sempre prevalece. Isso pode acarretar filhos inseguros com questões de autoestima, dificuldade de se expressar, falta de responsabilidade e autonomia e extrema submissão frente aos desafios. Por outro lado, poderemos ter também como consequência desse estilo parental filhos agressivos e rebeldes, repetindo em seus comportamentos os exemplos recebidos em sua educação.

Estudos mostram que filhos de pais autoritários apresentam maior tendência a desenvolver quadros de ansiedade e depressão.

Permissivo

Aqui, os pais definem pouco os limites e as regras, demonstram tolerância exacerbada, também não sustentam com determinação o discurso. Passam para o filho a ideia de uma liberdade sem ordem, evitando entrar em conflito e acreditando que a pouca interferência é mais eficiente. São vistos como realizadores de desejo e não como um modelo. Os filhos podem se utilizar da autoridade por falta de limite dos pais, podendo haver uma troca nos papéis, mandando neles. Tanto como o excesso de limite, a falta dele faz com que o filho se sinta inseguro, sem firmeza e habilidade para lidar consigo e com o meio social. Os filhos apresentarão baixa capacidade de autorregulação, não sabendo lidar com a frustração e a aceitação das regras.

Negligente

Nesse estilo parental, percebe-se a ausência de componentes de extrema importância para uma boa formação psicológica: não há regras, o envolvimento afetivo e acolhimento são bem escassos, o sentimento de segurança, proteção e cuidado não existem.

A negligência passa por essa falta completa de cuidados às necessidades básicas dos filhos. Aqui, vale também destacar a negligência abusiva que configura maus-tratos, sejam verbais ou físicos. Em consequência de tão pouca interação, o papel parental pode ir diminuindo até desaparecer, por completo, da convivência dos filhos.

Pesquisas mostram o quanto isso acarreta consequências devastadoras: há menor desempenho em todos os domínios, baixo rendimento escolar, autoestima bem comprometida, alto nível de estresse, dificuldades nas relações interpessoais com pouca aceitação de si mesmo, falta de pertencimento e sintomas depressivos.

Consciente

Nesse estilo parental, o discurso é firme sem ser rude, possibilitando a internalização das regras e limites. A comunicação é presente, há escuta de ambas as partes, promovendo a conexão. O ato de se comunicar engloba o que se diz, como se diz e como o outro ouve. Pais e filhos se respeitam mutuamente, valorizando sentimentos de segurança, acolhimento e afeto. Existe uma liberdade com ordem que proporciona o desenvolvimento da autonomia e responsabilidade. Os erros não são tratados de forma negativa, mas sim como oportunidade de aprendizado; o que traz força e coragem para o enfrentamento. Os filhos são mais otimistas, autoconfiantes com habilidades sociais, boa autoestima, sendo capazes de tomar decisões de forma assertiva.

Orientações aos pais

Antes de sermos pais, somos pessoas com características próprias e maneiras singulares de funcionamento.

É preciso falar sobre autoconhecimento onde um novo olhar sobre valores, emoções, crenças, repetição de modelos, dificuldades e habilidades precisam ser revisitados, assim como entender sobre o desenvolvimento humano e estar conectados afetivamente com os filhos.

Todos nós tivemos uma educação que, certamente, diz quem somos hoje. Se alguém perguntasse a você o quanto se conhece, o que você responderia? Acha fácil entrar em contato consigo mesmo? Não se conhecer acarreta na paralisia diante de situações não resolvidas e pendentes trazendo consequências para a relação com os filhos. Certamente, a maneira como se comporta diante da própria vida traz ecos nessa relação.

Existe uma expressão que diz: "Tal pai, tal filho". Somos exemplos e estarmos atentos a isso nos possibilita transmitir ensinamentos verdadeiros e inspiradores. A partir da apresentação sobre os estilos parentais:

- Com qual deles você se identifica?
- Quais foram os estilos parentais de seus pais ou cuidadores? Que modelos você repete?
- O que você acredita ser importante na educação do seu filho? Como você estabelece limites?
- Como você lida com as próprias frustrações? E com as frustrações dos seus filhos?
- O que você transmite a seu filho? E o que recebe? Que relação vem construindo?
- Nesta fase da pré-adolescência, quais são as maiores dificuldades? Quais lembranças você tem desta fase da sua vida?
- O que você gostaria de deixar para seu filho?

Aos pais

Evite críticas, julgamentos e comparações, pois isso potencializa o distanciamento.

Trabalhe sua capacidade de negociação. Isso promove a cooperação, pais e filhos pensam juntos na solução.

Respeite os gostos dos seus filhos: o direito à igualdade e dignidade é para todos os membros da família.

Encoraje as ações: o ambiente familiar seguro encoraja na exploração das escolhas proporcionando crescimento e aprendizagem mais definitivos.

Poder da escuta: filhos escutam a partir do momento que são ouvidos; pais podem compreender mais do que as palavras percebendo também os sentimentos.

Seja empático: pais e filhos empáticos entendem melhor o ponto de vista de cada um, evitando tensões negativas.

Sobre a comunicação entre pais e filhos, assim como une ela também afasta. O que falamos causa impacto na vida dos nossos filhos. Como você se sentiria ao ouvir essas frases?

- Quando eu tinha a sua idade, eu não era assim com meus pais! Está achando que é gente grande?
- Filho não tem que dar palpite!
- Não se intrometa em assunto de adulto!

Educar traz sensações de insegurança e incerteza; por outro lado, é uma experiência fantástica e desafiadora. Entender quem somos, agir com autenticidade reconhecendo nossas fraquezas e habilidades traz um olhar mais generoso e acolhedor. Isso nos fortalece e possibilita promover um espaço de segurança para que os filhos possam se expressar.

Nos últimos anos, existem vários estudos que vêm buscando entender qual a melhor maneira de educar e se relacionar com os filhos. A importância do amor e da afetividade tomam espaço, inibindo a educação mais rígida que monitora e controla.

Pense junto e não contra o seu filho. Acolha, compartilhando as emoções incentivando a exploração para este mundo que se abre. A relação se sustenta mesmo na nossa ausência e os filhos podem se desenvolver com segurança, responsabilidade e autonomia, explorando suas emoções e o mundo ao seu redor.

Superdica

Os filhos respondem positivamente quando há conexão, envolvimento e respeito mútuo.

Referências

NELSEN, J. *Disciplina positiva*. 3. ed. Bernadette Pereira Rodrigues e Samantha Schreier Sysyn (trad.). Barueri: Manole, 2015.

SIEGEL, D. J. *Cérebro adolescente: a coragem e a criatividade da mente dos 12 aos 24 anos*. São Paulo: nVersos, 2016.

20

TRANSTORNO OPOSITOR DESAFIADOR

DESAFIO PARA PAIS E FILHOS

Muitas vezes, frente a uma criança opositora, não sabemos como agir. Parece que tudo que fazemos somente piora a situação.

Este capítulo vai ajudar você a encontrar formas de estar em harmonia com essas crianças, compreendendo melhor o transtorno, com estratégias para lidar com os comportamentos e para o autodesenvolvimento dos pais e cuidadores.

LUCIANA MARIA BISCAIA DOS SANTOS GARBIN

Luciana Maria Biscaia dos Santos Garbin
CRP 06/31796

Contatos
www.lucianagarbin.com.br
luciana@lucianagarbin.com.br
11 99268 7220

Psicóloga clínica há mais de 30 anos, atuando no atendimento de adultos, crianças, adolescentes e orientação familiar. Atua em parceria com escolas na orientação de coordenadores e professores, visando ao desenvolvimento de práticas mais adequadas ao perfil e necessidades dos alunos. Especializações em Neuropsicologia (avaliação e reabilitação neuropsicológicas), Transtornos de Aprendizagem (Dislexia - ABD) e Terapia Cognitivo-Comportamental. Pós-graduação em Orientação Familiar e Treino Parental. Neuropsicóloga voluntária no Estudo Mappa, com crianças pré-escolares com Transtorno do Déficit de Atenção/Hiperatividade, no Instituto de Psiquiatria do Hospital das Clínicas da Faculdade de Medicina da USP.

O controle de nossas emoções, pensamentos e comportamentos pode ser comparado a uma orquestra. Na orquestra, cada pessoa e instrumento têm um papel fundamental. Para que a música seja harmoniosa dependemos do maestro, dos músicos e dos instrumentos. Quando algum desses elementos está com problema, a música sai desafinada. Com as emoções, pensamentos e comportamentos, acontece o mesmo. Para vivermos em harmonia, precisamos não somente conhecer, mas controlar nossas emoções. Esse conhecimento influenciará nos nossos pensamentos e no modo como nos comportamos.

O conhecimento de si próprio e de como lidamos com o mundo se inicia quando ainda somos bebês. É um processo contínuo de aprendizagem, criando recursos para lidar com as situações e aprimorando nossas habilidades. Entretanto, por vezes nesse percurso ocorrem obstáculos, gerando dificuldades que interferem no desenvolvimento da criança.

A criança, que a princípio teria um desenvolvimento de acordo com o esperado, apresenta comportamentos inadequados, desafiando regras, desobedecendo, não respeitando a autoridade. Nesse momento, os pais se questionam sobre onde estão errando, pois embora tentem de tudo, parecem não obter bons resultados na interação com seus filhos.

São crianças/adolescentes com explosões de raiva, que reagem de forma intensa a frustrações, não assumem a culpa pelo que fazem, com comportamentos agressivos chegando por vezes até a violência física, que resistem a obedecer e realizar o que foi solicitado justificando com argumentações intermináveis. Os problemas que poderiam ser resolvidos de forma simples acarretam enormes desgastes tanto para a criança como para a família.

O que acontece com essas crianças? Não têm limites, são mimadas, sem educação?

Não, nem sempre.

Elas podem apresentar esses comportamentos devido ao Transtorno Opositivo Desafiador (TOD), que se refere a um padrão persistente de comportamentos negativistas, hostis e desafiadores envolvendo ao menos quatro das seguintes características:

- frequentemente perdem a calma;
- discutem com adultos argumentando incansavelmente;
- desacatam ou recusam-se a obedecer à solicitação ou regras dos adultos;
- adotam um comportamento deliberadamente incomodativo com frequência;
- apresentam dificuldade em reconhecer seus erros e maus comportamentos, responsabilizando os outros;
- ficam enraivecidos ou ressentidos com facilidade;
- têm dificuldade em lidar com a frustração;
- frequentemente mostram-se rancorosos ou vingativos.

Deve-se considerar como critérios diagnósticos somente se os comportamentos ocorrem com maior frequência e intensidade do que se observa em crianças de idade e nível de desenvolvimento equivalentes.

Esses comportamentos devem ocorrer por no mínimo seis meses, pelo menos uma vez por semana. Os comportamentos devem causar prejuízos significativos em funcionamento social e acadêmico, não podendo ser mais bem explicados por outros critérios diagnósticos.

A identificação de possíveis comorbidades é importante, pois outros quadros psiquiátricos e de neurodesenvolvimento podem estar presentes.

O TOD costuma aparecer com alta frequência como uma comorbidade ao Transtorno de Déficit de Atenção e Hiperatividade, Transtornos de Aprendizagem, Transtornos Ansiosos e Depressão.

As características variam de acordo com a idade da criança e a gravidade do transtorno.

Tem seu início precoce, com os primeiros sintomas após os 4 anos de idade e ocorre com uma prevalência maior em meninos do que em meninas. Sem intervenção precoce e tratamento adequados, tem seu curso de desenvolvimento para o Transtorno de Conduta, que se refere a um padrão persistente de agressividade e comportamentos antissociais, no qual o indivíduo repetidamente rompe as regras sociais básicas, com uso abusivo de drogas e comportamento delinquencial.

As dificuldades apresentadas causam sérios prejuízos para a criança, afetam seu relacionamento com familiares, professores e amigos. Seu desempenho escolar apresenta declínio e não raro a criança recebe rótulos desagradáveis e é rejeitada por seus pares. Sentimentos de menos valia e desamparo são frequentes e interferem negativamente na autoestima.

Os sintomas costumam estar presentes em diferentes contextos, mas em geral é em casa e na escola onde são mais bem observados.

O diagnóstico deve ser realizado por meio de avaliação por uma equipe multidisciplinar (psiquiatra infantil ou neuropediatra e neuropsicólogo). A avaliação envolve a coleta de dados com os pais ou responsáveis, investigando detalhadamente as queixas apresentadas, as formas de comunicação e interação entre os membros da família, o histórico familiar e os estilos parentais. Abrange a compreensão de suas capacidades e dificuldades.

A coleta de informações engloba o desempenho acadêmico e comportamental da criança e seus relacionamentos.

Estudos mostram que crianças com TOD apresentam diferenças no funcionamento cerebral. Esses prejuízos são observados nas funções executivas, abrangendo organização, planejamento, flexibilidade mental, resolução de problemas, automonitoramento e controle inibitório. Alterações em estruturas ligadas ao reconhecimento de emoções e ao sentimento de empatia foram observadas.

Tratamentos

O transtorno não tem cura, entretanto, os sintomas podem ser amenizados.

Quanto mais tarde for feito o diagnóstico e o início do tratamento, mais difícil será minimizar os sintomas.

A psicoeducação dos pais e familiares é necessária, para que conheçam as características do transtorno, o que pode ser esperado e estratégias para o dia a dia.

Em alguns casos, faz-se necessária a utilização de tratamento medicamentoso, que deve ser acompanhado por neurologista ou psiquiatra infantil. Esses medicamentos auxiliam na regulação das emoções, objetivando diminuir os ataques de raiva, a agressividade, a impulsividade e a oposição.

A terapia cognitivo-comportamental visa ensinar estratégias de resolução de problemas, autorregulação de emoções, habilidades de comunicação e meios eficazes para lidar com as frustrações.

O trabalho com a escola se destina a orientar os professores quanto ao manejo com a criança e seus relacionamentos sociais.

Transtorno opositor em família

A família é a base do desenvolvimento da criança, em que aprende valores, regras e modelos de relacionamento. Com um filho opositor, o dia a dia fica extenuante e os pais muitas vezes sentem-se culpados, por acharem que estão falhando, além de terem que lidar com os julgamentos de outras pessoas em relação ao seu filho.

Percebem que há algo errado com seu filho, mas por medo, desinformação ou negação do problema, não procuram ajuda.

Os irmãos da criança com TOD também são afetados. Vivem em um ambiente estressante, sendo vítimas das agressões tanto verbais como físicas.

Muitas vezes a família se desestrutura, com discussões e cobranças. Além das demandas do filho, os pais precisam conciliar o cuidado com outros filhos e as próprias vidas pessoais e profissionais. Evitam sair de casa, ir a festas na escola, à casa de amigos, pois não querem ficar constrangidos com o comportamento do filho. Em alguns casos, tentando entender o que está por trás do comportamento do filho, os pais culpam um ao outro, intensificando os conflitos que muitas vezes culminam com a dissolução do casamento.

É importante a reflexão sobre as expectativas que criaram em relação a esse filho.

A criança não nasce sabendo as regras. É um aprendizado que somente acontecerá em um ambiente estruturado, com pessoas que a ensinem de forma consistente e com amor, entendendo suas dificuldades e promovendo acolhimento para seus medos e inseguranças.

Orientações aos pais

Diante do diagnóstico, os pais precisam ser acolhidos, esclarecendo as dúvidas e fornecendo instrumentos para lidarem com a situação.

Na orientação de pais, estimula-se a reflexão sobre os próprios comportamentos e valores que têm como indivíduos e como pais, abordando como lidam com suas emoções, seus limites, suas frustrações, seus próprios desafios na vida pessoal e profissional, relembrando sua infância e comportamentos similares.

A consciência de si próprios no seu dia a dia possibilita perceber como estão agindo, quais os exemplos e comportamentos que estão transmitindo.

Pensando na orquestra, o maestro não precisa de um descanso? Como está a harmonia entre os instrumentos? Precisam ser afinados? Os componentes aprenderem uma nova forma de tocar a música? Existe um tempo para eles próprios, seus anseios e necessidades?

A tendência dos pais é intervir e corrigir o comportamento inadequado do filho no instante em que ele ocorre. É importante deixar que o descontrole e a raiva passem, acolher, mostrando que ele é aceito e amado. Afastar-se do conflito e, quando a tensão diminuir, retomar o que aconteceu corrigindo o que não foi adequado. Essa pausa, um pequeno gesto com a criança, um olhar de compreensão ao invés de repreensão, podem ser muito eficazes.

O controle da respiração traz benefícios. Promove a restauração do equilíbrio e maior clareza de raciocínio. É um exercício que deve se transformar em hábito.

O que adianta entrar em uma discussão quando todos estão descontrolados e estressados?

O resultado será negativo, pois um não escutará o outro, a frustração e o estresse aumentarão. Acalmar-se para acalmar seu filho. Mas nem sempre é tão fácil como parece. Em algumas situações, haverá a necessidade de tomar uma atitude imediata, colocando o limite na hora, em situações mais graves que podem colocar em risco a criança ou outras pessoas.

Reforçar comportamentos positivos, dando ênfase ao adequado para motivar esses comportamentos, gerando um modelo de aprendizagem. Muitos comportamentos adaptados e desviantes são aprendidos na interação social e familiar.

Não ter preconceito em relação ao diagnóstico. Assim haverá maior aceitação, possibilitando atitudes efetivas. O apoio dos membros da família é necessário. Frequentemente o diagnóstico não é exposto aos avós, tios e amigos por vergonha ou medo de rejeição. Contudo, quanto mais envolvidos os familiares estiverem, mais poderão contribuir com os pais e com a própria criança.

Ficar desconfortável com o comportamento do filho frente ao meio social gera mais ansiedade.

A comunicação entre pais e filhos deve ocorrer de forma harmoniosa e clara. Certificar-se de que seu filho entendeu o que você quis comunicar.

As regras devem estar claras. Questionar seu filho e ver o entendimento dele sobre determinada regra. Ouvir a opinião e sugestões do seu filho, percebendo sua própria postura frente aos questionamentos dele. Frente a argumentos excessivos, pontuar e mostrar porque o argumento não é adequado e que insistir não mudará a regra.

Refletir sobre a consistência das regras. Os pais estão sendo consistentes quanto à regra ou ela está demasiadamente rígida, desproporcional e sem sentido?

Se não houver coerência, não será eficaz, não promoverá um novo aprendizado ou a mudança de comportamento tão almejada.

Explicar as regras e as consequências antes e não depois que foram quebradas, certificando-se do entendimento completo por parte da criança. Assim a criança saberá o que se espera dela, e com isso poderá modular seu comportamento.

As crianças com TOD têm dificuldade de percepção do outro e em visualizar a situação como um todo e persistem em apenas algum ponto de toda a situação.

Em famílias em que a comunicação não flui de forma harmoniosa e a expressão dos sentimentos não tem lugar, as exigências e cobranças são muito intensas. Onde as regras se alteram a cada momento e de acordo com o humor, determinados perfis de comportamento podem se agravar.

A mensagem transmitida para a criança é a de que ela não precisa se preocupar nem se esforçar para cumprir o que foi acordado, pois pode mudar o que quer, no momento em que desejar.

Frente à frustração, a criança reage de forma intensa e, para amenizar sua reação, os pais cedem ao que ela quer, mostrando que, se tiver uma reação descontrolada, conseguirá o que deseja e os comportamentos negativos serão reforçados.

A reflexão do estilo parental é importante. Se a criança e suas necessidades são respeitadas, não somente com seus deveres, mas também com seus direitos, em que a expressão das emoções e sentimentos é valorizada mostrando acolhimento e amor, a aceitação das regras é natural.

Deixar claro para a criança que, quando ela faz algo inadequado, os pais ficam chateados, bravos com o que foi feito, ou seja, com o comportamento dela, mas que o amor que sentem por ela não mudou em nada.

Reger essa orquestra é o mais difícil, contudo quanto mais conscientes de si próprios os pais estiverem, mais fácil ficará.

Orientações aos os filhos

Oferecer estratégias para lidar com a raiva e o descontrole motivam a criança para mudanças de comportamentos.

A Caixa da Raiva onde colocará papéis escritos ou desenhos com os motivos que a deixam frustrada e com raiva; o KIT SOS com ferramentas que auxiliam na descarga emocional como plástico-bolha, bolhas de sabão, canetas coloridas, Pop It e cartões com frases de enfrentamento, por exemplo: "Pare"; "Tenha calma"; "Respire"; "Tenho condições de resolver o problema".

No momento do descontrole, a criança pode buscar apoio em objetos que tenham valor sentimental para ela. Pode abraçar seu bichinho de pelúcia favorito, brincar com o brinquedo de que mais gosta, ouvir música, ver seu desenho predileto.

Utilizar técnicas de relaxamento como imaginar-se em um lugar gostoso, com atividades prazerosas.

Essas atividades visam tirar o foco da situação e parar o impulso descontrolado, permitir a retomada do controle.

Orientações à escola

Para o professor, a tarefa também não é fácil. Com sua autoridade desrespeitada, comportamentos de recusa nas atividades e desacatos, acaba retirando o aluno da sala de aula.

Isso agrava a situação, afetando o comportamento e o desempenho acadêmico.

Trazer a criança para perto do professor, pedindo ajuda nas atividades, de modo a controlar melhor sua interferência com outros alunos, tem bons resultados.

Abordar tópicos relacionados às emoções e aos comportamentos com toda a classe, apontando diferenças entre as pessoas e o respeito entre todos.

As crianças com TOD têm desentendimentos com outras crianças, pois só fazem o que querem e o que gostam. Explorar outras possibilidades buscando soluções intermediárias ajuda na percepção de outras maneiras de se relacionar, minimizando os prejuízos e estabelecendo relacionamentos mais assertivos.

Incluir atividades sobre empatia, resolução de problemas, fazendo uso de metáforas e analogias.

Estar atento em como abordar os erros da criança, pois ela não aceita sua responsabilidade, sente-se injustiçada e culpa os outros por seus fracassos. Apresenta dificuldades de aprendizagem, na organização mental, o que interfere no cumprimento das tarefas, em particular as que exigem sequenciamento. Os prejuízos podem estar presentes também na leitura e escrita.

Criar um ambiente seguro e organizado, com uma postura positiva, contribui para prevenir os comportamentos inadequados.

A integração entre a escola, os pais e os profissionais que atendem a criança favorece melhores formas de intervenção.

Superdica

Entre em sintonia para estar em harmonia. O equilíbrio dos pais influencia no equilíbrio dos filhos.

Referências

AMERICAN PSYCHIATRIC ASSOCIATION. *Manual diagnóstico e estatístico de transtornos mentais*. DSM V. Porto Alegre: Artmed, 2014.

BORSA, J.; BANDEIRA, D. *Comportamento agressivo na infância: da teoria à prática*. São Paulo: Pearson, 2017.

BRITES, L.; BRITES, C. *Crianças desafiadoras*. São Paulo: Gente, 2019.

CAMINHA, M. G. *et al. Intervenções e treinamento de pais na clínica infantil*. Novo Hamburgo: Sinopsys, 2011.

FORLENZA, O. *Clínica psiquiátrica*. Barueri: Manole, 2018.

LINS, M.; NEUFELD, C. *Técnicas em terapia comportamental com crianças e adolescentes*. Novo Hamburgo: Sinopsys, 2021.

LIPP, M.; MALAGRIS, L. *O treino cognitivo de controle da raiva*. Rio de Janeiro: Cognitiva, 2010.

TEIXEIRA, G. *O reizinho da casa*. Rio de Janeiro: Best Seller, 2014.

21

BRUXISMO DIURNO E NOTURNO

Neste capítulo, serão descritas as manifestações do bruxismo e formas de como ajudar a criança a amenizá-las, bem como identificá-lo por meio das causas e consequências, e possíveis formas de tratamento.

LUCIANA RAYES

Luciana Rayes
CROSP 60131

Contatos
lucianarayes.com.br
lucianarayes@gmail.com
Instagram: @rayes_luciana_odontopediatria
11 99996 1369

Mãe dos amados Lucas e Matheus. Sou dentista há 23 anos, especialista em odontopediatria, com atendimentos a bebês, crianças, adolescentes e gestantes, com orientação sobre saúde bucal e amamentação. Atendimento a crianças com Síndrome de Down, com necessidade do uso de placa palatina de memória. Formação em Ortodontia Corretiva, Ortopedia Facial, Ortodontia Preventiva e Interceptora e Ortopedia Funcional dos Maxilares. Atendimento e acompanhamento de bebês com necessidade de cirurgia de freios labial e lingual.

Agradeço à querida Cristiane Rayes a oportunidade em poder participar deste livro maravilhoso, contribuindo e levando informações importantes sobre o assunto que venho descrever. Ao meu marido, Eduardo, todo meu amor e carinho pelo apoio que recebo todos os dias. Aos meus amados pais, Manoel e Magda, a minha gratidão eterna por terem oferecido a oportunidade aos meus estudos e, às minhas duas irmãs, Fernanda e Paula, pela amizade, amor e companheirismo que temos.

O termo "bruxismo" ou "briquismo" vem da palavra de origem grega *brýkhmos*, que significa ranger os dentes.

O bruxismo é denominado como hábito parafuncional oral inconsciente, de ranger ou apertar os dentes.

De acordo com o momento em que ele ocorre, pode ser chamado de bruxismo de vigília, quando ocorre durante o dia, e bruxismo do sono, quando estamos dormindo.

No bruxismo de vigília, podemos observar alguns detalhes que intensificam o hábito, por exemplo, se a criança ou adolescente está muito cansada(o), irritada(o), preocupada(o) com a prova da escola, com algum evento que acontecerá fora da sua rotina, se aconteceu algo diferente, se brigou com alguém, se está com raiva ou triste, enfim, tudo aquilo que foge do dia a dia.

Baseado na literatura, o bruxismo atinge, em sua maioria, crianças e adultos, sendo menos frequente em adolescentes.

Atualmente, em virtude da pandemia do Covid-19 e, principalmente, do excesso de atividades presentes na rotina infantil, entre tantos outros fatores da vida moderna, houve aumento significativo no número de indivíduos que desenvolveram essa disfunção.

O tempo em que ficamos em casa, longe das atividades rotineiras, criou nas crianças um período de muita inquietação e expectativas angustiantes, deixando-as mais irritadas e ansiosas. Este quadro muito contribuiu para que elas desenvolvessem, inconscientemente, o bruxismo, além de outras patologias.

O bruxismo é uma doença provocada por uma disfunção, desencadeada por diferentes causas, principalmente estresse físico e emocional, envolvendo a articulação temporomandibular (ATM), grupos musculares e dentais.

As alterações decorrentes desse trauma podem ser irreversíveis, quando não tratadas. Porém, existem exames complementares específicos, como a eletromiografia, que possibilitam avaliar a intensidade da atividade muscular, evitando, por meio de tratamentos multidisciplinares, a hipertonia muscular e dores de caráter orofacial.

Ainda é possível dizer, segundo a literatura, que a utilização da abordagem triplo P – papo (conselhos comportamentais), placa (miorrelaxante) e pílulas (medicamentos analgésicos, anti-inflamatórios e relaxantes musculares) – é essencial para obtermos um tratamento duradouro e bem-sucedido.

A placa miorrelaxante pode ser usada em crianças pequenas, e elas surtem muito resultado quando o paciente é colaborador.

Além da placa, podemos usar técnicas de relaxamento, fazendo massagens para obter o relaxamento da musculatura facial e até cervical, quando necessário.

Quando a criança percebe que está fazendo o apertamento e tem consciência disso, o resultado do tratamento se torna eficaz, pois, automaticamente, ela aprende ter domínio e controle do hábito, mas normalmente é difícil isso acontecer, por ser um ato involuntário.

Devemos ter o cuidado em observar os momentos em que isso acontece, e fazer pequenas mudanças na rotina diária.

Uma dica muito preciosa é reforçar o comportamento positivo e lembrar a criança de maneira sutil, sem que ela perceba.

Outro detalhe a ser notado é o formato dos dentes.

Quando há um desgaste, ou até fratura, por consequência do trauma causado pelo bruxismo, a criança deverá ser encaminhada ao dentista odontopediatra, a fim de reconstruir a dimensão do esmalte dentário comprometido.

O não tratamento desses desgastes ocasionam má oclusão dentária e interferência no desenvolvimento facial, pela perda da estrutura dental.

Contamos com tratamentos favoráveis para amenizar o problema do bruxismo que, quando tratado no início, pode ser controlado mais facilmente.

A consulta ao otorrinolaringologista também é de suma importância, uma vez que as vias aéreas superiores devam ser avaliadas, para saber se há ou não obstrução da passagem de ar.

A criança que apresenta ronco, apneia, atresia de maxila advinda do uso de chupeta, sucção de polegar ou de padrões esqueléticos hereditários pode apresentar qualidade do sono insatisfatória, de modo que tudo possa contribuir para uma noite de sono agitada.

Há exemplos, inclusive, de crianças que sofrem de outras patologias psicológicas ou neurológicas, somadas a todos esses fatores citados.

Causas

As causas externas estão ligadas aos mais diversos motivos de estresse físico e emocional.

Entretanto, podemos levar em consideração que elas estão ligadas, também, a causas internas, como fatores genéticos relacionados ao padrão hereditário; obstrução de vias aéreas superiores, como a hipertrofia de amígdalas e adenoides; Síndrome da Apneia Obstrutiva do Sono; Transtornos de Déficit de Atenção e Hiperatividade; medicamentos psicotrópicos e a presença de desordens neurológicas.

Sinais e sintomas

O bruxismo pode ser leve, moderado ou severo, podendo apresentar ou não sintomas.

Dentre os sinais e sintomas apresentados estão o desgaste dental, dificuldade de concentração, fraturas do esmalte dental, sensibilidade dentária, dores de cabeça e enxaquecas, sensação de cansaço, dores no pescoço, dentre outros.

É muito importante lembrar que as crianças passam, muitas vezes, despercebidas pelos sintomas, e é nesse momento que entra o trabalho dos pais e profissionais.

Ainda que não exista um método de diagnóstico preciso, a descrição do cuidador é muito importante.

No momento em que as crianças estão se distraindo, estudando ou dormindo, é possível fazer uma breve avaliação por meio de vídeos e relatos, encaminhando-as aos profissionais responsáveis pelos cuidados da criança, podendo ser o médico pediatra ou otorrinolaringologista, odontopediatra, fonoaudiólogo, psicólogo ou neurologistas.

Além disso, a ajuda dos pais ou responsáveis é de grande valia no auxílio do tratamento, podendo receber orientações de profissionais especializados, utilizando de práticas favoráveis ao sucesso do quadro apresentado.

O desgaste dental é um dos principais sinais a serem notados pelos pais, e logo deve ser tratado, para que não haja modificações na oclusão.

Quando notar a criança rangendo os dentes, fale com delicadeza para que ela não se sinta desconfortável, chateada, podendo aumentar ainda mais a tensão nervosa, desencadeando mais preocupação à criança.

Orientações aos pais e cuidadores

Avaliar o sono da criança é importante para saber se é calmo ou agitado, saber o histórico da personalidade da criança, se apresenta terror noturno, enurese noturna, se está vivendo alguma situação diferente no contexto escolar ou em casa é importante para o diagnóstico, porque a criança pode estar sofrendo em silêncio.

Há diversos tipos de tratamento, dependendo do quão empenhados estivermos ao aceitar mudanças de hábitos, quebras de rotinas e técnicas valorosas, reeducando o comportamento da criança, integrando-a em um novo cotidiano, aumentando as chances de sucesso, em curto espaço de tempo.

Além dos tratamentos especializados, como o uso da placa de acrílico, ou aparelhos bucais, também podemos ajudá-la no dia a dia, incluindo uma rotina mais tranquila, reduzindo assim o estresse.

A mudança nos hábitos diários complementa os tratamentos que fazemos, intensificando os resultados.

Práticas que antecedem a hora de dormir são muito importantes para obter uma boa noite de sono, resultando no relaxamento muscular, por exemplo, reduzir o tempo nos aparelhos celulares, televisão, computadores e todo tipo de brincadeiras agitadas, trazendo momentos mais calmos.

A hora de dormir é um momento de acolhimento e deve ser prazeroso.

A leitura de um bom livro que traga uma história bonita, contada pelos pais é sempre bem-vinda.

O som de uma música relaxante e um banho quente são um bom começo.

A aromaterapia também é uma excelente opção. Os óleos essenciais com princípios calmantes, como a lavanda e a camomila são muito utilizados e propiciam sensação de relaxamento e bem-estar.

Tanto no bruxismo noturno como no de vigília (diurno), é recomendado restringir e observar o número de atividades, na tentativa de reduzir o estresse. A quantidade de horas em jogos eletrônicos, tablets e celulares também necessitam de supervisão.

Por fim, sabemos que trabalhar em equipe é fundamental para obter bons resultados, em que todos serão beneficiados, principalmente o indivíduo que apresenta bruxismo, seja uma criança ou um adulto.

Superdica

Para aliviar as tensões do dia a dia, busque ter contato com ambientes que tragam tranquilidade e bem-estar, por exemplo, ter contato com a natureza.

Referências

ALOÉ, F. *et al.* Bruxismo durante o sono. *Revista Neurociências.* 11 (1), 2003. pp. 4-17.

DINIZ, M. B.; SILVA, R. C. da; ZUANON, A. C. C. Bruxismo na infância: um sinal de alerta para odontopediatras e pediatras. *Revista Paulista de Pediatria.* 27, 2009. pp. 329-334.

GONÇALVES, L. P. V.; TOLEDO, O. A. de; OTERO, S. A. M. Relação entre bruxismo: fatores oclusais e hábitos bucais. *Dental Press Journal of Orthodontics.* 15, 2010. pp. 97-104.

GONDO, S.; FAÇANHA, R. A.; BUSSADORI, S. K. Bruxismo infantil. *Rev. Paulista de Odontologia*; 23(6): 33-36, nov.-dez.2001. Artigo em Português |LILACS,BBO-Odontologia|ID:lil-365667 Biblioteca responsável:BR310.1.

GUSSON, D. G. D. Bruxismo em crianças. JBP – J. Bras. *Odontopediatria odontol.* bebê. 1998. pp. 75-97.

HADDAD, A. E.; CORRÊA, M. S. N. P.; FAZZI, R. Bruxismo em crianças. Rev. Odontopediatria; 3(2):91-8,abr.-Jun.1994. Artigo em português |LILACS,BBO-Odontologia| ID: lil-143385.

MACEDO, C. R. de. Bruxismo do sono. *Revista Dental Press de Ortodontia e Ortopedia Facial.* 13 (2), 2008. pp. 18-22.

NOR, J. E. *et al.* Bruxismo em crianças. *Revista da Faculdade de Odontologia de Porto Alegre.* 32 (1), 1991. pp. 18-21.

PEREIRA, R. P. A. *et al.* Bruxismo e qualidade de vida. *Revista Odonto Ciência.* 21 (52), 2006. pp. 185-190.

PIZZOL, K. E. D. C. *et al.* Bruxismo na infância: fatores etiológicos e possíveis tratamentos. *Revista de Odontologia da Unesp.* vol.35, n2, pp. 157-163, 2006.

RIOS, L. T. *et al.* Bruxismo infantil e sua associação com fatores psicológicos-revisão sistemática da literatura. *Revista de Odontologia da Universidade Cidade de São Paulo*,[S.I.],V.30, n. 1, pp. 64-76,out. 2018. INSS 1983-5183. Disponível em: <https://publicações.unicid.edu.br/index.php/revistadaodontologia/article/view/663>. Acesso em: 07 mar. de 2022.

SIMÕES-ZENARI M.; BITAR, M. L. Fatores associados ao bruxismo em crianças de 4 a 6 anos. *Pró-Fono Revista de Atualização Científica.* 2010 out -dez;22(4): 465-72.

22

OS ATOS DE AMOR FRENTE AOS DESAFIOS

DESENVOLVIMENTO DE HABILIDADES DE TOLERÂNCIA AO ESTRESSE E RESILIÊNCIA

Desejo que as palavras aqui descritas despertem o desejo de revisitarmos nossas práticas parentais e educacionais, fazendo ecoar em cada adulto de referência a importância do seu papel como "preparador emocional" na vida das crianças e adolescentes. Que o texto caminhe no sentido de nos conectar e despertar o desejo de conhecer os motivos que nos levam a agir de uma forma ou de outra, tendo em mente que não há certo ou errado, mas o caminho que conhecemos e estamos dispostos a conhecer.

MAÍRA MELLO SILVA

Maíra Mello Silva
CRP 06-99687

Contatos
psicologamairamello@gmail.com
Instagram: @psicologamairamello

Psicóloga graduada pela Universidade São Marcos (2009), com especialização em Saúde da família e comunidade pelo Instituto Israelita de Ensino e Pesquisa Albert Einstein (2011). Aperfeiçoamento em Neuroaprendizagem pela Faculdade de Medicina do ABC (2013). Especialização em Neuropsicologia pela Faculdade de Medicina do ABC (2015). Formação em Reabilitação Neuropsicológica pelo Hospital das Clínicas da Faculdade de Medicina da USP (2016). Aprimoramento em Clínica Analítico-comportamental Infantil pela Associação Paradigma Centro de Ciências e Tecnologia do Comportamento (2017) e formação em Desenvolvimento Humano: Infância e Adolescência pelo Instituto de Psiquiatria – HCFMUSP (2021).

Eu quero que você conheça a alegria, assim, juntos, praticaremos a gratidão.
Eu quero que você sinta alegria, assim, juntos, aprenderemos a ser vulneráveis.
Quando a incerteza e a escassez surgirem, você poderá retirar algo dos valores familiares que fazem parte de nossa vida cotidiana.
Juntos, vamos chorar e enfrentar o medo e a tristeza. Eu vou querer tirar a sua dor, mas em vez disso vou sentar com você e ensiná-lo a sentir essa dor.
Nós vamos rir e cantar e dançar e criar. Nós sempre teremos permissão para sermos nós mesmos uns com os outros. Não importa o que aconteça, você sempre vai pertencer a esta família.
Ao começar a sua jornada de amor incondicional, o maior presente que eu posso dar a você é viver e amar com todo o meu coração e ousar muito. Não vou ensinar ou amar ou mostrar-lhe nada perfeitamente, mas deixarei que você me veja, e sempre considerarei sagrado o presente de vê-lo. Ver você verdadeiramente e profundamente.
(Trecho do Manifesto da Parentalidade do Amor incondicional.
Daring Greatly por Brené Brown. Adaptado para o português
por Ana Beatriz Chamati.)

Hoje o convite será de uma grande reflexão. As palavras aqui descritas não têm a intenção de "moldar" suas práticas parentais, mas sim oportunizar um espaço de conexão com a nossa história, cultura e valores que nos trazem até aqui.

Muitas vezes não nos atentamos que a maioria dos nossos comportamentos são guiados pelas aprendizagens ao longo da vida e reforçados pelo contexto em que estamos inseridos.

Apesar dos papéis de pais e mães existirem desde sempre, percebemos a cada dia que, muitas vezes, esse papel é subestimado pelas famílias, que têm conhecimentos limitados sobre desenvolvimento infantil e como lidar com as crianças. Vemos, portanto, que a maternidade e a paternidade são aprendidas no dia a dia e, muitas vezes, são exercidas de forma automática, reproduzindo padrões familiares e culturais que nem sempre vão ao encontro do desejo e dos valores da "nova" família.

Portanto pararmos alguns instantes para refletir como estamos exercendo a nossa maternidade e paternidade nos faz reconhecer quais aspectos precisamos priorizar, cuidar e modificar.

A depender da nossa história de vida, há uma dificuldade em lidar com algumas emoções que geram desconforto e sofrimento. Muitas famílias, no desejo de ver os filhos felizes, não conseguem se conectar e acolher as dores dos pequenos, fazendo com que muitos sentimentos fiquem mais difíceis de compreender e manejar, literalmente, à margem da família.

Muitos pais entendem que proteger seus filhos de desafios, estresses e dores vai auxiliar no desenvolvimento; pelo contrário, essas atitudes desprotegem as crianças e adolescentes de enfrentarem aos poucos os desafios esperados para cada faixa etária e estresses considerados "positivos" que favorecerão o desenvolvimento de habilidades como a resiliência.

É inquestionável o amor imenso que sentimos pelos nossos filhos e o desejo de protegê-los também, contudo, na maioria das situações, o nosso grande papel será ajudá-los a lidar com dor, frustração, medo, pois não há nada que garanta a ausência de sofrimento, mas sim a forma como conseguimos reagir a ele e cabe a nós, pais e educadores, estarmos ao lado de uma forma verdadeiramente disponível.

Orientações aos pais e cuidadores

Devemos antes nos olhar, buscar compreender como a nossa família lida e nos ensinou a lidar com sentimentos mais intensos e, de certa forma, desagradáveis, e responder: **como nós encaramos os nossos desafios diários? O que fazemos para nos regular? Temos alguns rituais de cuidados? Como está o nosso baldinho de estratégias para lidar com situações desafiadoras?**

Essa compreensão se torna fundamental, pois a maneira como reagimos impactará o jeito dos nossos filhos lidarem com as situações desencadeadoras de estresse, pois em muitos momentos, se não tolerarmos os nossos desafios, **como vamos aguentar ver os pequenos em momentos difíceis? Como vamos emprestar algumas das estratégias do nosso baldinho?**

208 | Orientação familiar

Mas tudo isso não é para gerar uma sensação de fracasso, desesperança, mas sim favorecer que a gente reflita sobre o nosso papel.

Você já parou para pensar o que é ser um bom pai? E uma boa mãe?

Sabemos que esses questionamentos perpassam por questões individuais, expectativas, contudo é interessante nos atentarmos nas práticas que exercemos e se elas estão condizentes com os nossos valores familiares, como também se estamos sendo responsivos e emocionalmente presentes.

Você sabe quais habilidades você quer que seu filho desenvolva ao longo da vida? Quais valores você gostaria que ele levasse?

Talvez pensar nessas perguntas façam você refletir se seus comportamentos estão ajudando ou não seus filhos a desenvolverem essas habilidades e pode ser o início do caminho que vocês querem trilhar enquanto valores familiares.

Agora, vamos pensar em atitudes que favoreçam o enfrentamento de situações desafiadoras:

- os cuidadores devem oferecer um espaço seguro de exploração, supervisionando e ajudando, quando necessário. A ajuda aumenta conforme conseguimos observar a criança interagindo com o contexto. Dessa forma, os adultos podem ser modelo, fazer junto e ajudar a sustentar a exploração quando a criança não está se sentindo segura. Nós monitoramos para que ela possa estruturar o próprio caminho e desenvolva a autonomia para explorar, mesmo estando ao nosso lado;
- na brincadeira, a criança tem a oportunidade de elaborar conflitos, medos, angústias, bem como vivenciar situações e papéis que talvez não tenha a oportunidade de viver, portanto esse universo simbólico é fundamental para o desenvolvimento cognitivo e emocional. Mas também pode ser um momento de estresse, ao se deparar com algo que não consegue fazer ou compartilhar com os pares. Essas situações conflitantes são ótimas para ajudarmos, a fim de identificarmos o problema e pensamos juntos em soluções, testando e revendo o que foi mais eficaz ou não. O papel do adulto pode ser direcionado ao acolhimento e auxílio da expressão das emoções, podendo ser modelo ou, se necessário, auxiliar conforme a necessidade;
- o acolhimento em situações de vulnerabilidade é, muitas vezes, o momento oportuno para nos conectarmos à situação e aos nossos filhos a fim de auxiliarmos na estruturação e regulação emocional, tanto pelo contato físico como pelas palavras;
- estar atento à nossa capacidade de se olhar e olhar o outro, se colocar no lugar e, então, mudar o foco do que as crianças estão fazendo para tentar descrever o que elas estavam sentindo e o que você enquanto pai e mãe estava sentindo na situação de desafio;
- geralmente, em situações desafiadoras, nós relembramos a nossa história e com ela revivemos as nossas angústias, inseguranças e, muitas vezes,

não conseguimos diferenciar o que é nosso e o que é dos nossos filhos, por exemplo, quando não conseguimos encorajá-los para prática de um esporte, pois temos medo do risco dos nossos filhos se machucarem e, ao primeiro sinal de desconforto da criança, já o tiramos e dizemos que eles também estavam com medo. Esses comportamentos normalmente reforçam as nossas dificuldades, portanto compreender quais são as nossas vulnerabilidades permite que a gente oportunize diálogos que favoreçam o pensar em estratégias de enfrentamento;

• fazer o exercício de autorrevelação aos nossos filhos, mostrando nossos medos e vulnerabilidades, dando exemplos de que a vida muitas vezes nos frustrará e desafiará e, nesses momentos, temos a grande oportunidade de mostrar como resolvemos problemas, quais são as nossas estratégias, como lidamos com a dor e sofrimento e se elas nos paralisam, nos revoltam, ou se conseguimos aprender e sair mais fortalecidos da situação aversiva;

• não podemos nos esquecer de que, geralmente, as situações estressoras nos deixam ainda mais nervosos, pois não conseguimos cuidar das nossas dores, portanto estarmos atentos às nossas barreiras emocionais é fundamental;

• estabelecer uma relação aberta e de confiança para que os nossos filhos confiem em nos dizer de seus medos, angústias, dores etc.;

• aceitar que existem situações que não conseguimos mudar, mas podemos alterar a nossa forma de interpretar e solucionar;

• ter em mente que a cada desafio ou estresse superado nos sentimos mais capazes e desenvolvemos outras estratégias de enfrentamento.

O caminho percorrido neste capítulo pode ser o início para algumas mudanças que façam sentido a você que é um adulto de referência de alguém.

Perceber a universalidade dos desafios, estresse e sofrimento como parte da nossa existência nos conecta a formas mais saudáveis de viver, em vez de nos engajarmos em processos que nos distanciam dos nossos objetivos, por exemplo, tentarmos eliminar e controlar tudo que gera desconforto.

Aprender a olhar para dentro de si e a forma como encaramos nossas dores talvez seja o maior presente que podemos dar aos pequenos, pois conseguiremos perceber como vivenciamos e interpretamos as experiências da vida.

O processo de aceitar as frustrações e os conflitos nos ajuda a fazer escolhas no sentido de solucionar os problemas e desenvolvermos a resiliência e flexibilidade necessárias a uma adaptação e, consequentemente, o bem-estar.

Espero que essas palavras mobilizem em você tudo que faça sentido e tenha valor nessa caminhada de "preparador emocional" de crianças e adolescentes.

> **Superdica**
>
> Acolha a sua criança interior para acolher a sua criança com amor.

Referências

BROWN, B .*The Path Made Clear: Discovering Your Life's Direction and Purpose*. Flatiron Books, 2019. Manifesto da parentalidade do amor incondicional. Daring Greatly. Tradução: Ana Beatriz Chamati. Disponível em: <https://www.amazon.com.br/Path-Made-Clear-Discovering-Direction/dp/1250307503>. Acesso em: 3 de maio de 2022.

GOLEMAN, D. *Inteligência emocional: a arte de educar nossos filhos*. Edição revisada. Rio de Janeiro: Objetiva, 2001.

HAYES, S. C.; STROSAHL, K. D.; WILSON, K. G. *Terapia de aceitação e compromisso: o processo e a prática da mudança consciente*. Trad. Sandra Maria Mallmann da Rosa; revisão técnica: Mônica Valentim. 2. ed. Porto Alegre: Artmed, 2021.

SOLOMON, A. *Longe da árvore: pais, filhos e a busca da identidade*. Trad. Donaldson M. Garschagen, Luiz A. de Araújo, Pedro Maia Soares. São Paulo: Companhia das Letras, 2013.

23

DESFRALDE

Um desfralde descomplicado na hora certa e do jeito certo. Descubra como encorajar, fazer o passo a passo e lidar com os desafios que aparecem ao longo do caminho. Recheado de dicas valiosas e orientações práticas. Vamos, juntos, ensinar as crianças a sair das fraldas?

MARCELA FERREIRA DE NORONHA

Marcela Ferreira de Noronha
CRM 125337

Contatos
www.dramarcelanoronha.com.br
dra.marcelanoronha@gmail.com
Instagram: @dramarcelanoronha
11 95000 4128

Dra. Marcela Ferreira de Noronha é pediatra, educadora parental e nefrologista infantil. Formou-se em Medicina pela Universidade São Francisco (2006), concluiu sua residência em Pediatria no Hospital Menino Jesus de São Paulo (2010) e obteve sua especialização em Nefrologia infantil pela Santa Casa de Misericórdia de São Paulo (2012). Também é educadora parental certificada pela Positive Discipline Association – PDA. Desde criança, já havia decidido o caminho profissional que trilharia e é muito feliz por ser médica. Fez pediatria por vocação e tem como propósito auxiliar crianças a se tornarem adultos felizes, respeitosos, com inteligência emocional, senso comunitário e física e emocionalmente saudáveis. É mãe do Lucas, de 9 anos, e da Isabela, de 3 anos, seus maiores tesouros, e esposa do Carlos, seu companheiro de vida.

Desfralde

O desfralde é um marco importante de aptidões motoras, cognitivas e psicológicas da criança e deve acontecer de forma tranquila e gradual, conforme ela se mostre pronta para isso.

Para as crianças aprenderem a controlar seus esfíncteres corretamente, é preciso nossa cooperação e paciência para guiá-la pelo processo do desfralde, evitando lutas por poder e entendendo as etapas do desenvolvimento. Vamos juntos?

Qual é a hora certa para iniciar o desfralde?

Não existe dia e hora específicos para iniciar o processo de abandonar as fraldas, que varia de criança para criança, uma vez que cada uma apresenta um desenvolvimento neuropsicomotor único, por isso é fundamental que haja um olhar individualizado. Em média, a criança está pronta para o desfralde entre 22 e 30 meses de idade.

Os principais sinais de que a criança está pronta para iniciar o desfralde são:

Motores:

- Saber abaixar e levantar as calças.
- Conseguir andar e sentar-se de forma estável e independente.
- Durante o dia, a fralda fica seca por períodos de 2 horas ou mais.

Linguísticos:

- Ter o vocabulário básico para verbalizar suas vontades e necessidades, como xixi, cocô e pum.
- Expressar suas necessidades de urinar ou evacuar com palavras, expressões faciais ou mímicas.
- Entender e responder a instruções simples.

Comportamentais:

- Querer usar calcinha ou cueca e/ou não querer mais usar fraldas.
- Incomodar-se com a fralda suja, tentando retirá-la ou pedindo para ser trocado.
- A criança fica interessada em usar o penico ou o vaso sanitário.
- Apresenta o desejo de agradar os adultos.

Quando a criança começar a demonstrar esses sinais, significa que está pronta para o desfralde. Para garantir o sucesso, inicie o processo três meses após essas habilidades serem atingidas, garantindo assim que esses aprendizados sejam permanentes.

Dica: evite iniciar o desfralde em algum momento de estresse para a criança, como nascimento de um irmão, mudança de casa ou adaptação escolar.

Como encorajar o desfralde?

Algumas crianças demoram mais para se interessar em largar as fraldas, não se incomodam em estar sujas, a linguagem é pouco desenvolvida ou ainda não possuem as aptidões motoras necessárias.

Para encorajá-las, invista em:

- Explique para a criança que todo mundo faz xixi e cocô.
- Ensine o vocabulário necessário, como xixi, cocô, pum e penico.
- Treine com a criança em como colocar e tirar as roupas.
- Compre calcinhas e cuecas com a criança para que ela se sinta mais poderosa.
- Compre livros infantis sobre desfralde e leia com a criança.
- Diga, se perceber que a criança está com vontade de fazer xixi ou cocô: "Estou observando que o seu corpo precisa fazer xixi/cocô".
- Coloque a criança sentada no penico/vaso mesmo de roupas e fraldas para que possa se adaptar ao novo dispositivo.

Qual é melhor: penico ou redutor de acento?

Tanto faz escolher um ou outro, desde que o redutor de acento tenha um apoio adequado para os pés, o que é fundamental para o esvaziamento completo da bexiga.

Durante a escolha, é importantíssimo levar em consideração o dispositivo que fará a criança se sentir mais segura, então, antes de iniciar o processo, pergunte o que a deixará mais confortável e invista no dispositivo certo.

216 | Orientação familiar

O desfralde na prática

Passo a passo para realizar o desfralde

1. De forma natural e demonstrando confiança, explique para a criança que agora ela já está crescidinha e que, a partir deste dia, fará xixi no penico ou privada com redutor e apoio para os pés.
2. A criança deve ser encorajada a sentar-se no penico ou privada adaptada de forma espontânea. JAMAIS obrigue a criança a sentar-se ou permanecer sentada.
3. No primeiro dia, leve-a ao banheiro de uma em uma hora e deixe-a sentada no penico/privada por um minuto. Isso fará com que ela comece a entender o assunto. Muitas vezes, a criança se levantará e fará xixi logo após, console-a e diga que, em breve, ela aprenderá. Se o seu filho acertar o penico, faça festa e parabenize-o por ter se esforçado e conseguido. Talvez demore uns dois ou três dias para a criança acertar seu primeiro xixi no local correto. Não desista, acredite, vai dar certo.
4. Entre o segundo e o quarto dia, quando a criança entender como funciona ir ao banheiro para fazer xixi e cocô e tiver acertado entre três a quatro vezes o lugar certo, comece a levá-la a cada três ou quatro horas ao local. O ideal é ter uma rotina preestabelecida com horários específicos para usar o banheiro. Um bom padrão é: logo após acordar, após lanches e refeições e antes de dormir. Esse intervalo é ideal para qualquer pessoa utilizar o banheiro e deve ser mantido após a criança aprender a usá-lo sozinha, pois isso ajuda a prevenir algumas doenças que podem acometer o trato urinário.
5. Não se preocupe se o seu filho for menino e aprender a fazer xixi sentado, pois logo ele aprenderá a ficar de pé durante essa atividade.

Dicas para um desfralde de sucesso

- Certifique-se de que o penico ou vaso sanitário esteja em um lugar de fácil acesso à criança.
- Escolha uma semana mais tranquila, sem muitos eventos fora de casa, para iniciar o desfralde e, de preferência, comece no final de semana, para ter mais tempo com a criança.
- Seu filho frequenta a escola? Isso pode ser uma boa ajuda para você não ter de fazer tudo sozinha(o).
- Invista em roupas confortáveis e fáceis de tirar e colocar.
- Sempre leve a criança para fazer xixi antes de dormir e imediatamente após acordar (mesmo se a fralda estiver cheia). Não se esqueça de colocá-la

para ir ao banheiro antes de sair de casa, mesmo que faça pouco tempo desde a última vez, pois isso evitará "acidentes".

• Coloque um plástico na cadeirinha do carro ou no sofá de casa até seu filho estar "craque". Isso evitará muitos estragos.

• Procure reconhecer os acertos e tratar os escapes como oportunidades de melhorias. Quanto mais focamos nos pontos fortes, mais melhoramos.

Evite!

• Elogios vazios: foque em elogiar o esforço e o processo para que a criança entenda que, quanto mais ela se esforçar, melhor ficará.

• Prêmios e recompensas: estrelinhas, abraços, adesivos etc. em troca de um xixi no penico ou um cocô no vaso sanitário são atitudes manipuladoras, podem prejudicar o processo e ainda ser uma via de mão dupla, afinal ensinam as crianças habilidades manipuladoras também.

• Castigos e reprimendas: o desfralde é um processo de aprendizado, ou seja, cheio de erros. Invista em paciência e compaixão. Castigos e reprimendas podem retardá-lo, gerar brigas por poder e levar a problemas urinários no futuro.

Como e quando tirar a fralda da noite?

Muitas vezes, o desfralde diurno é realizado de forma fácil e natural, porém alguns pequenos demoram mais para conseguir se livrar da fralda noturna. Normalmente, o desfralde noturno ou durante as sonecas da tarde ocorre quando a criança tem de 3 a 4 anos, podendo ocorrer até os 5 anos de idade.

Mas como saber o momento certo para tirar a fralda noturna? Está na hora de tirar a fralda da noite quando a criança começa a acordar seca após uma noite inteira de sono, com uma constância de, no mínimo, uma semana. É claro que alguns acidentes podem ocorrer depois da retirada da fralda noturna, mas não se preocupe, pois ocorrerão cada vez com menos frequência até desaparecerem. Evitar beber líquidos até 2 horas antes de dormir ajuda bastante no processo.

Lidando com os desafios

Até 3% das crianças com desenvolvimento psicomotor adequado e sem qualquer outra doença crônica ou neurológica apresentam problemas com o desfralde. O insucesso do processo está muito associado à imaturidade da criança e/ou brigas de poder entre o adulto e a criança. Observar o desenvolvimento da criança de perto e pegar leve, deixando tudo fluir a seu tempo, é fundamental para contornar esse problema.

218 | Orientação familiar

Aqui estão alguns dos desafios mais comuns e como lidar com eles:

Comecei o desfralde, mas descobri no meio do caminho que meu filho não está pronto. E agora?

Quando isso acontecer, não há problema nenhum em voltar atrás e recomeçar de novo em um momento de mais tranquilidade e maturidade.

Meu filho não faz cocô no penico.

Durante o processo de desfralde, até 20% das crianças se recusam a fazer cocô no penico. A primeira coisa a se fazer nesses casos é garantir que não haja constipação associada, pois isso pode prejudicar o desfralde e a criança pode desenvolver o sentimento de medo ao usar o banheiro.

Evitar usar termos pejorativos para as fezes ou demonstrar sinais de nojo relacionados às evacuações é muito importante para que a criança aprenda a lidar bem com suas eliminações.

Conflitos excessivos entre pais e filhos ou ansiedade e medos irracionais por parte da criança podem contribuir para essa recusa de evacuar no penico. Nesses casos, deixar o processo tranquilo e trabalhar os medos e a ansiedade dos pequenos são prioridade.

Por último, mas não menos importante, se o seu filho pede para usar a fralda ou se esconde para eliminar as fezes, não há problema. Encoraje-o dizendo: "Que bom que percebeu que está com vontade de fazer cocô. Você está no caminho certo! Quando quiser tentar sentar-se no penico para ver como é divertido fazer cocô e depois poder dar tchau para ele na privada, me avise." Aos poucos, as crianças vão ganhando confiança para poder testar suas novas habilidades no penico.

O que fazer com escapes e regressão?

Algumas vezes a criança já está desfraldada, mas começa a perder novamente xixi na roupa ou, de repente, se recusa a ir ao banheiro. Primeiro, garanta com o seu pediatra que não há uma infecção urinária ou uma vagina ou pênis muito vermelhos, o que pode estar causando os escapes ou ainda uma constipação, prejudicando a saída das fezes. Para os escapes, invista em convidar as crianças com mais frequência e de forma convincente para frequentar o banheiro.

A causa mais comum de regressões está associada a algum estresse que a criança vivenciou ou está vivenciando. Exemplos comuns são: o nascimento de um irmão, a morte de um parente, mudança de escola e divórcio dos pais.

Nesses casos, é necessário trabalhar a autoconfiança e autoestima das crianças, e uma boa ideia para ajudar em casos mais complexos é procurar ajuda de um psicólogo infantil.

Orientações aos pais

O desfralde pode representar um desafio para as famílias e professores. Nesta fase, a criança precisa de muita autoafirmação e está começando a entender que pode controlar o xixi e o cocô, o que pode levar à ansiedade e competição dos pais em querer controlar uma situação que só pode ser realizada pelo pequeno. A verdade é que as crianças vão aprender a usar o banheiro mais cedo ou mais tarde, quando estiverem prontas para isso.

Um ponto muito importante é que não adianta só a criança estar preparada para o desfralde. Pais e cuidadores, incluindo professores, também precisam estar preparados emocionalmente para lidar com as inevitáveis intercorrências do processo.

É aconselhável que todos os adultos que participarão do desfralde da criança sentem-se para conversar, dividir suas dúvidas, dar suas opiniões e, principalmente, definir o papel de cada um durante esse processo, o que trará facilidade e gerará mais cumplicidade entre todos os envolvidos.

Antes de iniciar o desfralde, pense um pouco nas suas expectativas quanto a ele e converse com o seu pediatra para garantir que elas estejam adequadas à realidade (deixei uma atividade ideal para ajudar você durante o processo).

Evite comparar crianças, pois cada uma é única e precisa ser encorajada da maneira adequada, de acordo com suas necessidades.

Aprender a usar o banheiro é um processo que precisa ser ensinado passo a passo e, como todo processo de aprendizado, muitos erros vão ocorrer no meio do caminho. Seja persistente e perseverante; aos poucos, a criança vai aprendendo a usar o banheiro.

Relaxe, confie e aproveite essa fase. Faça do desfralde um período de aprendizado e conexão.

Cuidado!

Desfraldes coletivos nas escolas são fortemente desaconselhados, pois desrespeitam a maturidade de cada indivíduo.

Superdica

Cada criança é única. Lembre-se que adultos não usam fraldas e que o seu filho irá aprender a usar o banheiro no momento certo. Respeite o seu desenvolvimento e ensine-o a ter coragem para enfrentar seus desafios. Faça do desfralde um processo divertido para ser lembrado com amor.

Referências

AAP PUBLICATIONS. Toilet Training Guidelines: Parents – The Role of the Parents in Toilet Training. *Pediatrics*, Jun. 1999, 103 (Supplement 3). p. 1362-1363. Disponível em: <https://publications.aap.org/pediatrics/article-abstract/103/Supplement_3/1362/28228/Toilet-Training-Guidelines-Parents-The-Role-of-the?redirectedFrom=fulltext>. Acesso em: 3 maio de 2022.

ARRUDA, D. F. de; ASSIS, G. M. Guia para um desfralde consciente. *Sobest*. Jun. 2021. Disponível em: <https://sobest.com.br/wp-content/uploads/2021/08/Guia_para_um_Desfralde_Consciente.pdf>. Acesso em: 3 maio de 2022.

MRAD, F. C. de C. *et al.* Manual de orientação de treinamento esfincteriano. Documento conjunto. *Sociedade Brasileira de Pediatria (SBP) e Sociedade Brasileira de Urologia*. 2019. Disponível em: <https://portaldaurologia.org.br/medicos/wp-content/uploads/2020/01/Treinamento_Esfincteriano-1.pdf>. Acesso em: 3 maio de 2022.

TURNER, T. L.; MATLOCK, K. B. Toilet training. *UpToDate*. Mar. 2021. Disponível em: <https://www.uptodate.com/contents/search?search=toilet%20training%20children&sp=2&searchType=PLAIN_TEXT&source=USER_PREF&searchControl=TOP_PULLDOWN&searchOffset=1&autoComplete=true&language=en&max=10&index=1~5&autoCompleteTerm=toilet>. Acesso em: 3 maio de 2022.

24

UM OLHAR PARA A TECNOLOGIA E SUA INFLUÊNCIA NO DESENVOLVIMENTO E NAS RELAÇÕES

As famílias contemporâneas têm encontrado um grande desafio com a presença das tecnologias em suas relações e, a cada dia, as novas tecnologias ganham mais espaço e recursos. O objetivo do presente capítulo é reconhecer a influência da tecnologia nas relações entre pais e filhos, assim como oportunizar possibilidades de ajustes a esse perfil familiar atual. Também será possível perceber a importância da participação e do envolvimento dos pais na gestão do tempo e qualidade de acesso a essa tecnologia.

MICHELE CRISTINA NOSSA

Michele Cristina Nossa
CRP 06/84051

Contatos
cognipsiservicospsi@gmail.com
Instagram: @michelenossapsi
16 99186 0947

Psicóloga formada pela Universidade Estadual Paulista (Unesp). Especialista em Terapia Cognitivo-comportamental pelo Instituto Cognitivo. Especialista em Neuropsicologia e Neuropsicopedagogia pela Faculdade Metropolitana. Especialista em Psicologia Clínica pela SECAD/ARTMED. Formações complementares em Psicopatologias, Obesidade e Emagrecimento, Parentalidade Consciente e Orientação Familiar. Atualmente, é psicóloga clínica com foco em atendimentos a crianças, adolescentes e adultos; orientação familiar e casal; supervisão de casos para psicólogos que atuam com a TCC.

A tecnologia está mudando a forma como as crianças brincam, como se socializam e como passam o tempo. As crianças desta geração são as primeiras dos nomeados "nativos digitais", o que significa que elas nasceram e estão sendo criadas num mundo em que as experiências, o aprendizado e a vida doméstica são fortemente influenciados pela mídia digital, de uma forma que não acontecia anteriormente. Proibir telas é impossível na sociedade moderna conectada, ainda mais considerando que boa parte das tarefas escolares e lições de casa é feita eletronicamente, e algumas escolas até dão aos alunos seus próprios tablets para estudarem em casa e na escola. O mundo digital veio para ficar (KILBEY, 2018).

A era digital e o mundo virtual são alguns dos diversos termos dados a novas Tecnologias da Informação, como: computadores, telefones celulares e internet. Vem fazendo parte do cotidiano das famílias com filhos e proliferam-se de forma veloz (WAGNER; VERZA; SPIZZIRRI; SARAIVA, 2009). Estão revolucionando a maneira como as pessoas se comunicam, buscam, trocam informações, se socializam e adquirem conhecimento, o que se carece de tempo para absorvê-las e dominá-las (UNGERER, 2013).

As mudanças advindas nas últimas décadas que incidiram sobre a estrutura das famílias tiveram, sem dúvida, uma grande influência dos meios de comunicação, internet, celular, entre outros. Dessa forma, valores foram alterados, surgiram novos rituais, novas formas de relacionamentos e novos conflitos familiares (CERVENY; BERTHOUD, 2009).

A família contemporânea tem um crescente e sucessivo desafio que é a assimilação da presença das tecnologias e as demandas que se originam do chamado mundo digital (CARTAXO, 2016). As famílias contemporâneas passaram a agregar a internet em seu dia a dia, tendo que lidar não somente com todas as facilidades trazidas por esse recurso, mas também com inseguranças, dúvidas e dificuldades causadas a partir de tal inserção na sua vida diária (WAGNER *et al.*, 2010).

As relações familiares passam por modificações para enfrentar novas demandas que surgem à medida que seus membros avançam no ciclo de desenvolvimento (McGOLDRICK; SHIBUSAWA, 2016; MINUCHIN, 1982).

A visão de mundo dos membros da família é influenciada pela época que cresceram. Uma década se diferencia de outra e todas as épocas possuem orientações profundamente diferentes quanto ao significado da vida (McGOLDRICK; SHIBUSAWA, 2016). Porém, é importante que os pais frequentem os mundos de seus filhos – sejam eles virtuais ou reais. Acompanhar e encontrar oportunidade de tornar a tecnologia uma aliada no estreitamento das relações familiares é um requisito para pais que não querem viver em mundos diferentes de seus filhos (ALVES, 2011).

A melhor hora para criar bons hábitos virtuais e impedir que o tempo de tela se torne uma obsessão é em crianças em "idade latente", fase que abrange o período da idade dos quatro aos onze anos aproximadamente. É talvez um dos estágios mais negligenciados, porém mais importantes no desenvolvimento.

Trata-se de um período em que o cérebro em desenvolvimento é altamente maleável e é moldado e forjado pelas experiências que vivencia. Crianças nessa fase são como esponjas: absorvem informações que possibilitarão que se orientem no mundo ao seu redor e se preparem para a tempestade da adolescência. A latência é também quando as crianças começam a criar seus próprios interesses e identidades e a formar seus relacionamentos sociais. À medida que entram no mundo social mais amplo da escola, conhecem novas pessoas e têm experiências fora de suas unidades familiares, elas começam a ampliar suas ideias e interesses.

Esse também é um estágio muito importante para os pais. É um período em que podem aproveitar a independência crescente dos filhos, além de construir uma relação e um laço estável e seguro que vão precisar para ajudá-las a atravessar a puberdade.

Se nesse estágio crucial as crianças estão o tempo todo conectadas a um aparelho, que impacto isso vai ter no desenvolvimento de seus cérebros? E, de igual importância, se elas estão o tempo todo conectadas, perderão oportunidades de expandir as habilidades sociais e emocionais importantíssimas que vão precisar para a vida toda (KILBEY, 2018).

Em relação aos impactos do uso contínuo e frequente de tecnologias em crianças em idade latente (4 a 11 anos), podemos citar alguns mais evidentes e preocupantes:

- Comprometimento da caminhada e marcha (devido ao excesso de tempo sentadas ou posição não adequada para manter o uso da tecnologia).
- Comprometimento da força de CORE – (estruturas corporais que mantêm a estabilidade e flexibilidade da coluna) desencadeando má postura, dificuldade em manter a coluna ereta). Essa dificuldade geralmente é percebida na escola sendo caraterística maior agitação, dificuldade em ficar sentado na carteira.
- Curvatura anormal da coluna (mais perceptível no início da adolescência) devido ao tempo que passam curvadas sobre celulares e tablets – conhecido como "pescoço de texto".
- Dores nos punhos e dedos.
- Comprometimento da visão.
- Comprometimento das atividades de brincar (imaginação, criatividade e socialização).
- Comprometimento do foco e atenção.
- Redução de autocontrole e aumento da impulsividade.
- Habituação à gratificação e a recompensas instantâneas, o que não ocorre no mundo real e aumentam a frustração e o desinteresse da criança.
- Comprometimento do reconhecimento das emoções, devido a pouca ou nenhuma exposição a expressões faciais, linguagem corporal e tons de voz de outras pessoas.

O mais importante que os pais podem fazer é criar e ensinar bons hábitos digitais. Eles devem conversar com seus filhos sobre o mundo virtual para garantir que tenham uma relação saudável com as telas. É necessário entender que o acesso irrestrito à internet pode provocar vários tipos de dificuldades.

As rápidas mudanças do mundo digital estão abalando a calma e a estabilidade que a latência exige. O tempo de tela criou um campo de guerra dentro das famílias. Em casas de todo o mundo, pais e filhos se digladiam sobre quanto tempo passam on-line. Esse é um período crucial para os pais ensinarem bons hábitos digitais para os filhos a respeito de segurança virtual e como usar o bom senso, antes de os filhos se tornarem adolescentes e adquirirem mais independência.

O ponto central da latência é a socialização – fazer amigos e começar a criar certa autonomia e independência preparando-se para o crescimento. No entanto, se as crianças nessa idade vivem coladas a uma tela, corre-se o risco de produzir uma geração de crianças socialmente isoladas, com poucas habilidades sociais. Quando as crianças entram na adolescência, a dependência excessiva (ou obsessão) de tempo de tela ameaça causar um impacto em parte da vida, desde sua capacidade de fazer amigos a seu desempenho acadêmico.

Portanto, é necessário definir regras sobre o tempo de tela para os filhos – assim como existem regras para todas as outras coisas, como hora de dormir, lição de casa e comportamentos (KILBEY, 2018).

Atualidade

Com a revisão da CID (Classificação Internacional de Doenças) e DSM (Manual Diagnóstico dos Transtornos Mentais) a partir de 2022, o vício em jogos eletrônicos entra para a lista de distúrbios de saúde mental sob a nomenclatura "Distúrbio de games" (*Gaming disorder*). A classificação por parte da OMS visa ajudar governos, agências de saúde e pais a identificarem riscos e promover tratamentos a esse distúrbio.

Sintomas como o aumento da prioridade dada aos jogos, que passam a prevalecer sobre outras atividades e áreas de interesse da vida pessoal e social, caracterizam esse distúrbio. Além desse sintoma, outros podem ser identificados como a perda de controle sobre aspectos relacionados aos jogos, duração e frequência das exposições; e a continuidade do vínculo com jogos mesmo com consequências negativas, como o impacto na vida profissional, educacional, social e familiar.

Ainda que a dependência não seja química, como no caso das drogas, o modo como ela afeta o indivíduo é similar. A psiquiatra Júlia Machado Khoury, pesquisadora do Centro Regional de Referência em Drogas (CRR) da Faculdade de Medicina da UFMG, explica

> Da mesma maneira que um dependente químico precisa usar uma dose cada vez maior para atingir o mesmo prazer, desenvolvendo o que chamamos de tolerância, o mesmo acontece com os dependentes de jogos ou tecnologia. No caso dos jogos, a tolerância leva o indivíduo a passar intervalos de tempo cada vez mais longos jogando.

Outra similaridade entre as dependências é a abstinência. Irritabilidade, ansiedade, insônia e até mesmo tremores podem aparecer quando essas pessoas ficam afastadas dos jogos por longos períodos. Todos esses sintomas também são observados em usuários de drogas. Isso ocorre devido à liberação de dopamina no cérebro.

Assim como acontece com as dependências químicas, a dependência comportamental também tem altas chances de recaída. E mesmo com o tratamento, o estímulo para continuar a atividade em níveis nocivos continua alto.

O dependente sempre vai ter consigo uma doença, pois a dependência, seja ela química, psicológica ou comportamental, é uma doença crônica, ou seja, nunca se cura. A pessoa pode ficar vários anos, até mesmo a vida toda, sem ter contato com o vício, mas ela continua predisposta.

Como diferenciar, então, uma preferência saudável pelo hobby de um distúrbio?

A dependência costuma estar ligada à restrição e precarização de todos os aspectos da vida, como piora no desempenho escolar ou profissional, afastamento de familiares, amigos e cônjuges. É normal o jovem abandonar as atividades que ele fazia antes, começar a faltar às aulas, abandonar os grupos de amizades, deixar de realizar atividades básicas do dia a dia como comer, dormir ou tomar banho. Assim, a melhor maneira de se identificar um comportamento obsessivo é por meio da comparação do comportamento de antes e depois do início do contato com os jogos, para identificar o aumento de fatores como agressividade, irritabilidade e isolamento. Por meio dessa comparação, é possível identificar se existe a necessidade de procurar os profissionais de saúde mental em busca de um diagnóstico.

Fica a dica!

Sinais de alerta para crianças de quatro a sete anos

- Seu filho acha difícil realizar tarefas físicas que os pares dele são capazes de fazer – como andar de bicicleta, nadar, escalar, correr, praticar educação física na escola.
- Ele sofre com atividades que envolvem habilidades motoras finas, como se vestir, abotoar, amarrar cadarços, fechar zíperes ou usar garfo e faca.
- Tem dificuldade em ser criativo e imaginativo durante as brincadeiras. Não saberia o que fazer com uma caixa de papelão ou o que construir com blocos de brinquedo.
- Não tem interesse em brincadeiras de fantasia ou faz de conta como antes.
- Tem dificuldade em inventar um jogo ou história usando brinquedos como bonecos, carrinhos ou outros veículos.
- Tem problemas relativos a começar a escola e acha difícil se adaptar e fazer amigos.
- Tem sido bagunceiro na sala de aula.

(Fonte: KILBEY, 2018)

Sinais de alerta para crianças de todas as idades

- Há mudanças na escola – como comentários dos professores de que seu filho não está se concentrando e está menos focado do que antes, ou relatos da escola de que ele está passando os recreios ou as refeições sozinho.
- Ele parou de comentar sobre os amigos de quem falava muito.
- Parece infeliz e fala sobre ficar "entediado" na escola – para crianças latentes mais velhas, isso significa que estão solitárias.
- Não está mais interessado nas atividades de que gostava antes. Seu único interesse é ficar na internet.
- Demonstra menos interesse em tarefas antes prazerosas que exigem tempo e concentração (como ler, escrever, desenhar, colorir e brincar de Lego).
- Parece facilmente distraído (por exemplo, divaga quando você está conversando com ele. Tem uma capacidade de concentração reduzida para qualquer coisa que não seja o tempo de tela).

(Fonte: KILBEY, 2018)

Algumas soluções

- As crianças aprendem e se desenvolvem pelo "fazer" – tentar, praticar, resolver problemas, aprender tarefas diferentes. Não substitua a parte de "fazer" do desenvolvimento infantil por telas. O tempo de tela normalmente consiste apenas em assistir.
- Garanta que os aparelhos digitais não sejam o único foco do repertório na hora de brincar.
- Desvie a atenção de seu filho. Usamos muito essa técnica com crianças pequenas, mas ela também pode funcionar para crianças mais velhas. Distraia seu filho sugerindo outra tarefa, seja um jogo ou atividade, para tirá-lo da frente da tela.
- Use o computador de maneiras diferentes. A internet é cheia de ideias, então use a tela para direcionar seu filho a outras atividades: por exemplo, peça para ele procurar vídeos de como fazer um foguete com um rolo de papel higiênico para depois sair e realmente fazer o brinquedo.
- Tente priorizar a brincadeira na vida real para crianças menores, no lugar da brincadeira virtual.
- Ajude a fundamentar o desenvolvimento social gerando oportunidades para seu filho encontrar outras crianças. Continue misturando os grupos para que ele interaja com a maior variedade de pessoas possível.
- Dê a seu filho muitas oportunidades sociais – participar de clubes, sair em passeios de grupo, ir a parques, playgrounds e fliperamas. São todos lugares onde seus filhos podem conhecer outras crianças e travar conversas.

(Fonte: KILBEY, 2018)

Orientações aos profissionais

A psicoeducação sobre a fase do desenvolvimento em que a criança se encontra é necessária dentro de um processo de orientação familiar.

Neste caso de orientação familiar com o olhar sobre o uso de tecnologias, é muito importante que o profissional traga as evidências sobre o desenvolvimento físico e socioemocional mais impactadas pelo uso excessivo de tecnologias nessas fases.

Fazer essa correlação dos possíveis impactos é relevante à tomada de consciência dos pais sobre o seu papel também como modelos desses comportamentos.

Algumas perguntas também podem auxiliar na anamnese e trazer uma dimensão do ponto de vista familiar sobre o caso.

- Quais são os aspectos positivos e negativos do uso de tecnologias na relação entre vocês?
- Como o uso da tecnologia é administrada na família?
- Qual a sua percepção da influência da tecnologia entre vocês? (direcionar a pergunta individualmente a cada membro).
- Qual a percepção do outro quanto à influência da tecnologia entre vocês? (direcionar a pergunta individualmente a cada membro).

Com base nessas informações, desenvolver o plano de intervenção que mais auxiliará na orientação dessa família.

Superdica

A tecnologia não pode ser nossa senhora, tem que ser nossa serva. Não permita que ela esgote seu tempo, nem sua vida.

Referências

BUENO, A. Vício em games será considerado transtorno de saúde mental. *Faculdade de Medicina UFMG.* 2 jan. 2020. Disponível em: <https://www.medicina.ufmg.br/vicio-em-games-sera-considerado-transtorno-de-saude-mental/>. Acesso em: 1 fev. de 2022.

CARTAXO, V. *Tecnologia: um amor quase perfeito.* Novo Hamburgo: Sinopsys, 2016, 64 p.

KILBEY, E. *Como criar filhos na era digital.* Trad. Guilherme Miranda. Rio de Janeiro: Fontanar, 2018, 253 p.

NEUMANN, D. M. C.; MISSEL, R. J. Pensando famílias. Periódicos Eletrônicos em Psicologia. Vol. 23, n. 2, jul.-dez. 2019. Disponível em: <http://pepsic.bv-salud.org/scielo.php?script=sci_arttext&pid=S1679-494X2019000200007>. Acesso em: 1 fev. de 2022.

YOUNG; K. S.; ABREU, C. N. de. (Orgs.) *Dependência de Internet em crianças e adolescentes: fatores de risco, avaliação e tratamento.* Trad. Mônica Giglio Armando. Porto Alegre: Artmed, 2019, 306 p.

25

O AMOR-PRÓPRIO COMO BASE PARA O DESENVOLVIMENTO DAS HABILIDADES SOCIAIS E EMOCIONAIS DE TODA A FAMÍLIA

O amor-próprio promove, ao mesmo tempo, a aceitação de quem somos e o compromisso de agirmos de acordo com os nossos valores, nos colocando como verdadeiros aprendizes, sempre prontos a evoluir. Quando cultivamos o amor-próprio e nos aceitamos incondicionalmente, acabamos por aceitar também os outros, respeitando suas diversidades. Neste capítulo, você entenderá ainda melhor a importância de desenvolver o amor-próprio para promover as habilidades socioemocionais.

MICHELE TROGLIO

Michele Troglio

Contatos
micheleptroglio@gmail.com
Redes sociais: @micheletroglio / @dinamicart.oficial
@universo.omnus / @intccrio
21 99852 3396 / 21 97500 1 0501

Orientadora familiar, facilitadora em Disciplina Positiva e Parentalidade Consciente, escritora, fundadora do Universo Omnus e da DinamicArt. Coordenadora da pós-graduação em Orientação Familiar e Educação Parental – InTCC Rio. Sócia-diretora do ConCriArt – Congresso de Terapia Cognitiva da Infância e Adolescência e do InTCC - Rio – Instituto de Ensino, Pesquisa e Atendimento em Terapia Cognitivo-comportamental do Rio de Janeiro.

A saúde mental tem ocupado um espaço maior nas relações individuais e familiares nestes últimos anos, tendo como acelerador do processo de valorização do desenvolvimento emocional o contexto vivenciado pela humanidade a partir do ano de 2020, em que foi deflagrada a pandemia da covid-19. Todos nós nos vimos experimentando vivências inusitadas de frustração, medo, adaptabilidade, tristeza, perda, resiliência, que geraram mudanças transformadoras; para alguns positivas; para outros, nem tanto. O fato é que, em toda a história, nunca ficou tão evidente a importância de entender-se, gerir-se e amar-se.

Muito se tem falado sobre autoconhecimento, regulação emocional e amor-próprio. Contudo, muitas pessoas ainda não sabem como alcançar o amor-próprio e experienciar uma vida emocionalmente mais saudável. O objetivo deste artigo é esclarecer alguns pontos que permeiam a temática do amor-próprio e oferecer recursos lúdicos e práticos para o seu desenvolvimento.

O que é o amor-próprio?

Podemos imaginar que amor-próprio está relacionado à autoimagem, aparência, a estar esteticamente adequado aos moldes de uma determinada cultura. Além disso, pode-se acreditar que basta ir para frente do espelho e ficar, por repetidas vezes, dizendo: "Eu me amo! Eu tenho valor!" que o amor-próprio aparecerá como num passe de mágica. Esses são contextos externos, ou seja, estar bem-vestido, com um bom corte de cabelo, ter conquistado um bom resultado em um projeto, cultivar pensamentos e falas positivas a seu respeito, tudo isso pode colaborar para o desenvolvimento da autoestima, que tem sua importância, mas não se confunde com amor-próprio, que é perene, enquanto a autoestima tende a ser circunstancial e momentânea.

Seguindo na busca pelo amor-próprio, nos deparamos com um fato simples e revelador: não podemos amar o que não conhecemos. Por isso, para cultivar o verdadeiro amor-próprio, é imprescindível ocupar-se de si mesmo, entender-se, autoconhecer-se. É nesse mergulho em si mesmo que evidenciamos o que nos torna únicos. Somente quando entendemos quem somos, nossos valores, nossas habilidades e limitações, é que passamos a ter a capacidade da escolha de nos amarmos.

Pelo autoconhecimento, abre-se a oportunidade de cultivarmos o amor-próprio, essencial para manter o bem-estar emocional, colaborando para que tenhamos respostas conscientes diante dos desafios da vida. O amor-próprio promove, ao mesmo tempo, a aceitação de quem somos e o compromisso de agirmos de acordo com os nossos valores. Quando cultivamos o amor-próprio e nos aceitamos, acabamos por aceitar melhor os outros, favorecendo uma comunicação consciente, ou seja, uma comunicação respeitosa e assertiva. Além disso, os vínculos afetivos são fortalecidos de forma autêntica e abre-se espaço para agirmos com maior tolerância diante dos acontecimentos inusitados da vida.

Por que é importante desenvolver o amor-próprio?

Quem se ama aceita-se como é, encontrando beleza e valorizando cada característica que o torna diferente e especial. Quando o amor-próprio é encontrado e cultivado, entendemos o valor da nossa identidade (*self*) desassociado dos nossos resultados. Assim, passamos a olhar as adversidades e os erros como oportunidades de aprendizado, não havendo mais espaço para julgamentos desencorajadores nem para a busca de culpados para justificar as circunstâncias. Quem experiencia a sua vida com o amor-próprio, consegue lidar melhor com as suas limitações, bem como com as limitações dos outros, pois fica evidente que o valor de cada pessoa não está no que ela faz ou no que ela tem, mas em sua capacidade de ser.

Praticar o amor-próprio é autovalorizar-se e aprender a lidar com as nossas emoções a partir do autoconhecimento. Quem se ama aprende a blindar-se das críticas não construtivas e adquire autoconfiança e autorresponsabilidade, conseguindo negar aquilo que não faz sentido na sua trajetória de vida.

Qual é a relação entre amor-próprio e regulação emocional?

Quando passamos a nos conhecer e a cultivar o amor-próprio, adquirimos a capacidade de perceber melhor as nossas emoções, entendendo que elas são fisiológicas, aprendendo a lidar melhor com elas, conseguindo, assim, avaliar quais são as situações que nos desregulam emocionalmente. Isso promove a retomada do bem-estar emocional para cada um, porque não há uma única forma, uma receita infalível, para se retomar o bem-estar. Cada pessoa, por meio do autoconhecimento, vai compreender-se e, em razão do amor-próprio, vai proporcionar a si mesma essa regulação emocional.

Orientações aos pais

Como desenvolver o amor-próprio em família?

Quando desenvolvemos o amor-próprio, passamos a entender melhor as nossas necessidades e a promover o autocuidado, que é significante para que, então, possamos cuidar dos nossos filhos e da nossa família como um todo. Quando estamos bem e equilibrados, a jornada se torna mais fácil, mais leve, e conseguimos desempenhar melhor a importante atribuição que é educar.

Por isso, é fundamental reservar um tempo de qualidade para si mesmo, com o objetivo de manter sua própria saúde, qualidade de vida e bem-estar. As crianças aprendem muito mais pelos exemplos, então, se você quer que seus filhos se alimentem bem, durmam bem, façam esportes, tenham qualidade de tempo com você, comece você com esses hábitos e seja como um espelho na vida dos seus filhos. Permita-se esse autocuidado para que possa cuidar melhor de quem tanto depende de você.

Se eu busco para a minha família o desenvolvimento do amor-próprio a fim de promover uma educação emocional mais saudável, eu devo, inicialmente, entender as minhas necessidades e as emoções presentes nos diversos papéis que a vida me convida a exercer. Dessa forma, passo a ser exemplo para os meus filhos e as pessoas que fazem parte do meu contexto familiar para que, também, se ocupem de si mesmas, respeitando suas necessidades e emoções.

Quando passamos a nos olhar e olhar o outro pela lente do respeito e do amor, deixamos de focar nos erros e de nos preocuparmos em julgar ou tentar fazer com que os outros ajam de forma diferente. Então, quando a criança ou algum adulto agir de maneira equivocada e desrespeitosa com os valores familiares cultivados, é necessário olhar para esses erros e entender como esses equívocos e circunstâncias podem ser modificados, tendo-os como oportunidades de aprendizado, sem que isso determine o valor de quem os praticou.

Não é porque o meu filho errou que ele é um mau filho, que ele é mal-educado, que ele é uma criança burra, que não estuda, que é relaxado, desorganizado. Não é isso! Eu compreendo, então, que meu filho teve atitudes equivocadas, que precisam ser reorganizadas, mas elas não definem quem é essa criança. Isso também vale para as atitudes esperadas, que consideramos positivas. Não é porque o meu filho tirou nota 10, ou porque ele foi querido com todas as visitas, ou porque está com o quarto todo arrumado, que essas circunstâncias, apesar de serem agradáveis, vão determinar quem é o meu filho.

É preciso entender que o amor-próprio é perene, é algo constante, que não está sujeito a sofrer mudanças de acordo com as circunstâncias. Há situações em que a autoestima pode não ser mantida, mas o amor-próprio se mantém e isto é algo importante a ser ensinado às crianças desde pequenas, que o amor nutrido por elas mesmas deve permanecer, mesmo diante das situações mais adversas e de resultados não desejados.

A vivência do amor-próprio é permanente, mas sua conquista não. Se conquista o amor-próprio a cada dia, a cada circunstância. Eu não coloco o amor-próprio no bolso e acabou! O amor-próprio é um exercício diário.

É importante lembrarmos que os hábitos são feitos de rotinas diárias e o aprendizado se torna mais eficaz pelos exemplos, especialmente para as crianças e adolescentes. Sendo assim, para estimularmos o respeito e a cumplicidade dentro da nossa família, é primordial o autorrespeito, estabelecendo limites e reconhecendo nossas próprias limitações.

Quando colocamos o autoconhecimento e amor-próprio como centro da educação e do desenvolvimento emocional familiar, desenvolvemos empatia. A empatia nos permite a conexão com as necessidades, emoções e desejos do outro, a partir da autopercepção, estabelecendo vínculos coerentes e consistentes. A partir dessa conexão empática, baseada no autoconhecimento e no amor-próprio, temos a comunicação consciente e assertiva, gerando o apego seguro tão necessário para um adequado desenvolvimento emocional.

A partir dessa conexão, é possível, então, externar e, autenticamente, se comunicar de forma respeitosa com o outro. É a partir do autocuidado que eu consigo cuidar, é a partir do amor-próprio que eu consigo amar e é a partir do autorrespeito que eu consigo respeitar.

Se o amor-próprio é algo que se adquire, como colocar em prática com as crianças?

A criatividade e a utilização de métodos que acessam diretamente a linguagem infantil facilitam no aprendizado e no modo de as crianças se expressarem. Assim, recursos como técnicas teatrais, metáforas, jogos educativos e a arte, em todas as suas formas, são excelentes ferramentas para serem utilizadas, tanto em família, como em salas de aula e sets terapêuticos.

Nas atividades com as crianças, além de trabalhar com jogos, literatura, fantoches e a arte em suas diversas formas, eu também disponho de recursos criados por mim no Universo Omnus, produto inspirado a partir do livro Omnus – Atlas das competências socioemocionais, obra de minha coautoria. O Universo Omnus tem por objetivo contribuir na educação socioemocional de crianças e adolescentes, facilitando o acesso e o diálogo familiar.

Colocando em prática

Pelo QR Code, você terá acesso a recursos lúdicos que fazem parte do Programa Omnus de Habilidades Socioemocionais. Esse programa utiliza metáforas do livro Omnus – Atlas das competências socioemocionais e evidencia o desenvolvimento do amor-próprio e do autorrespeito como base para a aquisição das habilidades sociais e emocionais.

Desejo que estas atividades possam auxiliar a promover uma educação baseada em respeito e amor, contribuindo, assim, para a construção de uma geração emocionalmente mais forte e saudável.

Superdica

Pratique o amor-próprio, o autocuidado e a empatia todos os dias! Essas são habilidades emocionais e sociais que precisam ser fortalecidas diariamente. Sugira que cada membro da família crie uma lista com essas três habilidades e peça que observe, diariamente, se tem praticado o amor-próprio, o autocuidado e a empatia. Esse exercício proporcionará momentos de autoconhecimento, reflexão e desenvolvimento dessas habilidades, fortalecendo toda a família.

Referências

CAMINHA, R. M. *Baralho Tríade da Regulação*. Porto Alegre: Arte em Livros, 2022.

CAMINHA, R.; GUSMÃO, M. *Emocionário: dicionário das emoções*. Novo Hamburgo: Sinopsys, 2018.

DEL PRETTE, Z. A. P.; DEL PRETTE, A. *Psicologia das habilidades sociais: terapia e educação*. Petrópolis: Vozes, 1999.

GOLEMAN, D. *Inteligência emocional: a teoria revolucionária que redefine o que é ser inteligente*. Rio de Janeiro: Objetiva, 2019.

GOTTMAN, J. *Inteligência emocional e a arte de educar nossos filhos: como aplicar os conceitos revolucionários da inteligência emocional para uma compreensão da relação entre pais e filhos*. Rio de Janeiro: Objetiva, 2001.

HAYES, S. C. *Terapia de aceitação e compromisso: o processo e a prática da mudança consciente*. Porto Alegre: Artmed, 2021.

NELSEN, J. *Disciplina positiva*. Barueri: Manole, 2015.

ROSENBERG, M. *Criar filhos compassivamente: maternagem e paternagem na perspectiva da comunicação não violenta*. São Paulo: Palas Athena, 2019.

SIEGEL, D. J.; BRYSON, T. P. *O cérebro da criança: 12 estratégias revolucionárias para nutrir a mente em desenvolvimento do seu filho e ajudar sua família a prosperar*. São Paulo: nVersos, 2015.

TROGLIO, M.; MORAES, F. *Omnus: Atlas das competências socioemocionais*. São Paulo: Literare Books International, 2020.

26

SOLIDÃO MATERNA

Convido você para passear pelas reflexões deste capítulo para que o olhar clínico se amplie, seja no consultório ou na escola, a respeito das sensações e da realidade que muitas mães hoje vivem e que impactam diretamente em seus filhos. Precisamos desenvolver muita empatia e acolhimento por elas. Se você é mãe e se identificou com o sentimento de solidão, sinta-se abraçada e saiba que você não está sozinha. Boa leitura!

MIRIAM SCHINCARIOL

Miriam Schincariol
CRP 06/113624

Contatos
florirmaterno.com.br
florirmaterno@gmail.com
Instagram: @florirmaterno

Psicóloga formada pela PUC-Campinas em 2012, psicoterapeuta EMDR, especialista em Perinatalidade e Parentalidade, com experiência na transformação que a chegada dos filhos traz para a família, especialmente para a vida da mulher. Cofundadora do grupo Materno Mundo, ministra grupo terapêutico de mães em escolas e empresas, além da prática clínica. Apaixonada por comunicação não violenta, educação respeitosa, afetuosa e com limites.

Com a rapidez das informações atuais, se tornou cada vez mais possível o acesso a dicas, teorias e a inúmeras regras que prometem milagrosas soluções para nossos problemas e dúvidas. Quando o assunto é se tornar pai e mãe, não é diferente, há uma realidade de muitos compartilhamentos, cursos e muitos conteúdos disponíveis on-line.

A grande rede de comunicação e interação que temos atualmente nos traz imensos benefícios; é possível você se comunicar com mães de outros países, estar em grupos específicos que te interessem, encontrar especialistas e grupo de apoio, tudo isso no ritmo da própria ansiedade que a maternidade tem causado – mesmo que nem sequer tenha tempo de perceber – só se acredita que a mãe precisa saber tudo e acompanhar tudo, já o pai nem sempre divide essa responsabilidade.

Muitas vezes encontro em minha prática clínica mulheres com o "currículo" cheio; curso de gestante, de amamentação, técnicas para o sono, shantala, estimulação de bebês, introdução alimentar e demais assuntos relacionados ao primeiro ano do bebê, porém com sentimentos e sensações que não possuem lógica, teoria ou curso que as ensinem compreender. Assim como também não é raro ouvir o relato "não sei o que fazer" ou ainda "já fiz de tudo", vivenciando desesperança e frustração em sua maternidade, por tanto terem estudado, ou não, e por não encontrarem as respostas exatas para o que estão passando em casa com os filhos.

Nessa hora, eu sempre reflito se houve o momento que esses pais silenciaram o ambiente para ouvirem a si mesmos e para ouvirem um ao outro. Todas essas facilidades podem trazer para dentro de casa um esquecimento dos valores individuais e das coisas que fazem sentido para aquela família e para a mulher que existia antes de começar a basear sua maternidade naquilo que teoricamente é ensinado.

Miriam Schincariol | 243

Esse cenário é muito propício para situações que podem gerar tristeza, ansiedade, confusão, irritabilidade, bem como mudanças emocionais de forma geral, já que muitas mulheres verbalizam sequer reconhecer o próprio corpo após a maternidade e muitas vezes também não reconhecem seus pensamentos de desamparo e desvalorização durante esse período.

Segundo a psicanalista Vera Iaconelli (2020), o maior problema se dá no momento que as nossas escolhas acontecem no "piloto automático" sem levar em conta o que está ao nosso alcance e o que desejamos fazer, ou seja; escolher sem se ouvir.

Essa ausência de comunicação e acolhimento entre o casal, entre os familiares e até mesmo entre os amigos, conduz muitas mulheres à solidão, pois nenhum curso, grupo ou tecnologia substitui a função parental, podendo ser uma solidão acompanhada ou mesmo solidão trazida pela maternidade solo. Que atire a primeira pedra a mãe que nunca se sentiu sozinha, seja no puerpério, na educação ou em qualquer outra decisão que tenha tomado.

Inicialmente, quando pensamos a respeito da solidão materna, logo imaginamos seu significado genuíno, o qual "solidão" remeteria ao isolamento físico e à falta de rede de apoio, talvez situação mais esperada em mulheres que são divorciadas ou mães solo, mas também essa sensação de estar só muitas vezes é relatada pelas mães que estão com a casa cheia, com os amigos em volta, tentando dividir a função parental com um marido e, ainda assim, sentindo-se desamparada.

O momento mais característico e esperado socialmente que uma mulher se sinta sozinha é após o nascimento (ou chegada) do seu filho. A transformação que uma criança traz para a vida dos adultos em seu entorno é gigantesca, dedicação por horas seguidas, mudanças corporais e hormonais, amamentação, alteração na rotina, algumas vezes dores físicas, privação de sono, medos e pensamentos inseguros. Tudo isso somado à maior responsabilidade de ter uma vida dependente de cuidados, segurança, afeto, acolhimento e olhares para sobreviver.

Durante o puerpério, a mãe tem a função de suprir as necessidades da criança de ordens físicas e emocionais, muitas vezes deixando de lado suas próprias necessidades. Quantas vezes ouvimos mulheres dizendo que o banho ficou para depois, que a comida ficou no prato até esfriar ou queixas que remetem à quantidade de horas na dedicação ao bebê que, com essa mãe, também está aprendendo. Essa intensa conexão necessária com a criança pode trazer uma sensação de desconexão consigo mesma e até mesmo com as outras pessoas

244 | Orientação familiar

que querem ajudar com sugestões, opiniões e pontos de vista que nem sempre favorecem. Muitas mães não se sentem compreendidas e acolhidas. Esse contexto favorece desentendimentos e afastamento do casal: mulher fragilizada e o companheiro tentando suprir a família no trabalho durante o dia, cansado de ouvir reclamações da esposa sobre o que tem vivido, às vezes chega em casa esperando descanso e se frustra. Entra-se em um movimento circular, a mulher esgotada e solitária, o homem também cansado sem recursos para aliviar a situação, ambos se fecham e os dois se desconectam.

Outra função que merece um espaço especial para falarmos é sobre a avó, pessoa que muitas vezes quer muito estar presente, mas pode não saber como desempenhar seu papel e ter dificuldade na hora de oferecer apoio, focando nos cuidados da criança e esquecendo que essa recém-mãe também acaba de "nascer". Aquela mulher com o filho novo no colo muitas vezes também quer um colo para se aconchegar e aliviar a solidão que a acompanha, pois pode sentir necessidade de ser cuidada e acolhida como filha, mas não conseguir se conectar.

A solidão das mães solo e/ou divorciadas igualmente pode trazer angústias e sentimentos conflituosos, pois a maior parte das horas semanais com a criança são de responsabilidade exclusiva delas, que muitas vezes possuem o trabalho como necessidade fundamental, sentem-se sobrecarregadas com as suas tarefas diárias e dos filhos e, quando não possuem rede de apoio, ficam sem tempo para o autocuidado básico do descanso e do lazer com as crianças. As exigências da maternidade e a angústia de não ter com quem dividir a educação e responsabilidades geram o temor: "Eu fico com o papel chato, do dia a dia, de educar, de cobrar as lições da escola, dos compromissos, então pra mim é difícil, fico sem saber se cobro ou se deixo, tenho medo que ele (o filho) me ame menos, porque o pai fica com os momentos de lazer e diversão" (Relato de uma paciente divorciada cuja identidade será preservada por questões éticas).

Vivemos um momento histórico em que conseguimos discutir esse desequilíbrio na divisão das funções e dos papéis parentais. As crenças sociais que defendem uma mulher que seria boa mãe apenas se estivesse disponível sempre para os filhos, ou ainda que afirmam que ser mãe é sinônimo de padecer no paraíso, ou até mesmo que a mãe deve cuidar e o pai deve dar conforto, são crenças que carregamos na história da nossa sociedade, internalizamos, mas precisamos questionar para sair desse cenário.

Não é possível segregar essa solidão da expectativa que a sociedade ainda atribui à mulher atualmente; de alta performance, ser profissional destaque, uma mãe admirável, esposa amorosa e cuidadora impecável do lar para algumas, pois exatamente na contramão disso, a chegada da criança transforma a estrutura familiar e a vida da mulher com muita intensidade. Quando a mulher se percebe "fracassando" diante dessas responsabilidades, mesmo que de forma silenciosa, temendo não ser tudo que é esperado dela, sente-se culpada. De repente, estar no trabalho gera culpa por não estar com o filho ou estar com o filho e gera culpa por não trabalhar, vivendo a ilusão de viver excelência nas funções o tempo todo, como se todas as mulheres do mundo dessem conta de tudo, menos a que está sentada no sofá da terapia.

Aos poucos, algumas mulheres começam a tentar ter o controle de todas as situações para se aliviar e de forma solitária, seguindo o famoso "se eu não fizer, ninguém faz", assumem a casa, seu trabalho, a lição de casa do filho, a consulta médica do marido, o grupo de mães, o curso para educar e, talvez, se couber tempo, de fazer algo por si. Elas não aprendem ou até mesmo não conseguem soltar, dividir as atividades e a usar a rede de apoio, têm dificuldade em deixar outras pessoas fazerem, porque também às vezes têm dificuldade de pedir ajuda. Novamente, temos a mulher sozinha.

A percepção que tenho é que também existe a autocobrança de acertar na arte de ser mãe, ou seja, ser uma mãe perfeita e ideal seria o mesmo que fazer com as mãos a mais bela obra-prima do mundo inteiro, sem rasuras, sem erros e detalhes, como se os filhos fossem seres totalmente moldáveis ao capricho dos adultos. É essa a verdade que socialmente nos é entregue, afinal de contas, conjugar o verbo errar na maternidade também atrai a culpa como companheira (quase) inseparável. O que acontece quando acreditamos nessa teoria é que esquecemos que estamos falando sobre criar pessoas e não esculturas.

Educar é muito mais do que decidir quais regras e limites a criança deverá cumprir, envolve conexão, afeto e construção da relação. Para construir com solidez e segurança, precisamos de um tijolo por vez, paciência e persistência. O ser humano erra, as mães erram e está tudo bem. Os erros humanos naturais e esperados frente à educação também são necessários para as crianças desenvolverem resiliência e adaptabilidade.

Então chegamos na criação dos filhos, uma das funções dos pais, talvez a mais desafiadora e ainda mais na realidade solitária. Em uma situação em que há um casal envolvido nesse desafio, não podemos falar sobre criar filhos sem antes ter clareza no pensar como essas duas pessoas foram criadas, indi-

246 | Orientação familiar

vidualmente, sobre as crenças de cada um, estilos parentais e suas respectivas histórias de vida.

Quando ouço relato de mulheres queixando-se da forma oposta de educar que vê em seu marido ou mesmo as mulheres que vivem sozinhas, imediatamente surge o quão solitário acaba sendo essa responsabilidade de educar. Elas passam horas lendo e buscando referências, tentam colocar em prática com a criança, mas quando depende do companheiro ou de outros, não há o mesmo objetivo ou as práticas são opostas. Aqui falo mulheres pois, na maioria das vezes, são elas que tentam uma prática mais afetuosa e menos rígida; alguns homens respeitam e concordam, outros não e, como consequência disso, normalmente temos casais distantes e desconectados.

Vejo que temos de um lado as pessoas que estudam sobre uma nova forma de educar, por meio do respeito, do limite e do afeto; de outro, temos aqueles que são presos a uma educação tradicional, baseada em autoritarismo. E muitas vezes, no meio desse casal que chega à clínica, temos nós, psicólogos, com a difícil missão de encontrar a melhor maneira de cada um deles agir, buscando suas habilidades e extraindo suas competências.

Entender quais são as forças, as habilidades e as virtudes de cada um é fundamental para que possamos desenvolver a cumplicidade entre o casal, ou entre os responsáveis pela criança, ou seja, esse trabalho é feito de maneira extremamente individual no sentido de olhar para o ambiente e para cada um dos integrantes, respeitando os limites individuais.

Ao se deparar com uma mulher mãe, independente do que a traz até você ou sua queixa inicial, é fundamental ter um olhar clínico amplo a respeito das tarefas que ela carrega consigo, da sua rede de apoio, das suas crenças, dos seus valores e de como ela tem se autoavaliado. Além disso, considerar a maternidade como uma transformação de sua vida e como um marco que precisa ser olhado na construção da sua vida emocional.

O intuito deste capítulo foi despertar em nós a sensibilidade para o sofrimento psíquico que muitas mulheres carregam consigo diante de tantas desconexões e solidão, algumas podem desenvolver doenças emocionais como depressão, ansiedade e demais transtornos. Por este motivo, devemos estar atentos às pessoas ao nosso redor que apresentam mudanças de comportamentos, mudanças de humor, alimentação, sono, nas falas, na socialização ou falta dela, e na maneira de lidar com a esperança do futuro. O acompanhamento profissional especializado é fundamental para o cuidado da saúde dessa mulher, pois a solidão pode ser transitória e pode ser mais leve.

Por fim, é fundamental destacar qual o grande aprendizado que pode ser amadurecido com a solidão: a autonomia. Quanto mais dependemos apenas de nós mesmos, mais precisamos ser responsáveis nas nossas decisões e escolhas para sermos assertivos, mais temos a chance de desenvolver habilidades desconhecidas e reconhecer nossas capacidades de maneira íntegra, honesta, real, ou seja, com falhas. Lidar com nossas falhas e reconhecer nossos erros nos coloca frente a frente com a oportunidade de gerar autocompaixão.

Orientações para os familiares

Para a família no pós-parto

O que vocês têm feito para ser rede de apoio?

Olhem para essa mãe mais do que para o bebê. Se a mãe estiver bem, o bebê terá suas necessidades supridas; nesse momento, a figura da mãe representa saúde e bem-estar para a criança. Acolham as angústias e o medo dela, ouçam, ajudem-na a libertar-se da autocrítica diante dos erros, apoiem suas decisões e permitam os erros, pois ela está aprendendo a ser mãe e precisa conhecer esse bebê. Aprender não significa passar por uma avaliação que gerará um selo de 'aprovada' no final. Estejam com a mãe, conversem, ofereçam colo, ouvido e permitam que ela faça as coisas pelo bebê, enquanto vocês fazem por ela.

Não esqueçam que estamos diante de um período de muita fragilidade, a tristeza e a oscilação de humor são esperadas, mas sempre com uma atenção diante da intensidade desses sintomas, perceber se a mãe está com dificuldade de dar conta desse bebê, se ela está apresentando dificuldade de relacionar-se com as pessoas ao redor ou ainda se está se isolando. Não hesitem em procurar ajuda especializada para que esse período se torne mais leve.

Para a mãe

Aonde você quer chegar carregando tudo sozinha?

Em primeiro lugar, precisamos refletir aonde você quer chegar como mulher e como mãe. O que você sonha e idealiza como ser uma "boa mãe" é um ótimo ponto de partida para nossa reflexão, pois com certeza essa sua concepção traz para você um caminhão de exigências e de tarefas diárias que buscam a perfeição e esgotam sua saúde. A partir do momento que você souber aonde quer chegar, partimos para pensar qual atividade tem te exigido mais e quais tarefas podem ser divididas com outras pessoas, sabendo que cada pessoa fará de um jeito diferente do seu e, dependendo do que for, aceite. Você tem aceitado ajuda das pessoas?

Aceitar ajuda pode ser o primeiro autocuidado que temos em vários momentos da vida que resolvemos vestir capas de super-heroínas, o próximo deles pode ser buscar ajuda para lidar com seus sentimentos, grupo de mães, terapia, enfim... aquilo que fizer sentido para você.

Para o pai

Qual você acredita ser sua função?

É fundamental compreender quais são as crenças sociais que envolvem sua paternidade, o que você tem como objetivo e o que tem feito por eles. Sabe-se que a forma de educar que traz com você, assim como o manejo com a criança, não será igual da mãe, mas dentro daquilo que acredita poder realizar, qual a forma mais afetiva de entrar na relação mãe vs. bebê que é possível para você?

Como tem percebido a mãe do(s) seu(s) filho(s)? Em casos de depressão materna, sabemos o quão é difícil para os parentes lidarem com o assunto, por isso fundamental existir uma psicoeducação a respeito do assunto para, a partir disso, levantar a reflexão de limites e necessidades que o pai precisa suprir. Peça para algum profissional te orientar, muitas vezes o não saber lidar faz com que também gere um sofrimento em você.

Para os pais que chegam juntos

Como vocês podem ser companheiros melhores um para o outro?

A partir dessa reflexão, pode-se provocar que cada um coloque uma meta individual para que o convívio e a conexão entre o casal aos poucos sejam retomados para que o processo de aprendizagem para serem pais melhores ofereça a possibilidade de serem pais possíveis, reais e que caminham na mesma direção.

A família inteira se modifica com a chegada de uma criança, a mulher se reinventa e se transforma, é emocionante permitir que ela se reconheça e se aceite com suas falhas humanas. Por sua vez, o homem que deseja seu espaço de relação com a criança precisa ter essa permissão para que aos poucos

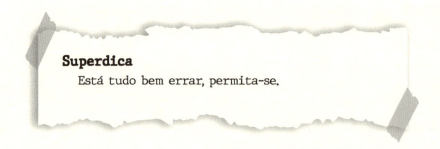

Superdica
Está tudo bem errar, permita-se.

também seja modificado. Com isso, é bom se o casal permite se redescobrir, ambos com suas mudanças e necessidades.

Referência

IACONELLI, V. *Criar filhos no século XXI*. São Paulo: Contexto, 2020.

27

A TRISTEZA DEVE SER SENTIDA

Este capítulo vai abordar uma das emoções mais difíceis de validar, sentir e vivenciar com as crianças e adultos. No nosso cotidiano, não existe preparo algum para essa emoção, ela simplesmente aparece sem termos controle e desaparece. Para alguns, deixam marcas mais profundas e, para outros, lembranças. Esse é objetivo final do texto, deixar esse momento leve e lúdico para todos. A tristeza gera mudança e colabora para enfrentamento de problemas que podem surgir em nossa vida.

MÔNICA VAGLIATI

Mônica Vagliati
CRP 07/12998

Contatos
moni.vagliati@hotmail.com
Instagram: @psicologamonicavagliati
Facebook: Psicóloga Mônica Vagliati
54 98115 5008

Psicóloga gaúcha formada há 17 anos. Especialista em Psicoterapia Cognitivo-comportamental. Especialista em Infância e Adolescência. Idealizadora, desde 2013, das Oficinas Atelier das Emoções. Idealizadora de Grupo de Recursos para Psicólogos desde 2018. Adora elaborar atividades criativas e abusar delas para auxiliar os colegas psicólogos e clientes a compreenderem o universo de forma mágica e divertida.

A tristeza é uma emoção que desorganiza nossa inteligência emocional. Cada pessoa reage de maneira diferente à sua presença. Existe uma particularidade da tristeza, muitas vezes ela aparece camuflada e expressa por outra emoção, a raiva. Algumas pessoas choram, paralisam e não enxergam a luz do fim do túnel. O que sabemos é que a maioria não sabe lidar com a própria tristeza.

Sentimos no corpo uma diminuição de energia e do estado de ânimo. Podemos perder o apetite, o desejo, as forças e até a vontade de viver se a intensidade for exagerada. A expressão maior de sua presença se faz pelo choro que causa alívio e deve ser incentivado e acolhido sempre pelas pessoas próximas. Chorar é algo que nos acompanha desde o nascimento e segue ao nosso lado até o fim da nossa existência.

Nossa sociedade infelizmente não tolera a expressão da tristeza. Nas redes sociais, percebe-se uma exigência social que devemos ser alegres o tempo todo. A realidade se mostra com outra face, todos tempos problemas e precisamos sentir essa emoção.

A tristeza surge diante de muitos acontecimentos do cotidiano, como: perda de um ente querido, de um bicho de estimação, fracasso diante de algo, separação de um cônjuge ou familiar, doença, acontecimentos que acionem um desamparo, entre outros.

Existe um lado positivo da tristeza? Todas as emoções apresentam um lado positivo e negativo. A tristeza, em seu positivo, desperta o desejo de mudar, ela transforma e fortalece. Você se torna forte e seus relacionamentos sociais mais seguros. Melhora a capacidade de discernimento entre verdade e mentira. Ajuda a produzir argumentos mais convincentes. E, principalmente, mostra o que é mais importante.

Orientações aos pais, filhos e profissionais

O que podemos fazer quando a tristeza se faz presente em nossa vida e de nossas crianças?

O primeiro passo é conversar com alguém a respeito e essa pessoa deve ser confiável para você. Falar sobre tudo o que aconteceu vai deixá-lo mais leve e ouvir suas palavras com o apoio de outra pessoa pode ajudar muito em uma solução possível.

Quando a tristeza persiste por semanas e fica intensa demais a ponto de atrapalhar o dia a dia da família e dos pequenos, pode ser indicativo de depressão. Esteja sempre atento ao que dispara a tristeza do seu filho. A tristeza, em seu lado negativo, deseja que você paralise, fique só e sem amparo. Você deve justamente seguir o caminho contrário. Estar com pessoas seguras, realizar exercícios físicos e prazerosos, conforme seu jeito de ser. Muitas pessoas buscam o amparo de bichinhos de estimação e, de fato, eles nos compreendem e apoiam diante dessa emoção intensa. A menos que esse não seja o motivo de sua tristeza, abrace seu bichinho.

Se o gatilho dessa tristeza for o falecimento do bichinho, ele deve ter deixado momentos sensacionais em sua memória e você deve usar isso a seu favor. Lembrar e relembrar os ensinamentos dessa convivência fortalecerão seu momento de vivência da tristeza.

O toque físico é uma das maiores demonstrações de amor para a criança. Crianças que recebem abraços e beijos dos seus pais se sentem mais amparadas e seguras diante de uma situação de extremo estresse. E diante da tristeza, é uma estratégia valiosa.

Em minha prática clínica, utilizo muito a frase: "a tristeza entra em sua vida para abrir espaço para algo bom que está por vir!". Vivencio isso no atendimento, diante de um relato de algo ruim gerando tristeza, em alguns meses algo bom aparece. Tudo tem seu lado positivo. Cabe a nós focar no que promove crescimento.

A rotina causa segurança diante de um imprevisto. Essa emoção é assim, aparece sem avisar e vai embora de repente. Mantenha, na medida do possível, sua rotina para mostrar a si mesmo que você segue em segurança, porém está passando por um momento delicado. Não só diante de um quadro de tristeza, mas sempre em sua vida, busque fazer coisas prazerosas. O mundo adulto nos joga em afazeres, responsabilidades e abandonamos nosso lado terno e infantil. Devemos todos os dias realizar tarefas prazerosas.

Diante de todas essas informações, como lidar com sua emoção como pai e ajudar seu filho também? Validando. Contar ao seu filho que também sente ou está sentindo essa emoção e está tudo bem. Passarão por isso juntos. Realizando trocas de histórias com muito afeto. Chorando junto e lidando da melhor maneira possível. A família, junto, vai se apoiar nesse momento transitório e essencial ao crescimento.

Queridos papais, diante da tristeza do seu filho, é importante fazer parte do processo com muito amor e carinho. Permitindo que a criança sinta essa emoção, ouvindo com respeito, validando a emoção e falando de momentos que você também passou por isso e como foi o desfecho.

Você precisa ter em mente a diferenciação do que é a birra e o que é a tristeza do seu filho. A birra infantil é muito comum diante da frustração. A criança quer algo e não consegue, chora para alcançar esse objetivo e tem êxito. Então, utilizará a todo momento esse choro e desconforto, por vezes manifesto pelo corpo, para que seu desejo se satisfaça.

A contraposto, a tristeza tem um motivo real que é a perda de algo que, como falamos, não tem controle e não deseja. Você não deseja a morte da sua mascote de estimação e não tem o controle sobre isso. Você deseja um brinquedo da loja e vai chorar por causa disso – aí trata-se de birra.

Sugiro, diante da tristeza, realizar um espelhamento, falar a respeito e contar suas histórias e como conseguiu resolver, apesar de marcas e lembranças se tornarem presentes. As crianças amam histórias dos seus papais e elas vão autorizar seu sentimento existir de forma mais amena.

Utilizo, em minha prática clínica, a caixa da tristeza, na qual existem objetos que demonstram a tristeza de forma sensorial, promovendo a compreensão da emoção de forma concreta. Vamos, então, conhecer um pouco essa caixa. Um dos objetos que tenho é um saco de doce vazio. E faço essa analogia da alegria ser doce e colorida como uma jujuba e a tristeza ser vazia. Uma das sensações emocionais da tristeza é a sensação de vazio. Você pode comer a jujuba ou qualquer bala com seu filho e, ao finalizarem, com o pacote vazio, conversarem sobre a emoção.

Vocês encontrarão uma atividade semelhante a esta (Atividade 1), que serve para a família escrever os motivos da tristeza de forma individual e familiar. Podem escrever nos bilhetes e deixar em livre acesso familiar para futuros momentos de vivência. Sugiro criar, como eu tenho a caixa da tristeza específica para essa emoção, um canto da tristeza para colocar as atividades propostas para todos recorrerem sempre que necessário. Uma gaveta, um canto e ou uma caixa.

Nosso maior erro como pais diante da tristeza é não falarmos sobre ela e ou esperarmos ela vir para promover um apoio ao nosso filho. A inteligência emocional consiste em prever essas situações e, quando acontece, a criança já está preparada para isso.

Um exemplo sobre essa situação é o luto. Ninguém fala sobre isso com uma criança, mas quando acontece as dúvidas começam a brotar na mente. Como explico? Levo ou não levo ao velório? E as emoções saem do controle para o adulto e, principalmente, para a criança. Sugiro que, diante do falecimento de alguém distante e quando chegar o momento de as perguntas aflorarem nos pequenos, descreva a cena. O que vai encontrar e o que acontece, falar dos rituais. A criança geralmente não faz ideia do que é um caixão e, ao chegar lá, sempre se torna um choque. Conforme sua religião, explique o que acredita que acontece com essa pessoa.

Nunca obrigue uma criança a ir até o velório e tocar na pessoa. Introduza o assunto como gostaria que as coisas tivessem sido manejadas com você e deixe a criança decidir. Acredito que de todas as perdas essa é a que mais abala a saúde emocional da criança. E principalmente, falem e falem muito a respeito. Esgotem as dúvidas e respeite o tempo da criança.

No caso de o luto infantil ser de um ente querido, sugiro criar ao longo do ocorrido um baú de memórias com a criança. Pode ter objetos da pessoa e fotos. Sempre que a criança desejar, deve ser sentir autorizada a mexer e trabalhar suas lembranças.

A saudade é uma emoção também muito presente na tristeza. Agora, me refiro ao distanciamento de algo ou alguém. Como lidar com a saudade? No consultório, inclusive aproveitando as adaptações escolares, esse assunto emerge como demanda. Se você recorda muito de alguém ou um aconte-cimento de sua vida, você está saudoso. Dizem que essa emoção é uma das mais complicadas de explicar e somente em português recebeu esse nome.

Segundo Gilberto Gil: "Toda saudade é a presença da ausência de alguém". Trata-se de uma emoção mista em que dependendo da esperança investida tende a um caminho. A saudade tem um pensamento mágico: desejo de voltar ao tempo mesmo que em alguns casos não seja possível.

No caso da saudade, utilizo um barbante colocado no pulso da pessoa que vai se afastar e da criança que sentirá esse distanciamento. Ambos devem olhar

256 | Orientação familiar

para o objeto sempre que sentirem a falta um do outro. Em épocas de tecnologia, utiliza-se videochamada para administrar esse momento tristeza. Com crianças, técnicas práticas e sensoriais sempre produzem uma eficácia maior.

Aqui no capítulo, vocês receberão o bracelete (Atividade 2), em que diante de uma situação de tristeza devem colocar no pulso da criança para que ela se lembre da nossa dica especial. Vai passar essa emoção. Para a pessoa que está sentindo tristeza, olhar para o pulso e ter essa lembrança promove aconchego. Sempre que desejar, retire a atividade e utilize em outro momento.

Voltando à nossa caixa da tristeza, coloco um livrinho (Atividade 4) com estratégias básicas para lidar com a tristeza e que promovem conforto para as crianças. Sempre que necessário, a criança utiliza observando as imagens (crianças menores) e lendo as crianças já alfabetizadas.

Este livro de estratégias pode ter uma cópia em casa, na mochila e em diversos locais para a criança acessar sempre que sentir necessidade. Outro objeto presente e muito simbólico são as bolhas de sabão. Essa brincadeira infantil demonstra, com perfeição, como explicar a tristeza.

Ao assoprar de forma bem calma a bolha, falamos para a criança que é assim que surge a tristeza em nossas vidas. Ela tem um tempo de duração e logo vai embora até desaparecer. A tristeza e sua transitoriedade não duram para sempre. Duram o tempo necessário para sentirmos e aprendermos com ela.

Outro objeto que deixo na caixa da tristeza (Atividade 3) são os óculos. A visão que a tristeza nos proporciona diante de fato. Você tem uma linda paisagem na sua frente, mas não consegue ver na sua totalidade, pois a tristeza cria frestas da visão do todo. Como dizem, transformam dias coloridos em cinzentos. Essa brincadeira dos óculos você receberá e poderá brincar com sua criança e trabalhar a inteligência emocional. Além de que gera reflexão de como você está lidando com seu mundo.

Utilizo com crianças o bracelete da tristeza (Atividade 2) em que colocam no seu braço e podem relacionar pelo sensorial ao visualizar as bolhas de sabão e se lembrar dos ensinamentos. Também com frases de enfrentamento a esse processo para as crianças alfabetizadas. Então, sempre que precisam, olham para o braço e os ensinamentos ficam reforçados.

Sobre as atividades sugeridas aqui, utilizem as que acharem mais interessantes e pertinentes à sua cultura familiar. Crie um espaço para essa emoção ser sentida, falada e vamos lidar de forma diferente agora que muitos ensinamentos foram divididos. Crie seu espaço.

Queridos leitores, para finalizar, vamos destacar a importância da conversa. As crianças amam conversar e essa é a nossa grande aliada no processo de Psicoterapia. O nosso trajeto em vida é feito de partilhas de pensamentos e emoções. Com os pais, a liberdade é tamanha que se torna uma das linguagens do amor. O tempo de ouvir seus filhos. Diante da tristeza, torna-se uma arma poderosa de cura. O diálogo ensina como discordar sem ser desagradável. Como se proteger.

Verificamos, com os pequenos, formas mais acessíveis de conversa como baixar no mesmo nível, olhar nos olhos, segurar a mão, manter um tom agradável e amoroso de voz. Não adianta tentar conversar se a criança está desregulada emocionalmente seja com ataque de birra ou choro. Sugere-se esperar a criança se acalmar para iniciar essa conversa.

As crianças vão expressar suas emoções nos momentos mais espontâneos como um retorno da escola, hora do banho, hora de dormir, entre outros. Cabe a nós aproveitarmos esse momento com muito carinho e apoiar nossos filhos. O tempo de qualidade é aquele que nos dedicamos totalmente a ouvir. Finalizando, a tristeza deve ser sentida.

Superdica

A tristeza se manifesta como bolhas de sabão. São transitórias e duram o tempo certo para promover momentos de crescimento interno.

Referências

CAMINHA, R. M. *Educar crianças: as bases de uma educação socioemocional.* Novo Hamburgo: Sinopsys, 2015.

GREEN ALLEN, V. *Eu e meus sentimentos.* Rio de Janeiro: Sextante, 2020.

PEREIRA, C. N. *Emocionário: diga o que sente.* Rio de Janeiro: Sextante, 2018.

RODRIGUEZ, M. *Educação emocional positiva.* Novo Hamburgo: Sinopsys, 2015.

28

ALIENAÇÃO PARENTAL
DA COMPREENSÃO À INTERVENÇÃO CLÍNICA

O divórcio é considerado um dos fatores mais estressantes para as famílias. Não raramente o rompimento gera emoções desagradáveis e difíceis de manejar. Tais dificuldades podem influenciar o desenvolvimento da Alienação Parental (AP). Este capítulo tem como objetivo esclarecer o conceito do fenômeno da AP, sinais e repercussões para as crianças que vivenciam essa experiência, e algumas reflexões sobre o assunto.

NATHÁLIA DELLA SANTA

Nathália Della Santa
CRP 02/15.665

Contatos
nath.dellasanta@gmail.com
81 99973 1131

Psicóloga clínica e jurídica. Graduada pela Universidade Federal de Pernambuco. Especialista em Neurociências e Comportamento pela PUC-RS. Mestre em Neuropsiquiatria e Ciências do Comportamento pela UFPE. Formação em Psicoterapia Cognitivo-comportamental. Psicóloga do Tribunal de Justiça de Pernambuco. Especialista em Direito de Família e Sucessões.

Conceitos

O fenômeno da alienação parental é compreendido como a interferência de adultos, que podem ser os pais, avós ou pessoas que convivem com a criança no seu desenvolvimento, a fim de macular ou denegrir a imagem de um dos genitores com a intenção de afastá-la deste ou prejudicar o vínculo afetivo entre eles. Os atos de alienação parental visam à obstrução da convivência familiar entre a criança e um de seus pais. Sob o viés da psicologia cognitiva, compreende-se que os atos de alienação parental constroem crenças disfuncionais e estereótipos negativos a respeito do genitor alienado.

Apesar de muito se falar sobre "Síndrome da Alienação Parental" (SAP), termo cunhado pelo psiquiatra americano Richard Gardner em 1985, essa nomenclatura não é bem aceita no universo psicológico, uma vez que a síndrome indica um transtorno que a criança apresentaria, com uma sintomatologia específica e que simplifica um fenômeno que é muito mais amplo do que uma patologia individual. Além disso, a SAP não foi incluída nos manuais médicos de classificação de doenças como tal, e não tem base empírica e científica comprovada. Registra-se que é importante nomear o fenômeno para ampliar o conhecimento e propor intervenções assertivas com as famílias, mas culpabilizar, simplificar ou patologizar as pessoas não parece ser a melhor forma de manejar a situação a médio/longo prazo.

Considera-se a alienação parental um fenômeno familiar, fruto de uma dinâmica disfuncional dos seus integrantes. Trata-se de um fenômeno antigo, mas que ganhou visibilidade depois do ano 2010, quando foi publicada a Lei 12.318, que dispõe sobre o assunto. O fenômeno da alienação é, muitas vezes, fruto das dificuldades no manejo das emoções no rompimento conjugal, frequentemente litigioso, em que há um emaranhamento entre as questões conjugais e parentais. A criança, então, torna-se o meio pelo qual busca-se atingir o(a) ex-companheiro(a), a fim de causá-lo(a) dor e sofrimento.

É possível relacionar o aumento de casos de alienação parental com as mudanças estruturais que a família vem passando nas últimas décadas. A partir da Constituição Federal de 1988, foi estabelecida a igualdade entre homens e mulheres no casamento, e uma releitura entre os papéis familiares tem acontecido. Isso se reflete na participação intensa das mulheres no mercado de trabalho e no forte estímulo da participação dos pais na educação e envolvimento afetivo com os filhos. Os papéis, que antes eram muito bem definidos, hoje estão compartilhados entre homens e mulheres de forma mais igualitária.

Essa reorganização dos papéis familiares vem acontecendo paulatinamente, mas não sem conflitos. Ocupar espaços diferentes e rever funções parentais ocasionam tensões entre os integrantes das famílias e colocam em xeque crenças tradicionais sobre esses lugares e obrigações familiares. Essas crenças estão fortemente registradas na construção subjetiva das pessoas e são vistas, por vezes, como verdades rígidas e absolutas. Trata-se de uma reconstrução, e como todo processo de mudança, exige esforços mútuos e disponibilidade para construção de caminhos diferentes dos habituais. Tanto a abertura dos pais para assumir um papel mais presente e participativo na vida dos filhos quanto a postura acolhedora das mães na divisão de um espaço e de tarefas que antes eram quase que exclusivamente delas são demandas recorrentes nas problemáticas familiares que batem nas portas dos consultórios de psicologia e dos tribunais.

Do ponto de vista jurídico, o fenômeno da alienação parental foi descrito na Lei 12.318 de 2010. Segundo a lei, são considerados atos de alienação parental: a realização de campanha de desqualificação da conduta do genitor no exercício da parentalidade; dificultar o exercício da autoridade parental; dificultar o contato dos filhos com o genitor e o exercício do direito regulamentado de convivência familiar; omitir deliberadamente informações pessoais relevantes sobre a criança ou adolescente, inclusive escolares, médicas e alterações de endereço; apresentar falsa denúncia contra genitor, contra familiares deste ou contra avós, para obstar ou dificultar a convivência deles com a criança ou adolescente; além de mudar o domicílio para local distante, sem justificativa, visando dificultar a convivência da criança ou adolescente com o outro genitor, com familiares.

Além desses atos já expostos claramente na Lei 12.318 (2010), também configuram atos comuns no fenômeno da alienação parental comportamentos como: repassar à criança questões discutidas no processo judicial, dizer à criança que o outro genitor a abandonou ou não a ama mais, recompensar comportamentos desrespeitosos da criança para com o genitor rejeitado, insultar ou diminuir o alienado na frente da criança, interrogar a criança após a visita ao genitor, procurar cuidadores para a criança, que não o outro genitor, dificultar o contato telefônico da criança com o genitor, encorajar a criança a desafiar as regras e a autoridade do outro genitor, impedir a criança de transitar com objetos como roupas, brinquedos etc., da casa de um genitor para o outro, induzir a criança ou adolescente a reconhecer o(a) novo(a) companheiro(a) como pai/mãe, supervalorização das dificuldades, dos limites e dos "defeitos" do outro gerando mais desentendimentos e sofrimento.

A alienação parental se configura como um abuso moral que afronta princípios e direitos basilares das crianças e dos adolescentes como a dignidade humana, o direito à convivência familiar e o princípio do melhor interesse da criança e, por isso, deve ser fortemente combatida. É preciso deixar claro que, a menos que exista uma proibição judicial de contato entre a criança e seus pais, ninguém tem o direito de proibir esse acesso.

Com relação às repercussões dos atos de alienação parental nos filhos, registra-se que essa experiência pode desenvolver uma série de problemas como alteração no sono e/ou no apetite; apatia; isolamento, retraimento social e dificuldade de relacionamento; distração e baixo rendimento escolar; falta de confiança nas pessoas; baixa autoestima; manifestações de insegurança e sentimento de culpa; revolta e agressividade contra si e/ou contra o outro; conflito de lealdade com os genitores; transtornos de humor, de ansiedade e outros transtornos psiquiátricos. Assim como podem contribuir para a construção de crenças disfuncionais de desvalor, desamor e de desamparo.

Pesquisas indicam que há evidências de que homens e mulheres têm a mesma tendência de alienar seus filhos. No entanto, as pesquisas também indicam que os guardiões praticam mais alienação parental do que aquele que não detém a guarda. Vale a pena ressaltar que os atos de alienação fazem parte de um fenômeno humano que, por vezes, representam dificuldade no manejo das emoções, e podem ser praticados de forma consciente ou simplesmente por falta de conhecimento ou de orientações adequadas.

É essencial que os profissionais que trabalham com crianças e com famílias tenham conhecimento aprofundado sobre o assunto, seja na clínica ou no meio jurídico, para que saibam identificar, orientar e manejar as situações em que envolvam alienação parental de forma técnica e ética.

Orientações aos pais e profissionais

A Lei 12.318 traz em seu texto algumas sanções com o intuito de coibir e prevenir os atos alienantes, como advertências, multas, reversão da guarda e até mesmo a perda do poder familiar. No entanto, quando se trata de questões humanas, os assuntos não são esgotados com a aplicação da lei e, por vezes, necessitam de intervenções psicológicas e um trabalho mais profundo em busca de um desfecho funcional ou, na melhor das hipóteses, resolutivo.

Não raramente casos de divórcio e de alienação parental aparecem nos consultórios de psicologia. Com frequência, a criança é trazida à terapia por um dos pais. Em qualquer processo terapêutico infantil, é importante a escuta e a participação dos responsáveis, mas em casos de litígio e na adaptação pós-divórcio, recomenda-se, com intensidade, que ambos sejam ouvidos. O psicólogo deve ter atenção para não assumir um discurso parcial frente a uma situação na qual o modo adversarial costuma ser estabelecido, alimentar posturas opositivas e litigantes na família. No papel de terapeuta, o foco deve ser o melhor para a criança, buscando o apaziguamento dos conflitos, uma compreensão mais ampla do contexto e uma visão empática sobre o sofrimento de todos. Compreender que, na maioria das vezes, não existem vilões e mocinhos, mas narrativas distintas que representam o prisma de cada um dos lados sobre a mesma história.

Além de terem um espaço de escuta e do acolhimento do seu sofrimento, os pais devem se aprofundar na psicoeducação, seja com auxílio de um psicólogo ou buscando conhecimento sobre o assunto. Com frequência, um cenário litigioso e pouco empático é fundamentado por falta de orientações e conhecimento adequado sobre o tema. Compreender a diferença entre conjugalidade e parentalidade, por exemplo, é um dos pontos nevrálgicos para o casal que está se divorciando. A confusão entre a relação conjugal que foi findada e a parentalidade ainda existente é fruto de muitos conflitos. A compreensão de que por não ter sido um(a) "bom(boa) cônjuge", também não seria um(a) bom(boa) pai/mãe, é bastante recorrente nos conflitos pós--divórcio. No entanto, essa pode ser uma distorção cognitiva que, com sua devida reestruturação, pode evitar a manutenção do conflito e do ciclo de disfuncional que por vezes se estabelece.

Também é importante a orientação dos pais sobre os direitos básicos das crianças, os tipos de guarda e as repercussões de um processo de alienação parental na construção subjetiva e no desenvolvimento emocional dos filhos.

São conhecimentos que podem trazer reflexões e mudanças de comportamento na dinâmica familiar. Os pais devem se aprofundar nesses assuntos pedindo ajuda a profissionais ou se informando com leituras e materiais sobre o tema. Nas atividades no final deste capítulo, existem materiais que podem ajudar nessa construção, como documentários, instruções diretas, indicação de livros e perguntas para reflexões.

Faz-se necessário maior conscientização por parte dos pais da significativa influência das suas emoções na sua percepção sobre as situações. Os sentimentos desagradáveis como mágoa, decepção, raiva, tristeza etc., comuns após um rompimento conjugal, podem facilitar a percepção distorcida das situações. Dattilio (2011) registra que distorções cognitivas como abstração seletiva, maximização, supergeneralização e inferência arbitrária são frequentes em casais que estão em litígio.

A comunicação merece um destaque evidente nesse processo. Uma comunicação clara, não violenta e assertiva talvez seja uma das intervenções mais efetivas para o manejo de situações de conflitos familiares. Tanto com relação à comunicação entre o casal parental quanto com relação às crianças. Elas sentem os conflitos e as tensões emocionais do cenário familiar. Conversar de forma clara, sucinta, com uma linguagem acessível à idade e com honestidade sobre o que está acontecendo contribui para o processamento emocional e cognitivo saudável da criança. Hoje a literatura é exaustiva em mostrar que não é o conflito em si que é prejudicial ao desenvolvimento infantil, mas a forma como se lida com ele. Os pais são exemplos, e a forma com a qual eles se posicionam são modelos que as crianças aprendem e tendem a reproduzir quando adultas.

Além de manter uma comunicação transparente e empática com os filhos, é necessário destacar que o lugar de filho deve ser intensamente preservado. Eles devem ser poupados dos conflitos e mantidos em um lugar de proteção. Eles não devem ser utilizados como detetives da vida dos pais, nem de confidentes ou de mensageiros nesse cenário. Nenhuma dessas posições são consideradas cuidadosas com as crianças.

O cenário de rompimento e litígio conjugal não é fácil. Por vezes, as posturas consideradas adequadas com as crianças são difíceis de serem executadas por um limite emocional dos adultos envolvidos. Com frequência o afeto mobilizado é tão intenso que, imersos no sofrimento, não se consegue perceber e agir de forma empática e cuidadosa com as crianças. Por isso a importância do processo terapêutico.

O trabalho pessoal e o autoconhecimento são as dicas-chave deste capítulo. Isso proporciona maior conhecimento sobre crenças, sobre seus valores e sobre sua história, além de oferecer maior capacidade crítica, de ponderar pensamentos, e de identificar e regular melhor suas emoções. Este talvez seja esse o maior ato de amor e de prevenção de alienação parental que os pais podem oferecer aos seus filhos.

Superdica

Os filhos são merecedores de amor, proteção e cuidado, e assim devem permanecer.

Referências

ASSEMBLEIA LEGISLATIVA DE PERNAMBUCO. *Cartilha Alienação Parental.* 2017. Disponível em: <www.alepe.pe.gov.br>. Acesso em: 18 set. de 2017.

BRASIL. *Lei n. 12.318, de 26 de agosto de 2010.*2010. Dispõe sobre a alienação parental e altera o Art. 236 da Lei n. 8.069, de 13 de julho de 1990. Diário Oficial da União. Brasília, DF. pp.3-27, 2010.

CAMINHA, R. M.; CAMINHA, M. G.; DUTRA, C. A. *A prática cognitiva na infância e na adolescência.* Novo Hamburgo: Sinopsys, 2017. Cap. 34, pp. 689-705.

DATTILIO, F. M. *Manual de terapia cognitivo-comportamental para casais e famílias.* Porto Alegre: Artmed, 2011.

SIEGEL, D. J.; BRYSON, T. P. *O cérebro da criança.* São Paulo: nVersos, 2015.

VASCONCELOS, S. J. L.; LAGO, V. M. *A psicologia jurídica e as suas interfaces: um panorama atual.* Santa Maria: Ed. da UFMS, 2016. Cap. 5, pp. 105-122.

29

ENCORAJANDO AS CRIANÇAS FRENTE ÀS ESCOLHAS

Certo nível de ansiedade diante de escolhas é normal e saudável contribui para que sejamos cautelosos, mas quando intensificada, a ansiedade pode prejudicar processos cerebrais envolvidos no comportamento de tomada de decisão. Considerando que inevitavelmente faremos inúmeras escolhas ao longo da vida, neste capítulo refletiremos sobre alguns aspectos que podem dificultar essa ação, e como contribuir para o encorajamento e a autonomia das crianças nesse processo.

SARAH MARINS

Sarah Marins
CRP 06/122064

Contatos
marins.sarah@gmail.com
11 94533 3663

Psicóloga graduada pela UNESP (2013), com especialização pelo CETCC em Terapia cognitivo-comportamental; aprimoramento em Terapia Cognitivo-comportamental para crianças; graduação em Pedagogia pela UNIP (2008); educadora parental certificada pela Positive Discipline Association (PDA). Atua como psicóloga clínica, atendendo crianças, adolescentes, adultos e com orientação familiar.

Fatores que dificultam o processo de escolha

Aproximadamente a partir do século XVIII, foi crescente a valorização da individualidade do ser humano, surgindo a possibilidade de escolhermos caminhos cada vez mais variados para a nossa vida. Essa autonomia no processo de escolha era praticamente inexistente nos séculos anteriores, nos quais o papel que exerceríamos na sociedade era determinado de acordo com a classe social na qual nascíamos.

Esse aumento no número de opções traz a possibilidade de escolhermos caminhos e atividades que tenham a ver conosco, abarcando a enorme diversidade que existe entre as pessoas. Mas também tem seu lado desafiador, o peso da responsabilidade em "escolher certo". Conseguir escolher um caminho diante de tantos pode trazer certa angústia.

Os fatores que influenciam nossa tomada de decisão são diversos, portanto, muitos são os pontos a serem avaliados. Analisar é de extrema importância, mas podemos nos perder nesse processo, agitar nossa mente de tal modo que paralisamos. O termo utilizado para designar esta condição é paralisia por análise, e se refere à condição na qual o problema é demasiadamente analisado sem nunca se chegar a uma conclusão.

Uma das principais questões que sustentam nosso comportamento de analisar em demasia é uma ilusão de que podemos prever todas as consequências possíveis de uma escolha, e prevenir os eventuais problemas que dela podem decorrer. É importante que pensemos nas possíveis consequências de uma escolha, aceitando, contudo, que correr riscos é inevitável, que sempre tomamos uma decisão com certo nível de incerteza.

O tempo todo estamos decidindo. Podemos optar por seguir determinado caminho e, ao longo do trajeto, decidir manter ou não a direção escolhida. Portanto, a ansiedade tende a se intensificar não somente no momento de fazer uma escolha, mas também em sustentar ou não a escolha feita. O modo como interpretamos nossa ação de escolha e o julgamento das escolhas já feitas tem uma importância significativa de como isso repercutirá em nós. Algumas das principais "armadilhas" de interpretação são: encarar uma escolha como definitiva, sem possibilidade de mudança; tomar decisões baseadas no modelo de pessoas que não se assemelham a nós; focar nas perdas que terei ao fazer uma escolha; pensar que o resultado de uma escolha definirá algo importante sobre mim, como ser capaz ou não.

Vamos entender com um pouco mais de profundidade o impacto que essas interpretações podem ter sobre nós.

Orientações e reflexões para auxiliar no processo de escolha

Encarar uma escolha como definitiva

A ideia de propósito, embora bastante antiga, vem ganhando força nos últimos tempos. Propósito diz respeito à nossa missão no mundo, quem queremos ser, e é relevante para nos direcionar na jornada da vida. Saber para onde queremos ir é importante, nos norteia, mas a pressão que isso nos traz não é saudável.

Encarar o propósito como o destino de uma viagem pode nos ajudar nesta reflexão. Para sair com o carro da garagem, é importante que tenhamos uma ideia da direção que devemos tomar de acordo com o destino. Todavia temos flexibilidade para decidir as paradas que faremos pelo caminho, as mudanças de percurso, o tempo que pararemos em cada nova cidade, por quanto tempo permaneceremos no destino e, até mesmo, se manteremos esse destino durante o percurso ou não.

Encarar dessa forma ajuda a compreender que ter um direcionamento é de suma importância para iniciar a viagem, mas se sabemos que essa escolha pode ser adaptada e até alterada, nos tranquilizamos. O ideal é buscarmos o equilíbrio entre a responsabilidade e a flexibilidade nas tomadas de decisões.

Tomar decisões baseadas no modelo de pessoas que não se assemelham a nós

Decidimos quem queremos ser baseados no que valorizamos. Os valores, por sua vez, são construídos ao longo das nossas experiências, influenciados por pessoas que admiramos e pelo que é significativo na sociedade na época em que vivemos. Principalmente num primeiro momento, a influência mais significativa na formação dos valores vem do externo, do que ouvimos sobre nós. Mas é importante que, com a maturidade, os valores passem a ser selecionados a partir de quem eu sou, a partir do que faz sentido para mim.

O esperado é que, com o aprimoramento do autoconhecimento, vamos tendo mais clareza das nossas forças, nossas aptidões. Vamos compreendendo o que tem a ver com traços de personalidade ou com hábitos. Aprimoramos o discernimento entre modificar ou aprender a lidar com determinada característica.

O ideal é que, gradativamente, nos entendamos mais, e que façamos escolhas que tenham a ver com quem somos. A influência do externo é sempre importante, nos norteia em alguma medida, porém compreender a enorme diversidade do ser humano pode nos encorajar a seguir determinada escolha que não esteja, necessariamente, sendo tão valorizada pela sociedade no atual momento, mas que se é algo que de fato tenha a ver com quem somos, provavelmente contribuirá para que sejamos a melhor versão que podemos ser de nós mesmos.

Focar nas perdas que terei ao fazer uma escolha

Quase toda escolha implica uma perda. As muitas possibilidades de caminhos, somadas a um empoderamento do indivíduo com lemas como "É possível ser o que você quiser, ter o que você quiser, basta querer!", contribuem para que tenhamos dificuldade em abrir mão de coisas. Se é possível ter tudo, por que escolheríamos não ter?

Por vezes, podemos colocar muito enfoque no que perderemos ao fazer uma escolha e nos esquecermos dos benefícios que determinada situação nos trará. Neste caso, ao invés de comemorar os ganhos, lamentamos as perdas. O problema é que isso pode se tornar um padrão de comportamento e, independente da escolha que fizermos, olharemos para os prejuízos e não para os benefícios.

Algo importante a ser feito para evitar esse padrão é flexibilizar a ideia de que tudo é possível. Não significa uma resignação, mas é importante a aceitação de que há condições que não podemos mudar e que podem trazer limitações no número de opções de escolhas, além de que precisaremos elencar prioridades para nossos objetivos, abrindo mão de alguns. Para fazer isso, termos clareza de nossos valores e forças é de extrema relevância.

Pensar que o resultado de uma escolha definirá quem eu sou

Quando o resultado de uma determinada escolha não condiz com a nossa expectativa, gerando frustração, podemos considerar que fizemos uma escolha errada. Se, diante disso, me julgo incapaz, provavelmente o ato de fazer escolhas gerará angústia, uma vez que será responsável por revelar algo sobre mim. No entanto, há uma diferença sutil no modo de avaliar a situação que influencia significativamente o impacto que tem sobre nós: o erro revela algo sobre o comportamento e não sobre a pessoa; revela se o comportamento é ou não eficaz e não se a pessoa é ou não eficaz/capaz.

Resultados são nortes para as nossas escolhas, os erros são inevitáveis e imprescindíveis para o aperfeiçoamento. Se a cada erro cometido formos intensificando um julgamento sobre nós como incapazes, nos sentiremos cada vez mais inseguros e ansiosos diante de decisões. O ato de fazer escolhas tornar-se-á algo cada vez mais desafiador e as chances de tomarmos decisões que não condizem com o que desejamos aumenta, gerando ainda mais insegurança, formando, assim, um ciclo que se retroalimenta.

Abordarei de forma sucinta um último aspecto que pode ser um complicador no processo de escolha: as expectativas que criamos sobre condições futuras. É comum que criemos idealizações de felicidade e realização em condições diferentes das nossas. A idealização contém em si a construção de um cenário ideal e, em geral, não considera os desafios encarados para alcançar determinada situação ou até mesmo as dificuldades vivenciadas na própria situação. Isso impacta na resiliência, ou seja, a capacidade de se adaptar a situações difíceis. Não faz sentido nos mantermos numa situação de sofrimento em vão, mas se a situação em questão for um estágio para alcançar um determinado objetivo importante, ou, ainda, se o incômodo tem uma relevância menor do que os ganhos, e é inerente à situação, a tolerância ao desconforto torna-se de extrema importância em prol de algo mais significativo, que provavelmente influenciou nossa escolha.

Orientações aos pais

Como encorajar as crianças frente às escolhas

Discutiremos agora alguns comportamentos que podem auxiliar as crianças a encararem as situações de escolha da melhor maneira possível. O primeiro passo é ter essas reflexões que tivemos anteriormente, uma vez que elas auxiliam na compreensão do funcionamento do ser humano. Quando compreendemos o comportamento (nosso e do outro), tendemos a ser menos julgadores (conosco e com o outro), e sermos tolerantes com as escolhas das crianças é primordial para que lidem bem com elas.

Outro fator de grande impacto no processo de ensino é o modelo. A forma como lidamos com as nossas escolhas, como nos comportamos diante de situações nas quais temos de tomar uma decisão tem enorme relevância em como as crianças vão lidar com isso. Portanto convido-os para a reflexão: de acordo com a sua história, com a sua vivência, dos aspectos abordados que dificultam nossa ação de fazer escolhas, quais deles você considera mais desafiador? Como você tende a encarar os momentos de escolha?

A interação com as crianças é muito dinâmica, por isso, embora tenham situações direcionadas, o processo de ensino é contínuo. Se nos relacionamos com uma criança, inevitavelmente estamos ensinando, quer seja pelo exemplo de nossas ações ou pelas intervenções que fazemos no comportamento dela. Levando isso em consideração, além das atividades direcionadas que traremos como sugestões, abordaremos algumas situações do dia a dia e possíveis intervenções que poderiam contribuir para o desenvolvimento de habilidades importantes no processo de escolha.

O comportamento de fazer escolhas pode ser treinado desde a mais tenra idade. Inicialmente, as decisões serão sobre questões de menor complexidade e com um número reduzido de opções para auxiliar na capacidade de analisar dados. A criança pode decidir sobre qual roupa de verão vestirá; se tomará o remédio com água ou suco; se quer tomar banho agora ou daqui 10 minutos; se quer guardar os brinquedos na caixa ou no cesto. Percebam que são decisões simples, com poucas opções de escolhas, o adulto é quem está direcionando, mas a criança sente-se respeitada e responsável pelas suas escolhas.

Além de oferecer oportunidades de a criança escolher, é importante nos atentarmos em como vamos reagir às consequências das escolhas feitas. Caso a criança se arrependa de uma escolha, o ideal é não julgarmos e sim auxiliar na busca de soluções. Podemos também conduzir a reflexão de que esta experiência a ajudará a tomar decisões que a satisfaçam futuramente, além do fato de nunca podermos ter certeza das consequências das nossas escolhas.

Decisões que os pais consideram que as crianças não teriam condições de fazer, como ficar sem comer, sem tomar banho, não ir para a escola, não organizar o quarto... O ideal é que os pais deixem claro que eles também fazem escolhas, por exemplo, dentre tantas coisas importantes para o desenvolvimento de um ser, eles escolhem quais são para eles as prioridades e que, enquanto eles forem crianças, terão que seguir essas escolhas dos pais, mas que sempre há espaço para alguma flexibilização dentro de limites claramente estabelecidos.

O importante dessa maneira de se expressar é desconstruir dualidades de certo e errado, a criança entenderá que, diante de tantas opções, os pais fizeram escolhas e que caberá a ela fazer as escolhas que considerar adequada quando for adulta. Isso a conduzirá para uma reflexão sobre ela, sobre seus valores e prioridades.

A adolescência em geral é uma fase desafiadora pois os jovens buscam por mais autonomia, contudo ainda apresentam comportamentos impulsivos, imediatistas e têm uma capacidade de análise a longo prazo ainda limitada. Os cuidadores têm, então, o desafio de dar a eles essa autonomia, a oportunidade de vivenciar situações e aprender com elas e, ao mesmo tempo, mantê-los em segurança.

Uma reflexão importante sobre essa fase é desconstruirmos a ilusão do controle que podemos ter sobre os jovens. Podemos ter alguns recursos de supervisão, mas a autonomia é inevitável. Cada vez mais eles terão possibilidade de escolhas, de vivências que nos fogem do controle. E é importante que tenham. Este seria um momento significativo dos cuidadores colherem os frutos do investimento que fizeram na educação sobre tomada de decisões, digamos que seria um momento crucial para que os jovens coloquem em prática o que aprenderam sobre fazer escolhas. A influência dos pares é inevitável, principalmente nesse estágio da vida, mas, com as condutas que tivemos, esperamos que nessa fase eles tenham uma autoconfiança desenvolvida o suficiente para que consigam tomar decisões baseadas nos valores que foram passados, que tenham a ver com eles, que se sintam seguros, capazes e responsáveis pelas suas escolhas, que analisem os prós e os contras e que tenham uma atitude de resolução (e não de julgamento) diante da insatisfação dos resultados. Se a postura do cuidador é de julgamento, isso gera afastamento do jovem, e é primordial que se sinta acolhido e amparado para que compartilhe sua vida com os adultos e, dessa maneira, possibilite receber alguma forma de auxílio.

É imprescindível que compreendamos que os comportamentos mais complexos começam a ser ensinados no início da vida, nas situações mais simples do cotidiano. É possível remediar algumas situações, mas é muito mais desafiador. Se, desde a primeira infância, buscarmos encorajar as crianças, dar-lhes autonomia, respeitar suas escolhas, permitir que vivenciem as consequências de seus atos (amparando e não julgando), auxiliar na resolução de problemas, formaremos jovens e adultos mais seguros diante de escolhas, e que também lidarão de modo mais saudável com as suas frustrações. Consequentemente, serão bons modelos para as crianças futuras.

Superdica

Uma escolha errada não deve servir para que se julgue, e sim para que se oriente nas escolhas futuras.

Referências

FABER, A.; MAZLISH, E. *Como falar para o seu filho ouvir e como ouvir para o seu filho falar.* São Paulo: Summus Editorial, 2003.

GIANNETTI, R. Episódio 83: *Quando é difícil decidir.* Autoconsciente Podcast B9. São Paulo, 7 de março de 2021.

GIANNETTI, R. Episódio 100: *Reflexões sobre o propósito.* Autoconsciente Podcast B9. São Paulo, 31 de outubro de 2021.

LEAHY, R. L. *Livre de ansiedade.* Porto Alegre: Artmed, 2011.

NEVES, B. Quais são os valores de uma sociedade que não sabe onde quer chegar?. *Revista Gama*, 24 de outubro 2021.

TOLLE, E. *O poder do agora: um guia para a iluminação espiritual.* Rio de Janeiro: Sextante, 2010.

30

MEUS PAIS NÃO ME ENTENDEM
CONECTANDO PAIS E ADOLESCENTES

"Meus pais não me entendem". Pais, vocês têm escutado muito esta frase?
Neste capítulo, desejo levar apoio e convido vocês, pai e mãe, para refletirem como
estão se relacionando com seus filhos. Perceber as reais necessidades e anseios do seu
filho e as expectativas que você tem sobre ele permitirá compreender que uma relação
harmoniosa poderá construir uma conexão saudável e fortalecida.

SILVIA XAVIER HENGLEN

Silvia Xavier Henglen
CRP 06/118456

Contatos
shdesenvolvimento.com.br
s.henglen@shdesenvolvimento.com.br
Instagram: @psicoSilviaHenglen
11 97284 9620

Psicóloga clínica, formada pela Universidade Ibirapuera, atende na abordagem da Terapia Cognitivo-comportamental (TCC) e é neuropsicóloga pelo CETCC (Centro de Estudos em Terapia Cognitivo-comportamental). Empreendedora e fundadora da SH Desenvolvimento Humano e cofundadora da Psicotia Clínica de Saúde Emocional. Seu propósito é disseminar o conhecimento da psicologia e da neuropsicologia e desenvolver pessoas para que tenham uma vida pessoal e profissional com mais sentido e valorização.

O tempo é único e não pode ser repetido; disponível e generoso, mas cruel, apressado e vagaroso; incontrolável, previsível e inexorável; não acumulável, leve; profundo aos abraçados, moroso e agoniado aos amantes distantes, pesado e lento aos deprimidos. Inexistente aos internautas, preciosíssimo aos velocistas.

> Há pais com tempo ocioso, mas sem "tempo para os filhos"; e pais "sem tempo para nada" que conseguem "tempo para o amor".
> Cada um faz o seu tempo!
> IÇAMI TIBA

A adolescência é um período de transição entre infância e adolescência, o corpo vai modificando fisicamente, uma avalanche de hormônios, um turbilhão de sentimentos e emoções que muitas vezes é difícil identificar, uma crise existencial e uma dúvida recorrente dos adolescentes: "Quem sou eu?"

Nessa fase, os adolescentes começam a defender suas ideias e questionar os pais, acreditando que sabem tudo e que podem resolver tudo sozinhos.

A impulsividade de querer viver intensamente cada dia como se fosse o último – é assim que a maioria dos adolescentes pensa, sente e age.

Segundo o médico psiquiatra Daniel J. Siegel, a adolescência é um período da vida que pode ser, ao mesmo tempo, desconcertante e maravilhoso.

E em determinado momento, os pais ou responsáveis passam a se dar conta de que seu filho não é mais aquela criança que está crescendo e que eles, pais, estão perdendo o controle, sentindo-se perdidos, acreditando que erraram na educação de seus filhos.

Quando se dão conta de que seus filhos têm opiniões diferentes, não querem as mesmas coisas, não querem ir aos mesmos lugares e que estão se afastando, alguns pais entram em desespero. E a ideia de que não conseguem mais controlar seus filhos os deixam inseguros.

Nesse momento, muitos pais se esquecem de que já foram adolescentes um dia. Que questionavam seus pais e tinham a sensação de que ninguém os entendia, que havia medos e inseguranças e, principalmente, a busca do quem sou eu, o que vai ser de mim, o que vai ser do meu futuro?

Há décadas, sabia-se que o desenvolvimento do cérebro era concluído no fim da infância. No entanto, estudos mostram que o processo de desenvolvimento do cérebro humano vai até os 25 anos de idade.

Segundo Siegel (2016), durante o período da adolescência, o cérebro se altera em duas dimensões. Uma é a forma como reduz o número de células básicas, os neurônios e suas conexões, as sinapses. Essa diminuição de neurônios e sinapses é denominada "poda neuronal" e parece ser geneticamente controlada, moldada por experiência e intensificada pelo estresse.

O estudo da neurociência nos ajuda a compreender o desenvolvimento cerebral, e entender a transformação do cérebro na adolescência e é de extrema importância, porque nesse período há uma reorganização neural.

As duas áreas que desempenham papéis importantes no desenvolvimento cerebral são o sistema límbico e o córtex pré-frontal.

O sistema límbico é a estrutura importante para a memória (hipocampo) e está próximo à amígdala, uma estrutura que ajuda a produzir emoções.

O córtex pré-frontal, última camada do cérebro que amadurece, é a área responsável pelo pensamento crítico, tomada de decisão, autocontrole, planejamento, atenção, organização, controle de emoção, de riscos e impulsos, automonitorização, empatia e resolução de problemas.

Na adolescência, o córtex pré-frontal ainda está em desenvolvimento e, nesta fase, os adolescentes utilizam a amígdala para tomar decisões e resolver problemas.

E é neste emaranhado das emoções que o cérebro adolescente possui níveis mais baixos de serotonina e dopamina, neurotransmissores que proporcionam a sensação de prazer e bem-estar. Isso pode gerar o aumento de agressividade, com níveis mais altos de testosterona, contribuindo para explosões de raiva e comportamento impulsivo.

Os lobos frontais do cérebro não estão totalmente desenvolvidos nesse período da adolescência, o que limita a função cerebral na resolução de problemas, na regulação emocional e no foco. Esta alteração cerebral faz com que o adolescente acredite que "ninguém os entende".

É uma fase difícil para pais e filhos, mas quando esse momento é compreendido e o diálogo é colocado em prática, uma comunicação mais assertiva faz com que essa conexão se torne cada vez mais fluida.

Por vezes, no consultório, atendo adolescentes e a primeira frase que ouço é:

280 | Orientação familiar

- Meus pais não me entendem, meus pais querem que eu seja como eles, ou ainda: Não tem conversa lá em casa, eles querem que eu faça do jeito deles.
- Meus pais querem que eu seja como eles eram, mas eles não entendem que eu gosto de coisas diferentes, de cores, roupas, sapatos e músicas diferentes. Será que é difícil entender isso?
- Eles não me respeitam, entram no meu quarto sem pedir licença, abrem meu diário e querem saber tudo o que eu faço.
- Eu só queria um pouco de privacidade. Eu não tenho esse direito?

Enquanto os pais se questionam:

- Por que meu filho não quer conversar?
- Por que estão sempre de fone de ouvido?
- Por que não fazem aquilo que pedimos? E não saem daquele quarto?

E assim começam os conflitos familiares, é como se houvesse um cabo de guerra e vence quem conseguir ser o mais forte, aquele que conseguiu derrubar o oponente, sem se dar a oportunidade de compreender o que está acontecendo.

A comunicação é uma das habilidades mais importantes desde quando nascemos. E esta habilidade precisa ser colocada em prática de maneira mais eficaz entre pais e filhos. Parar para ouvir o que seu filho tem a dizer, bem como os filhos pararem para ouvir seus pais, dar espaço a uma escuta aberta, sem julgamentos, é o que fará a diferença nessa relação.

A ideia de não pertencimento, de não ser compreendido pelos pais faz com que os adolescentes se tornem cada vez mais sozinhos, criando um mundo particular e solitário.

Por sua vez, os pais têm a sensação de impotência, de não serem bons o suficiente e surgem questionamentos como "Onde foi que errei?"

Muitas vezes os pais desejam que as coisas permaneçam como eram; já os adolescentes desejam criar um mundo e é nesse momento que o conflito e que a ideia de incompreensão se instaura: duas realidades querendo os opostos, sem praticarem um diálogo aberto e eficaz.

Os adolescentes precisam se sentir aceitos por seus pais, por seus colegas. Se identificam com o grupo, possuem comportamentos semelhantes com os dos seus amigos. Essa forma de estar no mundo faz com que os adolescentes se sintam pertencentes e aceitos. Quando os pais os criticam pela maneira de se vestir, se comportar e até mesmo pensar, fazem com que os filhos se afastem de seus pais e criem um mundo particular, fortalecendo a ideia de que ninguém os entende.

Os pais precisam ter compreensão dessa fase, da mudança significativa que envolve esses adolescentes. Precisam entender que a capacidade de influenciar e de ter controle total sobre seus filhos mudou e que precisarão aprender novas formas de negociar e resolver conflitos.

Essa conexão é muito importante, uma comunicação aberta e respeitosa. Quando os pais ajudam seus filhos a ter independência e autonomia com responsabilidade, criam vínculos seguros, o apoio favorece no desenvolvimento de seres humanos em equilíbrio e fortalecidos em suas relações.

Pais e filhos precisam aprender a dizer o que pensam, o que sentem e o que esperam um do outro. Esse movimento poderá produzir um diálogo reflexivo que ajudará na construção de uma relação mais saudável.

Segundo o psiquiatra Içami Tiba (2010), pai e mãe devem encontrar um caminho novo para o relacionamento pais/filhos, já que o tempo ficou curto para tantas atividades.

O diálogo no fortalecimento do vínculo contribui para uma aproximação entre pais e filhos, e a importância para os filhos que seus pais demonstrem interesse em suas atividades fará com que essa dinâmica familiar se torne mais respeitosa.

Relacionamento entre pais e filhos precisa de disponibilidade de ouvir, de compartilhar momentos de lazer e interação um com o outro. Os pais, como os adultos da relação, precisam aprender a controlar suas emoções e entender que seus filhos vão aprender com as experiências vividas e permitidas a eles.

É importante que os pais tenham clareza de quais situações ou problemas conseguem aceitar e conviver bem, e quais consideram inegociáveis.

Permita que seu filho erre, as falhas fazem parte do crescimento e desenvolvimento pessoal. Perceba que seu filho terá responsabilidade em algum momento da vida, que isso contribuirá para uma relação mais harmoniosa e com mais cumplicidade.

Orientações aos pais

- Respeitar a individualidade de seus filhos fará com que ele se sinta respeitado.
- Mesmo quando o quarto estiver todo bagunçado, negocie o mínimo de organização.
- Não invada o quarto do seu filho sem pedir licença.
- Perceba qual emoção você sente quando seu filho não quer conversar.
- Perceba sua atitude diante das situações do dia a dia com seu filho.

- Escute o que você diz quando está com seu filho.
- Perceba o porquê de você se descontrolar emocionalmente.
- Evite fazer julgamentos, você não precisa concordar com seu filho, mas pode tentar entendê-lo.
- Seja claro, os filhos precisam saber o que se espera deles.
- Não tente conversar na hora da raiva, nem você nem seu filho terão condições emocionais para resolver o conflito no momento.

Superdica

A conexão entre pais e adolescentes pode ser transformada e construída através de uma escuta sem julgamento e uma comunicação mais assertiva.

Referências

BOCK, A. M. *A adolescência como construção social: estudo sobre livros destinados a pais e educadores.* Disponível em: <https://www.scielo.br/j/pee/a/LJkJzRzQ5YgbmhcnkKzVq3x/?lang=pt>. Acesso em: 05 dez. de 2021.

FRANCES DRA. E. Jensen & Nutt, Amy Eliis. *O cérebro adolescente: guia de sobrevivência para criar adolescentes e jovens adultos.* Rio de Janeiro: Edição Digital, 2016.

NEUFELD, C. B. *Terapia cognitivo-comportamental para adolescentes: uma perspectiva Transdiagnóstica e Desenvolvimental.* Porto Alegre: Artmed, 2017.

TIBA, I. *Adolescente: quem ama, educa!* São Paulo. 46. ed. São Paulo: Integrare, p. 301.

SIEGEL, D. J. *Cérebro adolescente: o grande potencial.* A coragem e a criatividade da mente dos 12 anos aos 24 anos. São Paulo: nVersos Editora, 2016.

31

ORIENTAÇÃO FAMILIAR AOS POSSÍVEIS TRANSTORNOS DE APRENDIZAGEM

Este capítulo é dedicado aos pais e às escolas que buscam orientações de manejo com um portador de Transtorno de Aprendizagem. De acordo com os resultados alcançados, foi constatado que, quanto mais a família se envolver de forma afetiva no processo, maior é a chance de gerar grandes mudanças positivas no comportamento e aprendizado da criança.

SULENIA CESARO

Sulenia Cesaro

Contatos
suleniad@hotmail.com
Instagram: @suleniacesaro
11 99477 2882

Casada com Marcelo, mãe da Anna Helena e do Daniel. Graduada em Ciências Contábeis e Licenciatura Plena em Matemática, atuando por dez anos como professora na rede particular de ensino de São Paulo, na qual descobriu sua vocação – encontrar um novo caminho para a aprendizagem pela Psicopedagogia. Especialista em Educação Infantil pela Universidade Estácio de Sá. Especializada em Psicopedagogia pela Pontifícia Universidade Católica PUC/SP. Atua como psicopedagoga na área clínica e orientação para pais e educadores.

Tem sido comum receber pais no consultório com dificuldade de aceitação frente a um diagnóstico de aprendizagem. Os pais chegam cansados e desmotivados, porque não sabem como lidar com a situação que não era esperada e que, provavelmente, vai permear por um longo prazo na vida da criança e da família.

Nos Transtornos de Aprendizagem, a família precisa ser preparada para lidar com a situação, pois o momento é de cooperação mútua, para que não haja desgaste na estrutura familiar.

Na maioria das vezes, a criança sente-se culpada, incapaz, diferente dos amigos da escola; e torna-se a depositário das angústias e expectativas dos pais e dos professores.

Segundo Piaget, há uma expectativa de que uma criança apresente algumas características da idade, portanto, é importante que os pais busquem informações sobre o desenvolvimento infantil, para que não haja comparações e cobranças exageradas que são prejudiciais para o desenvolvimento emocional e podem trazer desarmonia para o ambiente. Além de que nem todas as crianças atingem os mesmos estágios exatamente na mesma idade, mas há "períodos sensíveis" para todas as idades, em que é mais provável que uma criança desenvolva certas habilidades cognitivas.

Conhecer os sintomas de um portador de Transtorno de Aprendizagem é algo que se espera de uma pessoa que assistirá essa criança para que não haja generalização dos sintomas, uma vez que cada condição tem suas manifestações particulares.

Algo comum e que precisamos nos manter alerta a respeito são as altas expectativas que os pais depositam nessas crianças. Esse tipo de comportamento pode gerar nas crianças insegurança, ansiedade, autoestima rebaixada, baixo rendimento e, muitas vezes, agressividade com seus pares.

Neste capítulo, vamos falar um pouco sobre como os pais podem lidar com as expectativas diante de uma criança portadora de Transtorno de Aprendizagem.

Primeiramente, vamos definir o que é Transtorno de Aprendizagem e dificuldade de aprendizagem.

A dificuldade de aprendizagem é uma condição passageira que acontece quando influências externas e internas atrapalham o processo de aprendizagem. Diversos fatores podem causar dificuldades de aprendizagem, como questões emocionais, problemas familiares, alimentação inadequada e ambiente desfavorável. O Transtorno Específico da Aprendizagem é uma condição neurológica (interna) que afeta a aprendizagem e o processamento de informações. Ao contrário da dificuldade de aprendizagem, o Transtorno Específico da Aprendizagem pode perdurar ou declinar ao longo da vida.

O DSM-V (Manual Diagnóstico e Estatístico de Transtornos Mentais) classifica essas condições em três categorias: transtorno com prejuízo na leitura, transtorno com prejuízo na matemática e transtorno com prejuízo na escrita. Entretanto, há vários distúrbios que podem afetar gravemente a capacidade de aprender das crianças. Entre os mais conhecidos, temos: Dislexia, Discalculia, TOD, Transtorno do Espectro Autista, Síndrome de Down, Deficiência Intelectual e Transtorno de Déficit de Atenção e Hiperatividade.

Diante desses diagnósticos de aprendizagem, muitos pais e as escolas ficam desorientados sem saber qual é o papel de cada instituição nesse processo. Até meados de 2018, o Brasil não tinha nenhuma lei que assegurasse o direito das crianças portadoras de Transtornos de Aprendizagem a uma educação de qualidade. Finalmente, em 1º de dezembro foi sancionada a lei 14.254/2021, que garante atendimento integral aos educandos com Dislexia. A lei estabelece que as escolas de rede pública e privada devem garantir acompanhamento específico, direcionado à dificuldade e à forma mais precoce possível, aos estudantes com Dislexia, TDAH ou outro Transtorno de Aprendizagem.

Por outro lado, temos a família com a questão da aceitação. Aceitar uma condição exige uma renúncia daquilo que se desejava (o filho ideal), portanto é compreensível todo o sofrimento da família em busca de reverter esse processo.

A aceitação é ação que torna o processo mais leve. A palavra "aceitação" significa você aceitar do jeito que recebeu. É entender que o sujeito que aprende vai precisar de um movimento diferente para aprender, e essa criança vai precisar de mediação para facilitar o processo de aprendizagem, isto é, vai depender das pessoas que a cercam.

Essa dificuldade de aceitação é compreensível porque, quando uma família está gerando um bebê, há grandes expectativas sobre a criança, os pais fazem planos profissionais até mesmo antes de a criança nascer, colocam todos os seus sonhos sobre o pequeno ser, mas por algum motivo, esta criança não vem ao mundo como desejado nem se desenvolve como o desejável. Para alguns pais, esta situação traz muito sofrimento, principalmente durante o processo de investigação.

Mas até que esses diagnósticos sejam conclusos, as famílias passam por momentos difíceis, acompanhados de um turbilhão de emoções, a culpa e o medo do desconhecido, principalmente quando se trata de um filho.

Na maioria das vezes, são as mães que acompanham a criança e trazem os seus sofrimentos, expressando sentimento como tristeza, frustração e ansiedade diante das dificuldades de aprendizagem, mas frente à aceitação demonstram atitudes apoiadoras e se apropriam de estratégias de intervenção de vários profissionais da saúde e educação.

Sempre que possível, vale contar com ajuda do pai e de toda a família envolvida, pois as mulheres estão cada vez mais inseridas no mercado de trabalho ajudando no sustento da família. Nem sempre as famílias podem contar com os avós ou os mais próximos, que também são considerados família – aqueles que estão na preparação para assumir essa função parental, nas questões que envolvem autoconhecimento, tomada de decisões, resolução de problemas – em busca de soluções, empoderamento e educação emocional das crianças.

Durante esse processo, a negação também é esperada, mas o quanto mais rápido for "elaborada", melhor será para a criança. Cada família tem uma forma de aceitação. Em alguns casos, há famílias que se mobilizam para ajudar no tratamento, enquanto outras preferem procurar literalmente um culpado, chegando a dizer que o diagnóstico não condiz com a realidade da criança ou que a professora não tem didática para ensinar.

Orientações aos pais

Segundo Vygotsky (2007, p. 94), "o aprendizado das crianças começa muito antes de elas frequentarem a escola". O que tornará a aprendizagem mais significativa será a presença de um mediador, não importa quem seja, basta que haja um e seja afetuoso.

Algumas dicas podem ajudar a facilitar o processo de aprendizagem da criança:

• **Cuide-se primeiramente:** quem cuida de uma criança portadora de Transtorno de Aprendizagem precisa de autocuidados, até mesmo de um acompanhamento terapêutico. Essas crianças demandam capital humano muito grande, sem contar que você vai precisar dedicar um tempo maior a elas. Alguns pais, diante desta situação, acabam se anulando, se esquecendo do autocuidado, deixando de ter uma vida social devido ao comportamento da criança. Tente não fazer isso, procure ajuda de alguém para que você também tenha um momento de lazer, pois o ócio é necessário e faz bem.

• **Olhe para si:** na maioria das vezes, os pais não percebem o quanto estão sendo tóxicos para seus filhos. Talvez esses pais não se deem conta de que estão replicando os comportamentos herdados dos próprios pais, e que para os seus filhos esses comportamentos não servem mais. Comportamentos como autoritarismo, desafeto, superproteção, crítica em excesso, insegurança, entre outros, podem e impedem que as crianças se desenvolvam de modo saudável. O cuidado, o carinho, o respeito e o amor são a base para qualquer situação de aprendizagem. Examine-se antes de tomar qualquer decisão.

• **Tire suas dúvidas:** converse com o médico ou a equipe que diagnosticou seu filho. O entendimento da família será muito importante para ajudar nas estratégias de desenvolvimento da criança em tratamento. Procure informação sobre o tratamento específico com especialistas e informações com vínculo/evidência científica do transtorno diagnosticado.

• **Laudo médico:** a emissão desse documento descreve elementos encontrados em um exame, observando as características de normalidade ou alterações. Deve ser feita por um médico especialista, no caso um neurologista ou neuropediatra. Um diagnóstico errado pode prejudicar o desenvolvimento da criança na fase escolar. A reavaliação dos exames periodicamente serve de parâmetro para verificar a evolução da criança, mesmo porque com o passar do tempo as crianças se desenvolvem, amadurecem e o tratamento correto reabilita. E para que a escola possa atender às necessidades da criança, é preciso ter em mãos o laudo médico.

• **Seja claro:** tenha uma conversa sincera com a criança sobre o resultado do diagnóstico, não a deixe se sentir culpada por não estar dentro da condição de aprendente. Esclareça o que ela pode esperar de si mesma, e como superar as dificuldades. Procure ser claro com a comunicação sobre o diagnóstico da criança todas as vezes em que ela estiver fora do ambiente escolar, familiar, festas ou viagens, para que não haja mal-entendido. Há pais que preferem não comunicar a condição do filho para que a criança não seja rejeitada, ledo engano! É pela falta do conhecimento que fazemos o que fazemos.

• **Acomodar-se com o diagnóstico:** outra situação comum vista no consultório são os pais que se acomodam com o diagnóstico. Alguns pais acreditam que não será mais necessário esforço algum por parte deles para que a criança se desenvolva cognitivamente e acabam acreditando que a reprovação não será mais possível. A função do diagnóstico é nortear o melhor caminho para aprender e não se acomodar. Não permita que isso aconteça, incentive seu filho a aprender mesmo que o ritmo dele seja diferente; aprender exige um determinado esforço de ambas as partes. Se possível, estude e aprenda com a criança. Aproveite os momentos com a criança para ensinar algo, para relacionar o que aprendeu na escola com rotina do dia a dia, o ensino precisa ser prazeroso, independente da dificuldade da criança.

• **Fale com respeito sobre o problema:** procure compreender os possíveis comportamentos que poderão surgir e tente suavizar a situação. Sabemos que o apoio ajuda a criança a progredir. Nunca deixe de escutá-la, não é por ser portadora de um transtorno que não tem voz, muito pelo contrário, a condição de alguns diagnósticos não afeta a inteligência.

• **Crie expectativa:** crie expectativas positivas na criança, tenha em mente o que o seu filho pode e o que é capaz de oferecer. Muitas vezes será necessário ensinar a construir, mas não espere que no primeiro momento tudo será perfeito. É um processo de construção, seja parceiro e paciente. O reconhecimento é algo muito positivo que ajuda a criança a se sentir segura. Invista tempo e conhecimento de qualidade no seu filho. Invista tempo no diálogo.

• **Facilite o processo, mas com afeto:** se você sabe que seu filho não tem condições de executar uma tarefa sozinho, faça com ele as primeiras vezes. Lembre-se: quando há afetividade na aprendizagem, possivelmente haverá grande chance de aprender. Os pais muitas vezes esquecem que a criança ainda está aprendendo a lidar com as emoções e sentimentos e que precisam de suporte emocional e intelectual na sua vida escolar e social, suporte este que vem do afeto. A criança portadora de Transtorno de Aprendizagem, na maioria das vezes, apresenta a autoestima rebaixada pelo fato de saber que aprende de maneira diferente. A mediação e o apoio pedagógico em tarefas mais complexas serão necessários até que a criança consiga adquirir confiança na sua capacidade de aprender e conquistar autonomia para estudo.

• **Não fique só nesta jornada:** busque informações com pais ou cuidadores de crianças que são portadores do transtorno diagnosticado. Essa atitude vai ajudá-lo a compreender e facilitará o processo terapêutico.

• **Busque tratamentos especializados:** procure por profissionais que apresentem prática e experiência com fundamentos científicos. Esses profissionais vão ajudá-lo a dar suporte para que a criança se desenvolva de acordo com as condições diagnosticadas. Na maioria das vezes, os profissionais mais indicados para esse processo serão psicopedagogos, fonoaudiólogos, neurologistas, psicólogos, psicomotricista, dentre outros, que ajudarão a criança na busca pelo aprender e orientarão a família e a escola.

Orientações às escolas

Algumas dicas podem ajudar a facilitar o processo de aprendizagem da criança na escola.

• **Acolhimento:** proponha um encontro com a criança antes de ingressar na escola para ter certeza se a instituição terá condição de acolhê-la. O dia da vivência na nova escola permite afastar o medo do desconhecido.

• **Psicoeducação:** elabore um momento com a turma para que possa compreender qual é o comportamento esperado de uma criança portadora de transtorno de aprendizagem, assim será mais fácil não se deixar levar pela raiva e irritação, podendo ter mais ações assertivas.

• **Equipe multidisciplinar:** as reuniões com a equipe são necessárias para acompanhar o desenvolvimento da criança. A elaboração de um plano de educação individual (PEI) para a criança fará toda a diferença nesse processo. O planejamento mostrará quais serão os caminhos que os professores, com os outros profissionais, terão de seguir para que a criança possa se apropriar do conhecimento, lembrando sempre que o tempo e a maturação cognitiva precisarão ser respeitados.

• **Socialização:** elabore atividades que permitam trocas entre pares ou em grupo. Inclua, sempre que possível, a criança na dinâmica da aula, isso a ajudará se sentir pertencente ao grupo de aprendentes.

• **Reconhecimento:** reconheça os avanços da criança individualmente e perante a turma, isso vai ajudar a identificar os pontos fortes e vai se sentir valorizada perante os colegas de classe. Não potencialize as dificuldades da criança pelas broncas e exposições, isso impede que a criança aprenda. A crítica em excesso pode gerar insegurança e medo.

• **Combinados:** crie estratégias que diminuam as distrações e ajudem a criança a realizar as atividades. Permita que ela faça algumas pausas durante a aula para descansar; para alguns, permanecer por muito tempo em uma só atividade é muito penoso.

Quando se trata deste tema, não há uma fórmula certa para aplicar e que verdadeiramente vá funcionar, pois cada ambiente escolar e familiar possui suas especificidades e seus contextos, mas é perceptível e indispensável uma colaboração e corresponsabilização entre todos os envolvidos.

Conclui-se, portanto, que para a construção de uma parceria entre a família e a escola serão encontrados vários obstáculos, mas se ambos caminharem com os mesmos objetivos, estes devem ser vivenciados e compartilhados, com o intuito de designarem formas e meios de se superarem, abrindo novos horizontes, para que, assim, aconteçam e fortaleçam os vínculos esperados, permitindo que o aluno portador se aproprie dos conhecimentos de modo e tempo diferentes.

292 | Orientação familiar

Superdica

Quando há aceitação e envolvimento, o processo fica mais leve.

Referências

BRASIL. *Medida provisória no 14.254, de 30 de novembro de 2021*. Diário Oficial [da] República Federativa do Brasil, Poder Executivo, Brasília, DF, 1º dez.

PIAGET, J. *Seis estudos em Psicologia*. Rio de Janeiro: Forense Universitária, 1973.

ROSA, FOZ, MARQUES, LOPES & TANAKA. *Conversando sobre saúde Mental e emocional na escola*. Fundação Mapfre. Secretaria da Educação de São Paulo: 2021.

VYGOTSKY, L. *A formação social da mente*. São Paulo: Martins Fontes, 2007.

32

NOVOS DESAFIOS
COMO FAMÍLIA E ESCOLA INFLUENCIAM O EMPENHO ESCOLAR

Escola e famílias são parcerias fundamentais. A linguagem de ambas deve ser complementar, e não divergente, e a cooperação é fundamental para que a jornada dos educandos seja desenvolvida. É impossível educar os filhos em casa sem educá-los para a vida; um papel importantíssimo exercido pela escola. Dedico este capítulo a todos que queiram construir esse elo de afeto e confiança.

TATIANA AMARAL

Tatiana Amaral

Contatos
tatianaamaralnucleo@hotmail.com
Instagram: @nucleo_pedagogicotatianaamaral
Facebook: Nucleo Pedagógico Tatiana Amaral
37 99147 0606

Casada. Mãe de Maria Eduarda de 12 anos e Bernardo de 7 anos. Pedagoga sistêmica. Orientadora familiar e educacional. Mais de 27 anos de atuação na educação. Durante 18 anos, atuou como professora da educação infantil ao ensino fundamental II. Coordenadora do Núcleo Pedagógico Tatiana Amaral, atuando no desenvolvimento dos processos de aprendizagem e orientação familiar e educacional. Autora e idealizadora das oficinas de jogos *Vamos jogar?* (para crianças, adolescentes e adultos), *Histórias que conectam* (crianças e adultos) e oficinas de técnicas de estudo. Formada em Pedagogia. Especialista em Distúrbios e Dificuldades de Aprendizagem e Psicopedagogia. Pós-graduação em MBA – Liderança e Gestão de Pessoas. Formada em Educação Sistêmica. Atualmente cursando Neuropsicopedagogia. Apaixonada pelos processos de aprendizagens, desenvolvimento de novas habilidades e a orientação familiar e educacional.

Por muito tempo, o distanciamento entre família e escola foi visto como algo natural, em que cada uma deveria desempenhar suas funções. Acreditava-se que um sistema não poderia intervir no outro, senão em situações específicas, comportamentos inadequados ou casos muito graves. Entendia-se que essa conexão não influenciava o empenho escolar dos alunos.

Hoje família e escola perfazem dois contextos muito importantes quando se trata de questões relativas ao empenho das crianças e adolescentes.

Sabe-se que o nosso primeiro meio social é a família e, desde sempre, ela ocupa um lugar fundamental e um impacto significativo no desenvolvimento. É lá que encontramos o apoio, os exemplos, as influências culturais para um desenvolvimento intelectual, social e emocional bem alicerçados. A família não só tem papel fundamental como beneficia o processo e a formação humana, principalmente quando os pais demonstram interesse nas atividades escolares. Isso valida o esforço, fortalece a autoestima e o autoconhecimento. Quando os pais estão envolvidos e acompanham o processo escolar, o efeito positivo disso é imediato na motivação, no compromisso, no envolvimento e no empenho dos filhos.

Todavia a escola também se perfaz num contexto primordial e essencial para o indivíduo. É nesse contexto, com as mais diversas relações e interações, que a criança experimenta a socialização. A escola deve propiciar o desenvolvimento das capacidades e habilidades dos educandos por meio de diferentes estímulos e processos de aprendizagens. É nesse lugar e com olhar atento, respeitoso e encorajador do professor, que se consolidam as diversas competências.

As oportunidades e vivências no ambiente escolar, quando propostas de maneiras motivadoras e participativas, despertam o interesse e a curiosidade. Sejam elas dentro ou fora de sala de aula, individuais ou coletivas, mas que possibilite que cada aluno veja o mundo de forma autônoma e à sua maneira. Cada aluno deve construir o próprio caminho investigativo, sempre com o olhar do adulto. Esse movimento é contínuo e cultiva o desenvolvimento de habilidades importantes como autoconfiança, autoconhecimento, cooperação, capacidade de solucionar problemas e tantas outras que se fazem necessárias.

Tanto a família como a escola detêm papel de fundamental influência e importância na vida do indivíduo. Espera-se que ambas construam uma parceria sólida, caminhem juntas e criem propostas construtivas e participativas. Essa cooperação transforma e abre portas para que a trajetória das crianças e adolescentes se desenvolva não apenas no seu rendimento escolar, mas que haja um comprometimento com um desenvolvimento completo e pleno, educando-os para a vida. Afinal, educar é favorecer vivências e experiências que permitam a construção do conhecimento, a adesão de valores e perspectivas sobre a vida coletiva.

Orientações aos pais e responsáveis

O bilhete (autor desconhecido)

Todos os anos, os pais do Martin o levavam para a casa da avó para passar as férias de verão. Eles voltavam para casa no mesmo trem.

Um dia a criança disse aos pais: "Já estou crescido. Posso ir sozinho para a casa da minha vovó".

Depois de um breve entendimento, os pais resolveram aceitar.

Na estação, aguardando a saída do trem, despedem-se do querido filho, dando-lhe os conselhos pela janela, enquanto o filho lhes repete: "Eu já sei, já me disseram isso mais de mil vezes".

Quando o trem está prestes a sair, o pai murmura aos ouvidos dele: "Filho, se você se sentir mal ou inseguro, isto é para você!". Ele coloca algo no bolso de Martin.

Agora Martin está sozinho, sentado no assento do trem como queria. Sem seus pais, pela primeira vez. Admira a paisagem que se deslumbra aos seus olhos.

Ao seu redor, no entanto, alguns desconhecidos se empurram, fazem barulho, entram e saem do vagão. O supervisor, apreensivo, comenta com alguns passageiros o fato de o garoto estar sozinho. Uma senhora olha para o menino, com os olhos de tristeza.

A euforia de antes faz Martin ficar apreensivo. Cada minuto que passa o faz se sentir mal, e ele passa a ter medo da viagem. Abaixa a cabeça e pressente estar sozinho e encurralado. Lágrimas escapam de seus olhos.

Nesse instante lembra-se de que o pai colocou algo em seu bolso. Com as mãos trêmulas, procura em seu bolso. Ao encontrar o pedaço de papel, leu: "Filho, eu estou no último vagão!"

Agora que vocês já sabem que pais e escola têm de estar juntos, como podem participar da vida escolar de seu filho?

Estejam disponíveis e atentos às necessidades dos seus filhos, ajudando-os a desenvolverem autonomia, acolhendo-os em suas necessidades e fortalecendo-os a vencerem os desafios. É importante entender o que a criança já consegue, de acordo com a sua idade, respeitando o seu ritmo e amparando-a em suas necessidades. Muitas vezes temos pressa em deixar nosso filho fazer algo sozinho, mas é sempre importante saber e olhar para as expressões da criança, a necessidade que ela tem e que, em algum momento, podemos ajudá-la quando necessário. Algumas habilidades como planejamento, tomada de decisão, autopercepção, empatia serão adquiridas com o tempo e com a maturidade.

Estabeleçam uma rotina e se atenha a ela. Rotina traz ordem, segurança e limites claros. Com base na idade do seu filho, faça-o pensar e refletir com você o que funciona melhor. Há mais comprometimento e motivação quando eles fazem parte do plano. Os combinados podem ser revistos e recombinados sempre que for necessário. Essa reflexão em conjunto favorece o desenvolvimento de habilidades de saber falar e escutar, colaborar, aprender a resolver problemas, focar em soluções, na criatividade, no respeito, na organização, na persistência, na noção de tempo, nas habilidades para a formação de um caráter forte e esforçado. Cuidado com as altas expectativas e evite muitas informações. Listem ações importantes a serem cumpridas; vale desenhar, escrever em um quadro, trabalhar com cores e legenda... O importante nos combinados e registros é a clareza de critérios e objetivos. Rotina não é sinônimo de rigidez, as situações que surgirem podem ser acolhidas de acordo com as necessidades do momento. Lembrem-se de que cada família tem a sua maneira de educar, os seus hábitos, por isso a rotina ideal e que realmente dê resultados é a própria de cada família.

Participem das reuniões de pais – não só para ouvir o desempenho dos filhos, mas os filhos têm orgulho dos pais se fazerem presentes. É como se dissessem: "É minha escola; meus pais vieram aqui; é a minha identidade". Isso traz para a criança uma sensação de aceitação, segurança, importância e pertencimento. Os pais precisam estar conectados e fazer com que a criança também se conecte com a escola. Leve e busque na escola, conheça os pais dos amigos, conheça a sala de seu filho, apresente-se para a professora e conheça quem é a profissional que irá acompanhar o seu filho.

Abram as portas para a comunicação sobre assuntos da escola com o seu filho, sem cobranças, mas de forma saudável. Cuidado com o excesso de cobrança em falar mal da escola, fazer ameaça em relação à escola, com críticas ao professor e em desvalorizar as conquistas. São atitudes que desfavorecem a conexão da criança com a escola e fazem com que ela não tenha um melhor empenho escolar. Quando família e escola estão integradas, é muito mais fácil despertar na criança o interesse pela aprendizagem. Pergunte sobre os seus amigos, como está o projeto na escola, se o momento do recreio está divertido, se ela conseguiu escolher o lanche na cantina, se fez novas amizades e descobriu lugares novos para brincar com os amigos, o que gostou de fazer no dia de hoje, o que lhe fez sorrir ou se aconteceu alguma coisa que a deixou com medo, nervosa ou preocupada, se ela se sente bem na escola, se há alguma coisa que tenha acontecido que ela gostaria de ter feito diferente, se alguém a provocou e como resolveu isso, se teve uma atitude gentil com alguém ou alguém teve por ela, como brincou no pátio, o que aprendeu.

Criem momentos para reforçar o que a criança está aprendendo. Tenha momentos de jogar com seu filho, conte histórias e faça com que a criança vivencie o que está aprendendo. Faça com que seu filho tenha orgulho de te mostrar o que aprendeu e sinta-se motivado, também, em compartilhar com os seus amigos.

Conectem-se com seu filho e desenvolva a autoconfiança. A nossa conexão com os nossos filhos é um importante elo e influencia em suas escolhas, assim como a forma que se relaciona consigo mesmo e com o mundo. Mostrem que vocês confiam em suas habilidades, reconheçam atitudes e encorajem a ação. Reconheçam e foquem em suas habilidades, validem as suas competências e facilidades e o encorajem a falar sobre os seus sentimentos. Às vezes concentramos a nossa atenção nas áreas em que nossos filhos se sentem mais inseguros e menos confiantes. No entanto, quando aumentamos a confiança deles em uma área em que eles se sentem mais seguros, certamente os deixaremos mais confiantes, motivados, fortalecidos e corajosos a enfrentar os desafios que têm dificuldades.

Procurem agir de maneira mais positiva e acolhedora quando perceberem que estão pensando algo negativo de si mesmos.

Como pais, queremos ver os nossos filhos se formarem, serem bem-sucedidos, bondosos, cooperativos, esforçados, competentes, seguros, amorosos e felizes. Mas, às vezes, na prática temos muitas dúvidas e sentimos que não estamos fazendo o necessário. Entretanto existem caminhos e possibilidades que nos permitem educar de maneira mais leve, segura e equilibrada.

Os pais de Martin encontraram uma maneira de estarem por perto sem sufocá-lo. Incentivaram, encorajaram e, ao mesmo tempo, ficaram ali de suporte. E vocês, pais? O que podem fazer para encorajar seu filho e ajudá-lo a se desenvolver com confiança, autonomia e ao mesmo tempo estando por perto?

Ferramentas como as que procurei descrever aqui têm como propósito viabilizar as nossas valiosas intenções em contribuir para o desenvolvimento saudável dos filhos, não preocupados em acertar sempre, mas principalmente com posturas e valores que nos ajudarão a percorrer novos caminhos, seguir a nossa jornada e educar com uma base mais fortalecida.

Nossos filhos precisam saber que, independente do que aconteça, poderão contar com o nosso apoio para ajudá-los a superar os desafios e aprender a se esforçarem em busca de suas escolhas.

Orientações aos professores e à escola

> A principal meta da educação é criar homens que sejam capazes de fazer coisas novas, não simplesmente repetir o que outras gerações já fizeram. Homens que sejam criadores, inventores, descobridores. A segunda meta da educação é formar mentes que estejam em condições de criticar, verificar e não aceitar tudo que a elas se propõe.
> (JEAN PIAGET)

Sem abandonar a responsabilidade de ensinar, o professor consegue recobrir de "maravilhamentos" os momentos da aprendizagem, provando que conhecimento e afeto não se excluem, se completam. É fundamental uma construção conceitual e afetiva em que se desenvolvem afinidade e confiança, planejam e aprendem com os demais. Quando, no contexto escolar, o professor propõe ensinar e os alunos a aprender, uma corrente de elo de afetividade se forma e o cumprimento das atividades passa a fazer sentido para todos.

O motivo para tal encantamento é o modo como o professor permite a descoberta de novos conhecimentos numa atmosfera de afeto, conhecimento e alegria. Nesse contexto, deve-se saber discernir quais tarefas e propostas motivam o aluno; uma vez o aluno motivado, a realização da tarefa é pessoalmente recompensadora.

Adote estratégias pedagógicas que promovam motivação aos alunos e, entendê-las melhor, faz toda a diferença. O papel do professor nesse processo é a maior influência educativa. Ele precisa ser reflexivo, confiante em seu conhecimento, cativante, flexível, inspirador e disposto a ampliar os seus conhecimentos. Afinal, ensinar é uma proposta de ação e, se as propostas tiverem sentido, os alunos envolvem, se engajam, de fato, aprendem e vão viver os desafios do amanhã em suas jornadas para o mundo.

Incentive diversos meios de aprendizagem e encoraje a utilizarem aprendizagens realizadas fora da sala, em outros contextos fora da sua vida escolar, de maneira autônoma e responsável. Leve para o ambiente da sala de aula recursos complementares e atrativos, de forma que os alunos se sintam motivados com a aquisição de novos conceitos e tenham vontade de mostrar para os pais o que aprenderam na escola.

Valorize as diversas competências dos seus alunos. Observe o ritmo de cada um e a maneira como eles aprendem. Esteja disponível para acolher as necessidades e ajudá-los a desenvolverem autonomia. Foque no desenvolvimento das competências e habilidades. Observe e identifique, diariamente, como seus alunos estão em relação à curiosidade, às tomadas de decisões e resolução de conflitos, ao domínio de conceitos e empenho na realização das atividades. Proponha atividades coletivas e tarefas dinâmicas que valorizem a colaboração, a resiliência, a atenção plena, promova o pensamento crítico, proporcione descontração e permita que eles se tornem agentes ativos no processo de aprendizagem.

Planeje e faça uso de atividades lúdicas. Aqui ressalto a importância dos jogos no desenvolvimento da atenção, concentração, rapidez de movimentos e percepção, no favorecimento do controle de impulsos, aspectos gerados pela derrota, dificuldades e desafios. É por meio dos jogos que a criança aprende a planejar, antecipar, analisar problemas e solucioná-los. Os jogos são importantes instrumentos de conhecimento, controle e gerenciamento da frustração, inerente à vida e à convivência. Essas competências que ultrapassam a dimensão cognitiva envolvem também o lado emocional e social do ser humano, mostram-se, cada vez mais, necessárias na formação de um cidadão responsável, esforçado e capaz de assumir um papel ativo na sociedade, em diversos contextos da vida.

A dedicação do professor e o seu afeto farão toda a diferença no processo de desenvolvimento de seus alunos. Ao olhar seus alunos de forma integrada, o professor cria espaços de intimidade e os momentos tornam-se mais agradáveis. Aproveite os desafios no caminho e conduza as aprendizagens com amor, respeito, confiança e segurança, tornando esses momentos mais simples e significativos.

Superdica

Utilize as ferramentas do seu coração. Ajude seus filhos e alunos a seguirem confiantes.

Escaneie o QR code para ter acesso à plataforma com + de 100 atividades práticas!